馮崇義·吳祚來·周曉·何清漣　合著

左禍百年
中國國殤

世界左傾思潮禍華百年研究報告

「保守我們的價值聯盟」2021 年專題報告
主編：馮崇義
副主編：李進進、吳祚來、周曉、傅希秋

作者簡介

馮崇義

歷史學者，政治學者。

中山大學歷史學學士、中山大學歷史學碩士、南開大學歷史學博士，是中華人民共和國第一位中國現代史博士。先後任教於中山大學、南開大學和雪梨科技大學。

其主要科研領域是現代以來的中國思想文化，兼及當代中國的政治和社會變遷。

在海內外發表學術論文凡百餘篇、網路和報刊文章數百篇，近年來多次名列「全球百名華人公共知識分子」。

學術專著和詩文集有：
- 《農民意識與中國》（香港中華書局百家文庫之一，1989）
- 《羅素與中國》（三聯·哈佛燕京學術叢書之一，1994）
- 《國魂在國難中掙扎：抗戰時期的中國文化》（1995）
- 《從中國化到全球化》（2003）
- 《中共黨內的自由主義》（2009）

・《義理與激情：馮崇義序文詩詞選》（2011）
・《中國憲政轉型》（2014）
等十一部。

主編出版的著作有：
・《憲政與中國》（2004）
・《李慎之與自由主義在中國的命運》（2004）
・《二十世紀的中國》（2006）
・《學人干政與憲政轉型》（2017）
・《中國憲政轉型之藍圖與路徑》（2019）
等十一部。

吳祚來

獨立學者，時政評論家。
安徽師範大學歷史學學士、中國藝術研究院文藝學碩士。

曾在中國藝術研究院從事研究，並任《文藝理論與批評》雜誌社社長。

受國際危機學者基金（SRF）資助，2013—2014 年度美國加州大學洛杉磯分校訪問學者。

作為《零八憲章》第一批簽名者，主要著作有：
・《文化是一條河流》（2008）
・《通往公民社會的梯子》（2010）
・《我們要往何處去：價值主義與人文關懷》（2013）

在 BBC 中文、《蘋果日報》、《德國之聲》、《南方都市報》、《新京報》、《南方週末》、《中國青年報》、上海《東方早報》、香港《動向》雜誌、《東方日報》（香港）、風傳媒（臺灣）、中央電臺（臺灣）等數十家媒體發表評論或專欄文章三百多篇。

周曉

政治學者。

武漢大學英語文學學士、美國德州農業大學社會學碩士、普林斯頓大學政治學碩士，普林斯頓大學國際政治學博士。

曾任教中南財經大學，現任美國夏威夷大學終身教授，在重要刊物上發表多篇學術論文。

主要著作有：
- 《農民是怎樣改變中國的》（1996）
- 《中國的自由長征之路》（2008）
- 《中國、韓國和東南亞的民主化》（2017）

2002 年創建美國教育發展基金會，2003 年開始在湘西開展教育扶貧工作，並於 2006 年獲「坦普爾頓社會企業獎」（Templeton Freedom Award for Social Entrepreneurship）。

周曉教授是來自中國大陸的美國華人中第一位進入美國政界主流的人物，於 2000 年當選為美國共和黨全國代表大會黨代表。

何清漣

經濟學者，時政評論家。

湖南師範大學歷史學學士、復旦大學經濟學碩士。

曾在湖南財經學院和暨南大學任教，在《深圳法制報》任編輯，在中國社會科學院公共政策研究中心任兼職特約研究員。

其主要研究領域是當代中國經濟社會問題研究，兼及中國政府對媒體的控制和中共大外宣。

主要著作有：
- 《人口：中國的懸劍》（走向未來叢書之一，1988）
- 《現代化的陷阱——中國當代經濟社會問題》（1998，後被譯成德英日韓等國文字出版）
- 《經濟學與人類關懷》（1998）
- 《霧鎖中國——中國大陸控制媒體策略大揭秘》（2006，後被譯成英日兩國文字出版）
- 《中國：潰而不崩》（2017）
- 《紅色滲透：中國媒體全球擴張的真相》（2019）

其中《現代化的陷阱——中國當代經濟社會問題》在海內外引起轟動，成為學術著作中罕見的暢銷書，並於 2000 年獲首屆「長江讀書讀者著作獎」。

另發表有學術論文數十篇和報刊網路文章數百篇。

關於「保守我們的價值聯盟」

「保守我們的價值聯盟」── Alliance for Our Values, Inc., 是由美國和澳大利亞等地學者、律師、和牧師在紐約註冊的非營利組織。其使命是保守和提倡憲政民主和傳統價值，包括自由、私有制、家庭、個人責任，自由市場、有限政府、和法治；反對一切共產主義或社會主義的思潮。

為了保守我們的傳統價值，我們計劃每年出版一份年度計劃和特別專題報告。《世界左傾思潮禍華百年研究報告》是針對中國共產黨一百年的歷史而計劃寫作的，亦是我們 2021 年的專題報告。在光傳媒 2021 年 6 月底的「『百年中國·中共百年』研討會 100 小時全球聯播」活動中，我們的主要撰稿人做了數個小時的網絡演講，現在我們將我們的研究報告編輯成書，以饗讀者。這是我們 2021 年的專題報告。

本報告由澳大利亞雪梨科技大學教授馮崇義任主編，美國夏威夷大學政治學教授周曉，法學博士、律師李進進，文化工作者吳祚來和神學博士、牧師傅希秋先生任副主編。他們都是「保守我們的價值聯盟」的理事。

保守我們的價值，發出我們的聲音，支持我們的行動。請聯繫我們：ourvalues2021@gmail.com

「保守我們的價值聯盟」
會長：周曉

編者序：告別中國的世紀迷亂

馮崇義

從人類歷史長河的角度看，社會主義和共產主義的興衰是 20 世紀最值得反思的大事。「保守我們的價值聯盟」組織撰寫的這份研究報告，是深切關注人類命運的幾位學者的研究成果。這份研究報告旨在通過對歷史進程的系統梳理和深度反思，釐清一個世紀以來左翼政治力量和左翼思潮禍害中國的來龍去脈。它所得出的基本結論是，歐美和蘇俄的左派共同將中國推上了共產極權的邪道，並加持中共政權為害至今；為了中國和世界的前途，必須徹底終結左派之禍害。

我們堅信，尊重事實和學術真誠，為正直學者所必不可少。這份研究報告也是我們以學者的身份，為左翼思潮在中國的社會主義實踐提供證言，而不僅僅是在書齋中坐而論道。

社會主義在本報告中指的是馬列主義信徒所推行的「現實存在的社會主義」，也就是俄國共產黨依照馬列主義理論首創的社會制度，具體包括一黨專政的黨國體制、以公有制（國有制）為基礎的指令性計劃經濟、運用國家機器全面控制國民精神生活的文化體制等內核。

社會保障、國家福利、公共服務等等由資本主義國家普遍建立的機制，以及在資本主義制度框架內普遍存在的扶危濟困，可以歸入社會民主主義而不能算入社會主義。

我們都曾經生活在社會主義中國，對社會主義的目標、諾言和現實，有豐富的經驗和切身體會。我們也在自由民主世界生活和工作了相當長的時間，既獲得了比較研究的視野，又有機會深入了解外部世界對社會主義中國的認知。毋庸諱言，對於自由民主世界一些左派人士至今仍然讚美和嚮往社會主義，我們實在不以為然。

　　社會主義禍害中國以及整個世界的真相，特別是將至少一億無辜平民槍決、餓死和迫害致死的真相，早就大白於天下。對社會主義的認知，必須以這些鐵一般的事實為基礎。歐洲、亞洲、美洲、非洲各地的實踐，都以鐵的事實證明了社會主義帶有劇毒、有害無益。中國所受社會主義之蹂躪和毒害，只有北朝鮮可以比肩。

　　這個研究報告中所論列的左派，聚焦於馬列主義、社會主義和共產主義這一支，旁及其它。

　　馬克思主義的創始人創立共產主義或「科學社會主義」理論，本意是要用這套理論來指導歐美資本主義發達國家的共產主義運動和社會主義革命。他們在《共產黨宣言》的開篇，將共產主義理論描述為正在歐洲徘徊的「一個幽靈」[1]。他們宣稱，他們發現了「經濟基礎決定上層建築」、「資本主義必然滅亡」之類的「歷史規律」，斷言資本主義發達國家必然會爆發社會主義革命。

　　但是，他們的歷史唯物主義說教受到了歷史的無情諷刺。除了曇花一現的「巴黎公社」運動，資本主義發達國家根本就沒有爆發社會主義革命。反而是在那些資本主義不發達乃至連資本主義經濟都無從談起的國家，馬克思主義的左派信徒們接二連三地發動社會主義革命、建立社會主義政權，使那些國家飽受紅禍荼毒。

　　馬克思主義的根本謬誤和禍害在於，它從根本上否定資本主義制度以及與資本主義相輔相成的現代自由民主制度。資本主義經濟制度以及自由民主（liberal democracy）或憲政民主（constitutional democracy）的政治制度，都是古典自由主義理念的外化。

　　以約翰・洛克（John Locke）為開山祖的古典自由主義，以至高無上的個人權利為出發點和歸宿，認定個人有與生俱來的生命權、自由權

和財產所有權等「天賦人權」；國家和政府的設立，是基於獲得公民授權以保護和增進這些基本人權的「社會契約」[2]。

財產所有權和自發追求財富的自由權，用法律形式確定下來而外化為經濟制度，便是資本主義市場經濟。亞當・斯密（Adam Smith）當年就對這種市場經濟利國利民的自發秩序做了傑出的哲學和經濟學論證。[3]與生俱來的基本人權以及基於「社會契約」理論的主權在民、有限政府、權力制衡諸原則，用法律形式確定下來而外化為政治制度，便是自由民主或憲政民主。

資本主義制度以及自由民主制度所提供的制度保障，既充分發揮人類的潛能，又有效制約權力作惡，使得現代人類和現代世界的知識和財富呈幾何級數快速增長、突飛猛進。但是，古典自由主義理念及其相應制度，卻受到各種左翼激進思潮的無理挑戰。

埃德蒙・伯克（Edmund Burke）以降的保守主義，正是因應形形色色的現代「自由主義者」對古典自由主義的背叛，因應形形色色的社會主義者對古典自由主義的攻擊和摧殘而存在的。

在新的歷史條件下，保衛和守護古典自由主義有其正當性。伯克本就是英國成熟的自由主義思想家和政治家，對英國憲政民主制度的實踐有諸多貢獻。伯克對爭取民族獨立、實現民主共和的美國革命熱烈支持，卻強烈反對同樣爭取民主共和的法國革命。伯克截然不同的兩種態度，表面上似乎自相矛盾，其實這兩種態度都是基於反對暴政的立場。

在伯克看來，法國革命中雅各賓派的恐怖專政，是打著自由、民主、公民、革命等旗號的暴政，比起路易十六王權名義下的暴政有過之而無不及，恰恰是走到了憲政民主的反面。

伯克 1790 年出版《法國大革命反思》[4] 一書，意在及時剖析革命中出現的暴力恐怖、濫殺無辜現象，並探究其思想根源。伯克特別指出，法國革命中的激進派走火入魔，錯將尚－雅克·盧梭（Jean-Jacques Rousseau）所臆想的「公意」、「整體」革命等抽象理念當成指導思想，使民主革命變成肆無忌憚的暴民政治。

伯克在該書中申明的政治主張是：在社會變革過程中要充分尊重個人具體的自由和選擇，尊重一些約定俗成、自然演化的傳統和制度，而不是依據抽象理念全部推倒重來。此書被視為現代保守主義的奠基之作。

在 20 世紀上半葉，保守主義思想家對舉世滔滔的社會主義思潮進行了系統而深刻的批判。在 1922 年出版的《社會主義：經濟與社會學的分析》一書中，經濟學家路德維希·馮·米塞斯（Ludwig von Mises）就已經從人類認知能力和知識積累的角度，論證過社會主義經濟沒有可行性。

依照米塞斯的論證，有效需求、有效供應以及供需均衡，需要對瞬息萬變的市場信息做出及時反應。在一個沒有私有產權和競爭性市場過程、從而也沒有貨幣價格的世界，理性的經濟計算是不可能的。社會主義經濟制度消滅了生產資料私有制，消滅了產權明確的市場主體，生產、交換、消費過程中正常的價格形成機制不復存在，經濟決策者沒有辦法對交換價格所反映的各種不同要素、產品和服務的相對稀缺性進行合理的經濟計算，也就沒有辦法滿足芸芸眾生的選擇。

當市場經濟制度中合理有效的資源配置被政府官僚的胡亂計劃和強制行為所取代，必然導致資源配置的混亂和低效，對整個經濟帶來滅頂之災[5]。

1944 年 3 月，另一位經濟學家佛烈德利赫·海耶克（Friedrich von

Hayek）在第二次世界大戰戰火中完成的《通往奴役之路》一書問世，將對社會主義的系統批判擴展到了政治和意識形態等其他領域。海耶克寫作此書是有感而發。

當時，蘇聯、納粹德國以及義大利法西斯的社會主義和極權主義實踐，已經給人類帶來了奇災異難，但西方民主世界中支持和嚮往社會主義計劃經濟的政界和學術界人士卻仍大有人在。

海耶克同時從理論和實證兩個層面論證道，西方世界在 17 世紀以來之所以取得巨大進步，依賴的是市場經濟秩序和自由、民主、法治的制度。他特別強調，私有財產與自由之間有內在聯繫，私有財產制度是個人經濟自由和政治自由的基礎，妄想通過消滅私有財產來縮小貧富差距、實現社會平等，是緣木求魚。

法西斯主義和共產主義在本質上具有共同性，蘇聯的社會主義和德義兩國的法西斯主義都強調集體主義社會，都將國家凌駕於個人和社會之上，都實行政府對經濟的行政管控，都不約而同地導致極權暴政。

海耶克的結論是，自由市場既是人類配置資源的最佳機制，也是可以協調人類活動而同時免受強權奴役的有效機制；政府有維護市場秩序、提供社會保障和公共服務等方面的職能，卻不該由基於集體主義原則的政府來主導乃至取代市場經濟，否則就會不可避免地導向壓迫、暴政和奴役[6]。

幾經周折，哲學家卡爾・波普爾（Karl Popper）的《開放社會及其敵人》一書也於 1945 年問世。波普爾的兩卷本鴻篇巨制，與海耶克的《通往奴役之路》有異曲同工之妙。

此書是波普爾另一名著《歷史決定論的貧乏》（*The Poverty of*

Historicism）的續編，從政治哲學和歷史哲學的高度分析了社會主義和極權主義的思想源流，系統梳理了從古希臘以來個人主義與集體主義這兩種意識形態和價值取向的較量，充分論證了社會主義和極權主義的謬誤根源於歷史決定論的狂妄、集體主義的陷阱以及烏托邦主義的迷思。

按照波普爾的分析，歷史決定論忽視了人類個體能動選擇這一基本變量，機械搬運自然科學的方法來虛構種種「歷史規律」（實際上，波普爾始終帶著開放心態，將自然科學知識也視為可能被證偽的假設而非終極真理），為以科學的名義推行專制暴政提供理論依據。

社會主義和極權主義之所以禍害人類，從方法論上說，正是因為它們運用政治權力將虛構的「歷史規律」強加於社會，將人類行為強行納入某些個人狂妄設定的軌道。

集體主義和烏托邦主義則是以抽象的集體利益取代具體的個體利益、以子虛烏有的理想國對人類進行道德綁架，其極端表現形式便是取消個體自主和基本人權的極權主義社會，包括共產主義極權和法西斯主義極權兩種形式。因為反對歷史決定論和虛構的確定性，波普爾沒有對他所心儀的「開放社會」作出系統描述，而只是提出了以下一些關鍵要素。

第一、「開放社會」是充分尊重個體自主和個人自由的社會，在政治、經濟、文化各個領域都給人類個體提供自由空間，並且建立法治秩序充分保護這種自由空間。第二、「開放社會」不是完美社會，而是具有內生的自我糾錯機制，通過自由探索、理性辯論、審慎協商和合理改革不斷完善的開發系統。

基於這樣的立場和判斷，波普爾將從柏拉圖到馬克思的集體主義政治哲學、法西斯主義或共產主義之類的「完美社會」圖景、與個人自由不兼容的極權主義和社會主義，都視為「開放社會」的死敵。[7]

　　伯克、米塞斯、海耶克、波普爾等人對激進主義和社會主義的批判極為深刻，從理論上徹底駁倒了社會主義意識形態。他們深刻的理論分析，也為實際歷史進程所證實。

　　世界範圍內所有共產主義國家對社會主義的實踐，都沒有實現人人平等、沒有壓迫、沒有剝削之類的迷人理想與諾言，治下帶來的都是充滿血雨腥風的大屠殺、大清洗和權力鬥爭，是史無前例的暴政，是令人髮指的政治迫害，是觸目驚心的等級特權，是無孔不入的結構性腐敗，是催人淚下的大饑荒，是對個人自由的徹底剝奪，是對基本人權的系統性侵害，是令人窒息的社會控制。

　　然而，真知灼見和血淚教訓並不能阻止各界左翼人士繼續沈迷於社會主義。就像法國學者雷蒙・阿隆（Raymond Aron）所說，左翼知識分子沈迷於馬克思主義以及社會主義，就像吸食鴉片一樣欲罷不能。[8]

　　英國當代歷史學家保羅・約翰遜（Paul Johnson）的研究顯示，那些傾向於社會主義的左翼知識分子，往往被他們的過當自負、過分依賴政府權力、好大喜功和急功近利所拖累。

　　這些左翼知識分子所提出的各種錯誤理論，以及他們為這些錯誤理論所做的宣傳鼓動，對人類社會有害無益。而且，他們缺乏自我反思的精神和能力，面對他們所造成的災難仍然一意孤行。[9]

　　年輕時一度沈迷於馬克思主義的美國經濟學家和社會理論家湯瑪斯・索爾（Thomas Sowell），在決絕地告別了馬克思主義之後也深刻地指出，一些自命不凡的知識分子出於他們自己虛妄的優越感，信口開河、不負責任地用華而不實的烏托邦藍圖誤導政府和公眾，誤盡蒼生。[10]

　　按照卡爾・雅斯佩斯（Karl Theodor Jaspers）的說法，在人類文明的

「軸心時代」（Axial Age），中土春秋戰國的文明與古希臘的文明旗鼓相當、各有春秋[11]。但是，古希臘之後的西方文明內部，無論是在諸多的政治實體和思想體系之間，還是西方宗教紛爭不斷的政教關係，一直保存著多元競爭的局面。相比之下，中國的戰國時代統一於暴秦之後，皇權至上的大一統在中土延續了兩千餘年，對文明的生機造成了極大戕害。

由於具備更有利的社會結構、思維方式、知識積累和宗教傳統等多種因素，西方世界在17世紀首先取得了人類歷史的現代突破，資本主義市場經濟和憲政民主制度橫空出世。兩個世紀之後，秦漢以降以小農經濟、君主專制和思想禁錮為基本特徵的中國古代文明與首先產生於西方世界的人類現代文明在19世紀中葉兵戎相見、全面碰撞。

個別先進的中國人見賢思齊，在當時就清醒地感悟到，中國的出路在於「師夷長技以制夷」[12]。此後，中國開啟了學習型現代化的歷史進程。

首先是發起「洋務運動」，學習西方的「堅船利炮」和機器大生產；繼而掀起「維新」運動、革命運動和文化運動，將向西方學習的深度和廣度拓展到經濟制度、政治制度、法律制度和思想文化。先進的中國人從器物、制度到文化全面向西方學習的歷史進程，被留學西洋的先驅者容閎稱為「西學東漸」[13]。

不幸的是，當中國人向西方學習、急起直追的時候，西方文明已經產生裂變，出現了一股社會主義支流。部分中國人將社會主義支流也視為先進的文明，甚至是更先進的文明，積極傳播、急迫引進。[14]特別是在俄國共產黨建立起共產主義黨國的極權暴政後，竟然誤入迷途、以俄為師，使中國走上血雨腥風、劫難重重的邪路。

這份研究報告由五篇報告組成，關於中國的敘事，原則上按照20世紀20年代直到當下的時間順序排列。

　　第一篇分報告由馮崇義教授主筆。該篇回溯中國左毒禍華之源。首先簡要敘述了基於古典自由主義的現代價值體系與制度安排，並剖析馬克思主義的內在缺陷和內在毒性；接著論述布爾什維克（Bolsheviks）[15] 暴力政變、人類歷史上第一個極權專制政權建立、創立了區別於君主專制的黨國專制制度，並迅速將禍水南引、加害中國；最後回顧現代中國「以俄為師」向左轉的那段慘痛歷史，也藉此澄清現代中國的專制主義，乃是從域外走私入境、強行移植的結果，而根本不是源於「中國文化」。

　　20 世紀 20 年代，小部分中國激進人士擋不住左毒之誘惑和勾引，在俄國共產黨及共產國際的「幫助」下，促使中國中途改道、放棄「向西方學習」的正道，而從蘇俄引來黨國專制思想和制度之毒水，沖垮了尚在苦鬥奠基階段而定力不足的中華憲政民主制度，教訓至為深刻。

　　第二篇分報告由吳祚來先生主筆。該篇報告通過斯特朗（Anna Louise Strong）、史沫特萊（Agnes Smedley）、史諾（Edgar Parks Snow）三位美國左翼記者的個案，揭示西方左翼媒體人在 20 世紀 30 年代和 40 年代如何與俄國共產黨及共產國際合作，帶著明確的政治任務來華；又如何與中共密切配合以嚴密篩選的「所見所聞」片面地美化中共的所作所為、妖魔化國民政府及其軍隊。

　　更為不幸的是這些左翼媒體人的選擇性「新聞報導」以及煽情寫作，極大地誤導了世界各國政府和公眾，甚至也包括大部分的中國人。

　　第三篇分報告也是吳祚來先生執筆，係第二篇分報告的延伸。論述被左翼媒體人誤導的美國政府官員和軍方將領如何誤判現實並做出影響整個中國時局的錯誤決策。這篇報告顯示，美國左翼與親共力量在第二次世界大戰前後成為中共的大外宣與政治盟友，決定性地影響了美國社會、軍方政要與政府決策，因而導致中華民國政府被顛覆、中國大陸淪陷於中共統治、「美國失去了中國」。

第二次世界大戰期間，歐美民主國家與共產主義蘇聯結成世界反法西斯聯盟，有迫不得已的一面。但與此同時，美國等民主國家亦因為這種聯盟而放鬆了對共產主義政權的警惕和防範。當時美國對蘇聯的援助遠遠超過對中華民國的援助，甚至對中共的感情也超過對盟友國民政府的感情，這顯然也有錯亂和失策的一面。

第四篇分報告由周曉教授完成，原文是英文，史蒂芬・齊拉克（Stephen Zierak）教授對本文做了大量的編輯和補遺工作。該分報告論述 20 世紀 50 年代以降的中國，在共產主義極權黨國統治下的慘禍烈象以及美國各界對中國極權道路的諸多錯誤認知。

這篇報告特別關注的是，美國左派媒體和左派學術界嚴重偏離體現於《美國獨立宣言》和《美國憲法》中的立國精神和核心價值觀，拒絕正視中共政權那些充滿血雨腥風的種種罪行，甚至於默許、支持和鼓勵這些罪行。這篇報告也特別驚醒美國人，因為對共產主義的錯誤認知長期得不到糾正，美國左派的一些作為，有為共產主義極權鳴鑼開道之虞。

第五篇分報告由何清漣女士提供。聚焦 20 世紀 90 年代以來的美國對華政策及其慘痛教訓。該分報告重點論述柯林頓、小布希、歐巴馬等三任美國總統執政期間，犯下的一系列戰略錯誤和戰術失誤。這些誤判不僅使得美國對華和平演變、顏色革命的努力一敗塗地，反而養虎為患，令中共政權坐大，並得以對美國的聯邦政府、州縣政治、文化學術以及社會各個層面實施全面的紅色滲透。

20 世紀 80 年代末、90 年代初國際共產主義體系崩潰之後，中共極權政權搖身一變加入世界資本主義體系，寄生在世界資本主義肌體上苟延殘喘、戕害人類。這樣一來，民主世界的因應之道就變得特別重要和複雜。

西方左派仍然以顛覆資本主義制度及自由主義民主制度為目標，一

方面鼓吹道德相對主義和道德虛無主義，並且不停鼓盪各種身份政治風潮，千方百計從內部消解憲政民主理想信念、削弱西方民主制度；另一方面引吭高歌「中國模式」、為中共政權搖旗吶喊，不自覺地充當中共在民主世界的代理人，又透過炒作反種族歧視、反對新冷戰等話題協助中共之統戰。

當今中共統治者正在中國復辟極權統治、全面摧殘初具雛形的中國公民社會、堵死中國通往憲政民主的和平轉型之路，並且為了政權安全，不惜血本在民主世界展開統戰，不顧國家民族的代價蠱惑民族主義瘋狂對外擴張。

中國是當今世界民主與專制全球對決的主戰場，中國的憲政轉型前景及人類的普世價值同時面臨嚴峻的挑戰考驗。風雨飄搖的共產黨政權繼續在末日瘋狂中赤裸裸地為非作歹、塗炭生靈，西方世界中依賴資本主義制度和自由民主制度養尊處優的各色左派，不該繼續抱著早已完全破產的馬列主義意識形態自欺欺人。

我們幾位同道聯手完成了這份研究報告，反思不堪回首的百年血淚、百年辛酸和百年荒唐，希望能夠徹底喚醒世人之良知、啟迪世人之心智、激勵世人早日聯手終結左禍。

本報告的各篇章分別由上述介紹的作者提供，在編輯過程中，我們對其文字和表述做了個別修改。

非常感謝林培瑞（Eugene Perry Link, Jr.）教授和余茂春教授在百忙之中撥冗為本報告作序增輝；法學博士張傑也對本報告的部分章節做了細緻的編輯工作，在此特致謝意；渠成文化同仁為本報告的及時出版提供臂助，也深表謝忱。令人痛徹心扉的是，我們通力合作的成果尚未問世，有統籌之功的李進進博士已遇刺身亡。我們謹以此書之出版，告慰

李博士在天之靈。

注釋

1. 馬克思（Karl Marx）、恩格斯（Friedrich Engels）：〈共產黨宣言〉，《馬克思恩格斯選集》第 1 卷，北京：人民出版社，1972 年版，第 250 頁。
2. 洛克（John Locke）：《政府論》下篇，北京：商務印書館，1981 年版。
3. 亞當·斯密（Adam Smith）：《道德情操論》（*The Theory of Moral Sentiments*），北京：商務印書館，2010 年版；《國富論》（*An Inquiry into the Nature and Causes of the Wealth of Nations*），北京：商務印書館，2015 年版。
4. 伯克（Edmund Burke）：《法國大革命反思》（*Reflections on the Revolution in France*），香港：牛津大學出版社，1996 年版。
5. 路德維希·馮·米塞斯（Ludwig von Mises，陸譯：路德維希·馮·米瑟斯）：《社會主義：經濟與社會學的分析》（*Socialism: An economic and sociological analysis*），北京：中國社會科學出版社，2008 年版。
6. 佛烈德利赫·奧古斯特·海耶克（Friedrich August von Hayek，陸譯：弗里德里希·馮·哈耶克）：《通往奴役之路》（*The Road to Serfdom*），北京：中國社會科學出版社，1997 年版。
7. 波普爾（Karl Popper）：《開放社會及其敵人》（*The Open Society and Its Enemies*），北京：中國社會科學出版社，1999 年版。
8. 雷蒙·阿隆（Raymond Aron）：《知識分子的鴉片》（*L'Opium des intellectuels*），北京：譯林出版社，2005 年版。
9. 保羅·詹森（Paul Johnson）：《知識分子：從馬克思和托爾斯泰到薩特和喬姆斯基》（*Intellectuals: From Marx and Tolstoy to Sartre and Chomsky*），倫敦：Weidenfeld & Nicolson 出版，1988 年。
10. 湯瑪斯·索爾（Thomas Sowell）：《知識分子與社會》（*Intellectuals and History*），台北：遠流出版社，2014 年版。
11. 卡爾·雅斯佩斯（Karl Jaspers，陸譯：卡爾·雅斯貝爾斯）：《歷史的起源和目標》（*The Origin and Goal of History*）。康涅狄格州紐黑文：耶魯大學出版社，1953 年。
12. 魏源：《海國圖志·敘》，《魏源集》上冊，北京：中華書局，1983 年版，第 207 頁。魏源編撰並作序的《海國圖志》初版於 1843 年，內容主要是介紹世界各國的風土民情與世界大勢。
13. 容閎：《西學東漸記》，北京：商務印書館，1915 年版。
14. 參閱中共中央馬克思恩格斯列寧斯大林著作編譯局編：《馬克思恩格斯著作在中國的傳播》，北京：人民出版社，1983 年版；陳漢楚：《社會主義在中國的傳播和實踐》，北京：中國青年出版社，1984 年版；《社會主義思想在中國的傳播》編寫組：《社會主義思想在中國的傳播》（上、中、下卷），北京：中共中央黨校科研辦公室，1985 年版。
15. 布爾什維克是俄國社會民主工黨中的一個派別。俄國社會民主工黨成立於 1898 年，在 1903 年第二次黨代會上分裂為布爾什維克和孟什維克（Mensheviks）兩個派別。1912 年，布爾什維克獨立組黨。布爾什維克黨 1918 年改稱俄國共產黨（布爾什維克）、1925 年更名全聯盟共產黨（布爾什維克）、1952 年再改稱蘇聯共產黨，1991 年解散。

余茂春序

非常感謝本書主編馮崇義先生盛情邀請我作序。

人類歷史上最血腥的政權是中國的共產黨政權，幾千萬生命毀於一種極端的左傾思潮指導下的殘酷專政，十幾億中國人的思想被這種左傾思潮奴役和擺弄，至今不得解放。

需要指出的是，這種左傾思潮並不源於中國，而是來自民主自由的西方。左傾思潮之所以在民主的西方不能施展屠殺上千萬人的暴行，是因為民主的西方有思想和言論的自由、有憲政法治的制度保障。左傾思潮和「右傾」思潮同時並存，使得左右多少有些平衡，這是西方自由社會的常態。

但是，西方社會左右失衡的因素時時存在。而且，即使在這種相對的意識形態均衡的環境下，國際左傾思潮也在一直嚴重影響西方對華政策，使自由民主的西方世界變相地成為中國共產黨肆虐的幫手。

不過，除了少數左傾理論中毒極深而不可救藥的對華政策決策人的行為之外，這種幫手的作用在很大程度上體現於「意識形態貧困」，即西方尤其是美國社會對共產主義理論和馬列意識形態的漠視和置之不理。其結果之一是美國對華政策的不少決策人長期以來對中國共產黨意識形態滲透力認識嚴重不足，對中共一系列國際國內政策的意識形態根源可笑地模糊和無知。

美國「意識形態貧困」的另一個結果是讓粗製濫造的劣質左傾理論——如批判性種族理論（Critical Race Theory，簡稱 CRT）、中共非真共論、韜光養晦即民主前奏論——暢行肆虐，成為國之大論，貽害無窮。

　　理論的力量是無窮的。喬治・凱南（George Frost Kennan）的簡單理論就奠定了幾代美國人對蘇聯的戰略和外交政策。十分欣慰的是尚有本書作者們這樣優秀的、有理論素養的、對中共的意識形態和西方思想有深刻見解和分析的學者大聲疾呼，撥亂反正，為維護自由民主和保守價值做出貢獻。

　　在大部分西方的當下學術環境裡，「保守」已是一個貶義詞，但希望大家不要為此擔憂，因為「自由派」與「保守派」早已被左派歪曲成大批判語言，是貼標籤的下流政治對話手段，對真理的追求毫無意義。大凡有中國背景的自由派都應該是反共的，而在西方最反共的恰恰是保守派。「自由派」和「保守派」所指稱的對象，在不同國家和不同語境大不相同，對這些標籤實在不必在意。

　　希望大家再接再厲，從理論深處擊毀左傾思潮對西方尤其是美國對華政策的惡劣影響。

余茂春
美國國務院前中國政策規劃首席顧問
二〇二一年十一月十日於華盛頓

林培瑞（Eugene Perry Link, Jr.）序

讀茂春兄的短序很受啟發。美國學界裡，有些明白的話，不知道怎麼著，沒人敢直說，但茂春敢！

「歷史上最血腥的政權是中國的共產黨政權。」

是的，中共破了人類歷史的記錄。這句話簡單、明白、真實。

「十幾億中國人的思想被這種左傾思潮奴役和擺弄。」

這也是明白的事實。十幾億人口，資訊有限，長期處在政權的威脅之下，很難意識到自己的「被奴役」和「被擺弄」。

我在加州大學上課時經常能夠看到「思想被擺弄」的例子。要是提到「大躍進」餓死了三千萬人，許多年輕的中國學生不但不知情，還懷疑是他們的洋人老師在造謠、在罵中國，甚至在罵中國來的學生——包括他們自己——因而產生對我的反感。有這種反應，正說明了中共的擺弄工程做得很成功。一種膚淺的愛國（即愛黨）主義支配了他們的世界觀。

這些學生成長在一個特殊的資訊、教育和宣傳環境裡，被洗腦可說是理所當然的事。值得研究的是，在民主社會中長大的西方人怎麼也會落到類似的處境呢？

拿我父親做例子。20 世紀 30 年代美國經濟蕭條，家父在哥倫比亞大學念歷史學博士，當時紐約的街上能看到失了業餓肚子的窮人。爸爸一方面同情他們，一方面又看到蘇聯傳出來的漂亮宣傳品，說共產主義會帶來公正富裕的理想社會。

　　父親動了心，嚮往社會主義，甚至帶了「學習團」到蘇聯考察，從去了到回來都沒有發現烏克蘭有大饑荒，得出的結論是：蘇聯的一切都很好，美國的一切毛病蘇聯已經找到了治療的藥方。

　　馬克思說：「宗教是人民的鴉片。」

　　後來有一位法國社會學家說：「馬克思主義是知識分子的鴉片。」

　　說得好。這句話也能用於描寫我爸爸。世界上發生什麼問題，他吃點「馬列鴉片」心裡就平靜了，不需要深入調查。而且，我爸有一定的代表性。當時許多美國的年輕知識分子都是這樣的。

　　我在父親的培養下長大，思想自然也跟著他。到了上世紀 60 年代，美國左派帶領的「民權運動」和「反戰運動」（指的是反對越南戰爭）到來，我不但積極參加，而且是個學生領袖。毛澤東說的「為人民服務」，讓我十分羨慕。

　　上大學我選修了中文課，爸爸表示贊同。蘇聯的共產已經走向了修正主義，不行。但凡毛對，兒子也對。

　　與爸爸在思想上分道揚鑣始自 1979 至 1980 年。那年我到廣州中山大學去住了一年，做了一年關於「傷痕文學」的研究，卻發現我爸爸理想中的社會主義中國根本就不存在，且現實不只是小小出入，而是差距非常非常大。

　　回美國後我跟父親說：「爸，差距很大。」老人家不信。父親寧願相信是他兒子的意識形態出了問題，而不願懷疑他自始至終的信仰。我沒有別的辦法，只好安排他和母親到中國去體驗生活。我跟中山大學的朋友聯繫，安排他們倆去了半年：父親教美國歷史，母親教英語。他們

欣然答應，於 1983 年成行。半年以後回來。我問：

「爸，中國怎麼樣啊？」
「哎！中國好啊！真是好！」
「怎麼好？」我問。
「正在清除精神污染！」

原來共產黨給他戴上了「外國朋友」的帽子，他戴得舒服。由於不懂中國話，一切只能聽「外辦」用英文介紹，如此很難接觸到社會實際的真實層面。

一方面，語言的障礙固然大，但還有一個人性的因素在背後作用著。試問，一個人有可能突然否定自己一輩子的信仰嗎？有可能，可是這種人不多。

事實上有一整批出生在 20 世紀 30 年代前後的中國作家都顯示出這個「很難改」的現象。他們在 40 年代末 50 年代初熱情地支持共產黨和他們所嚮往的社會主義；他們經歷過「五七年反右」和長達二十年的牛棚勞改幹校等「運動」；他們在毛死後恢復寫作生涯，本應能譴責「四人幫」和「十年浩劫」，能揭露許多極度殘忍的狀況──但他們就是不願放棄原先的「革命」理想。張賢亮、王蒙、從維熙都是這樣的例子（當然還有許多別的）。

雖然自己受了苦，但在回顧當年的理想時，能把它理解為「是我選錯了人生道路」嗎？很難。畢竟，誰願意承認自己的大半輩子都作廢了呢？

我父親的思想情結有點像這些中國作家──九十多歲的爸爸，直到現在還在堅持寄小額支票給美國共產黨做貢獻。

馬克思主義怎麼會成為西洋知識分子的鴉片？理由自然有許多。我在這裡只是借我爸爸的例子提供種種原因之一。

林培瑞
加州大學河濱分校教授

目錄

第一篇：反思共產主義禍華之源
馮崇義

第五篇：從丟失的中國到丟失的美國
何清漣

第一篇：反思共產主義禍華之源
馮崇義

引言：是否應當像清算法西斯主義那樣清算共產主義

20 世紀給人類造成最大災難的兩股思想和政治勢力，一是法西斯主義，一是共產主義。就破壞範圍和殘殺無辜民眾的數量而言，共產主義罪惡比法西斯主義罪惡要大得多。

而且，法西斯主義只是曇花一現就迅速敗亡，在第二次世界大戰結束之後已遭到應有的清算和唾棄。然而，共產主義則一直到 21 世紀的今天都沒有得到清算。在 20 世紀 90 年代國際共產主義陣營崩潰之後，世界上還有五個共產主義國家政權還在繼續危害人間，作為共產主義運動的理論基礎和指導思想的馬克思主義還在全球範圍內大行其道。

之所以出現這樣一種弔詭，既是因為以中國為首的共產主義國家政權憑藉其邪惡勢力阻擋人類對共產主義罪惡的清算，也是因為國際社會還沒有徹底認清共產主義的邪惡本質。我們得出這樣的結論，並不是感情用事的政治宣示，而是基於對歷史真相的真誠認知和心平氣和的理性反思。

即便是在成熟發達的民主國家，與共產主義有千絲萬縷聯繫的左翼知識界還在相當程度上掌握著話語權。他們基於對 18 世紀法國大革命的錯誤評價，定格於法國大革命中形成的左右分野，視左派為進步、右派為落後反動。

他們沿襲這種左右二分法，將法西斯主義和資本主義歸入右翼，斥之為壞人作惡；將共產主義和社會主義歸入左翼，哪怕是殺人如麻、血流成河，也只是好人犯錯、好心做壞事；對法西斯主義「種族滅絕」的

反人類罪徹底清算，對共產主義「階級滅絕」的反人類罪卻百般開脫。

基本事實很清楚，拋開共產黨國家透過接連不斷的政治運動進行的其它迫害不論，共產主義政權僅在和平時期殘殺無辜平民的數量，據不完全統計就已達到約一億人[16]，數量遠遠超過法西斯主義政權在戰爭之外所殘殺的一千多萬平民。

就其實踐後果或客觀罪惡而言，世界完全應該將共產主義和法西斯主義等量齊觀，甚至於應將共產主義視為比法西斯主義更大的禍害。

從 20 世紀 40 年代起，就已有一批學者運用極權主義分析框架來論述共產主義和法西斯主義這兩種國家政權。[17] 按照這種框架來分析，共產主義政權和法西斯主義政權是同屬一類的極權主義政權，兩者具有共同的本質特徵，諸如一黨專政、領袖獨裁、黨和領袖直接掌握軍隊和警察、黨國通過政治警察和特務實行恐怖統治並嚴密控制整個社會、黨國全面控制國民經濟和國民生計、黨國全面壟斷意識形態和傳播工具等。

而且，就時序上來說，共產主義黨國建立於先，法西斯主義黨國興起於後，後者至少得到前者的啟發和示範。

希特勒（Adolf Hitler）加入「德國工人黨」之後，於 1920 年將該黨更名為「德國國家社會主義工人黨」，將「國家社會主義」確立為該黨的意識形態，「納粹主義」只是「國家社會主義」的縮寫。

希特勒並不避諱他從馬克思主義及俄國共產主義那裡吸取過靈感，特別是妖魔化資本主義及煽動底層大眾的靈感。希特勒所鼓吹的民族主義、國家主義和社會主義，正像列寧（Lenin）所鼓吹的共產主義和社會主義一樣，都要求社會個體無條件地服從於國家民族的社會整體並隨時為社會整體犧牲。

極權主義政權的內部多樣性主要顯現於思想根源和願景目標之不同，如果不顧客觀後果而僅僅依據「意圖倫理」對兩者做出評價，就會陷入脫離實際的謬誤。

法西斯主義政權所依賴的思想根源，除了在批判自由主義和資本主義時借用社會主義，主要是訴諸種族主義和民族主義，明目張膽地為自封「優等」的種族和民族「爭取生存空間」，是赤裸裸的真小人。

共產主義政權所依賴的思想根源，則是平等主義、國際主義、世界主義等一系列「崇高」意識形態，高懸「更高尚的民主」、「杜絕壓迫剝削的社會」等「崇高理想」，充滿誘人的偽善。

但是，無論是共產主義者還是法西斯主義者，在政治實踐中都是以仇恨進行社會動員，依靠煽動「階級仇」或「民族恨」、從事大規模殺戮和迫害來實現其政治目的。

學貫中西的大詩人徐志摩在 1925 年對蘇聯和歐洲做了一番實地考察之後，在《晨報副刊》上分段發表《歐遊漫錄》，以其過人的敏感和敏銳對共產主義者做出這樣的斷言：

「他們相信天堂是有的、可以實現的，但在現世界與天堂的中間卻隔著一座海，一座血污海，人類泅得過這血海，才能登彼岸，他們決定先實現那血海。」[18]

還有論者指出，中國「改革開放」四十多年來的對外貿易，與當年納粹德國的對外貿易如出一轍，根本不是正常的經濟交往，而是將經貿當作政治工具和武器，服務於國家政權的政治和軍事目標。

與當年的納粹政權一樣，中共政權也透過嚴格控制市場准入、製造

市場依賴、操控全球產業鏈結構、盜取知識財產權和先進技術等等不公平手段，以削弱對手並取得戰略優勢。不明就裡的民主世界，卻一直將中外經貿關係放在自由貿易和保護主義的框架中來理解，為自由貿易或孤立主義兩種政策的得失利弊進行無謂爭論，甚至於將中共掌控下的中國當成嚮往自由貿易的正常國家，不斷做出各種荒唐讓步。這些民主國家在認知上不得要領，實踐上難免吃虧被動。[19]

就在 2021 年，中共極權統治者們剛剛經由其「百年慶典」再次厚顏無恥地為自己歌功頌德，共產專制與自由民主世界的第二次冷戰正在全面展開。

我們此時力圖透過共產主義在中國的思想傳播和政治實踐的個案，撥亂反正、正本清源，進行理性深入地剖析，徹底反思那不堪回首的百年血淚、百年辛酸和百年荒唐，喚醒世人之良知、啟迪世人之心智，不辜負中國和世界所承受的苦難。

一、馬克思主義支流之毒力

剖析共產主義對中國的百年禍害，首先必須釐清禍害之源頭。這個源頭不在中國，而在於馬克思主義這一現代西方文明的支流。

綜觀現代西方文明以及整個世界現代文明的主流，起源於 17 世紀的自由主義思想體系及其相應的社會制度。19 世紀中葉問世的馬克思主義，是西方現代文明內部試圖徹底顛覆自由主義思想和自由主義秩序的一股逆流。這股逆流就像超大病毒，毒性十足、傳染力極強。

1. 人類現代文明基本價值體系及制度安排

人類文明從傳統到現代的轉型，分水嶺是 17 世紀自由主義思想觀念的成熟。[20] 在此之前，基督教內部的宗教改革，確立了教徒個體在精

神上與上帝直接交往的自主權，搭建起人類個體的自由意志及其俗世願望與信仰上帝之間的互補通道，已經為自由主義思想觀念的成熟做了必要的儲備。

最早有系統論述自由主義的著作是約翰‧洛克 1689 年出版的《政府論》（*Two Treatises of Government*），他在此書中運用基督教神學敘事論證出個人擁有生命權、財產權和自由權這三項與生俱來的天賦權利，政府的義務是保護和增進個人的權利。洛克的學說奠定了自由主義政治學的基礎。

1776 年亞當‧史密斯（Adam Smith）的《國民財富的性質和原因的研究》（*An Inquiry into the Nature and Causes of the Wealth of Nations*）一書問世，系統論證神奇的市場機制促成社會資源的優化配置，並使每個人在追求自身利益時「被一隻看不見的手引導著」去自動地實現整個社會的利益。史斯密的市場經濟理論，標誌著古典自由主義經濟學的正式誕生。

自由主義思想體系，一言以蔽之，就是信仰天賦人權和個人權利至上，並要求一切制度安排必須以個人自由權利為優先價值。

自由主義思想非常鮮明地展現在 1689 年英國「光榮革命」中頒布的《權利法案》、1776 年美國獨立戰爭中頒布的《獨立宣言》和 1789 年法國大革命中頒布的《人權和公民權宣言》，以及這三個國家所制定的憲法。

自由主義思想體系落實於政治制度，便是自由主義民主制度（liberal democracy）或憲政民主制度（constitutional democracy），落實於經濟制度，便是資本主義市場經濟。

　　英國、美國和法國等歐美國家在十七八世紀捷足先登，建立起資本主義市場經濟和自由主義民主制度，這是整個人類實現從傳統社會到現代社會轉型的最大成果。這種奇蹟般的制度大轉型，與當時相互激盪著來到人間的現代科學體系、機器動力技術、地理大發現，以及將財富創造和積累神聖化的新教倫理等人類文明成果，相輔相成、相得益彰，成就了人類現代文明的橫空出世。

　　資本主義市場經濟制度的核心，是新的法律框架，劃定了政治權力的明確邊界，進而對私人產權提供了絕對保障。在產權清晰和產權充分保障的基礎上，有限責任、雇傭契約、委託代理、股份合作等經濟法理得到普遍遵從；公司資產和個人資產相互分離、所有權和經營管理權相互分離的現代企業遍地開花。落實自由競爭、自願交換、公平交易等原則的市場體系應運而生，並迅速擴展全球、無遠弗屆。

　　自由主義民主制度也稱為憲政民主制度，是以人權至上和主權在民兩大原則為核心的政治制度，人權、民主、法治三位一體。

　　這一制度以天賦人權為出發點，依據社會契約理論將政府定義為公民的手段和工具，規範政府的存在目的是基於社會契約的保護和增進公民權益，不得制定執行傷害基本人權的法律。這一制度將主權在民的原則落實於民主選舉機制和委託代理機制，以公民投票授權為政府權力合法性的唯一來源。

　　政府權力開放給社會，在公開透明的平等競爭下，公民透過投票表決完成對合法政府的授權，也經由定期選舉實現對政府的終極問責，並確保政府權力的和平有序交接。政府官員——作為受公民委託的代理人，在法定期限內分別行使立法、行政和司法權力。

　　這一制度落實的是間接民主的委託代理機制，也是吸取了人類歷史

上直接民主的經驗教訓總結出來的，即通過法治和代議制之間接民主來防範「多數人的暴政」（tyranny of the majority）。[21]

人性兼具雙重性：「一半是天使、一半是野獸。」自由主義思想觀念及其相應的制度安排，一方面激勵世人理性追求自身利益並積德行善，另一方面又嚴密防範歪門邪道和權力作惡，是合乎人性的最優選擇。

正是因為自由主義民主制度為人類社會的現代化提供了制度保障，以人身依附為特徵的前現代「臣民」才得以轉變為自主自由、頂天立地的現代「公民」。再加上資本主義市場經濟制度所提供的產權保障和利益激勵機制，潛能得以充分發揮的現代人威力無窮，人類的知識和財富按幾何級數快速增長，現代文明突飛猛進、日新月異。

然而可惜的是，由於天然稟賦和努力程度等差異，即便是在機會平等和程序公正的競爭之下，也無法總是導向結果的均等。由於人性和資源的雙重侷限，貧富不均這一難題以及公平和效率之間的拉扯將永遠伴隨並困擾人類社會。

人類調節此一難題的正道，乃是充分調動人類互助合作的積極性，一方面建立有效的社會保障體系以扶危救難，一方面充分開發宗教和傳統文化資源，倡導合乎天意人道的道德倫理，以廣施公益慈善。

2. 馬克思主義陷阱

資本主義制度下的貧富不均是客觀的存在，但是，馬克思這一類極端人士卻試圖以社會主義或共產主義來一勞永逸地解決此一難題。

馬克思濫用他從黑格爾（Georg Wilhelm Friedrich Hegel，常縮寫為 G. W. F. Hegel）那裡學到的辯證法，將「否定之否定」當成辯證法的一

條「定律」，並將這一「定律」硬套到人類歷史進程之上，斷言人類從原始社會的財產公有演變到財產私有，必然會經過「否定之否定」而進入共產主義社會更高階的財產公有。人類從初民社會沒有分工，演變到越來越詳細的分工，必然會經過「否定之否定」而進入共產主義社會沒有分工的「全面發展」。

正是懷著這樣錯亂的認知和信念，1848 年馬克思和恩格斯（Friedrich Engels）聯名發表《共產黨宣言》，宣告「共產黨人可以用一句話把自己的理論概括起來：消滅私有制」。[22]

馬克思、恩格斯在〈共產黨宣言〉中有一個世人耳熟能詳的著名論斷：「代替那存在著階級和階級對立的資產階級舊社會的，將是這樣一種聯合體，在那裡，每個人的自由發展是一切人的自由發展的條件。」[23]

這一論斷使很多景仰自由的人、特別是「馬克思主義人道主義者」激動不已，認為馬克思主義「包含」了自由主義、而且比自由主義更高一籌。然而，認為馬克思主義「包含」了自由主義，這是一種似是而非的誤解。而造成這種誤解的根源，恰在於馬克思本人作為該主義創始人對自由的誤解。

馬克思主義創始人在創造其學說的時候，一開始就在「自由」問題上陷入了不能自拔的自相矛盾。誠然，與很多同代人一樣，馬克思、恩格斯青年時代曾經是自由主義者，為自由民主奔走呼號。馬克思是德國「青年黑格爾運動」的骨幹人物之一，曾經作為一位傑出的民主主義鬥士滿懷豪情地投身於反對普魯士的專制統治，特別是曾猛烈批判文化專制主義、爭取言論出版自由。

馬克思的第一份職業、也是其一生中唯一領過薪水的職業，就是在1842 至 1843 年間擔任《萊茵報》的記者和編輯。他在這段時期發表了

一系列文章，抨擊普魯士專制制度，充分闡發了他的自由民主思想。他所發表的第一篇政論作品辛辣地責問企圖用法律形式冠冕堂皇地壓制出版自由的普魯士專制政府：

「你們讚美大自然令人賞心悅目的千姿百態和無窮無盡的豐富寶藏，並不會要求玫瑰花散發出和紫羅蘭一樣的芳香，但為什麼卻要求世上最豐富的——精神只能有一種存在形式呢？」

他並一針見血地指出：「整治書報檢查制度的真正根本辦法，就是廢除書報檢查制度，因為這種制度本身是惡劣的，可是各種制度卻比人更有力量。」[24] 此言擲地有聲，今天讀來仍然令人興奮不已！

可惜，1843 年 10 月馬克思因為不堪忍受普魯士專制政府的政治迫害而遷居巴黎，在那裡接受了法國激進知識分子和德國流亡知識分子對「無產階級」的同情和崇拜，接受了對沒有階級、沒有壓迫、沒有剝削的「新社會」之設想與憧憬，便風馳電掣般完成了向共產主義者或「馬克思主義者」的飛躍。

恩格斯的思想歷程大致相同。他在 1842 年移居英國當時的工業中心曼徹斯特，正好趕上政治熱情高漲的英國工人階級前赴後繼地進行以爭取普選權為中心的「憲章運動」。

深受鼓舞的恩格斯藉助他在其父親的紡織公司任職的便利條件，深入了解英國工人的苦難和奮鬥，寫成了《英國工人階級的狀況》一書，堅定地將政治立場轉到「無產階級」一邊。

這兩位青年當時完全陶醉於他們所取得的思想飛躍，他們自信不僅已經為人類找到了沒有階級、沒有壓迫、沒有剝削的終極社會目標，而且找到了實現這種社會目標的力量，即「無產階級」。他們此後所作的

所有「科學研究」、所進行的所有「科學論證」，都不過是「六經注我」
——即尋找各種根據來證明他們先入為主的結論。

馬克思主義思想體系的出發點和歸宿是沒有分工、沒有階級、沒有
壓迫、沒有剝削的共產主義社會，而馬、恩對這個社會目標的設定過程
和實踐路徑從來沒有證明，也無法證明。馬克思主義的思想迷亂，總根
源就在這裡。

馬、恩的自由觀隨共產主義社會目標的確定而陷入了混亂和幻想。
正是共產主義意識形態的創立，使馬、恩如醉如狂，嚴重地影響了他們
的邏輯思維和認知判斷。馬克思的學說從自由主義發展而來，而且他也
深信自己學說的全部目的是服務人類的自由解放。

然而，馬克思在自由的具體目標以及實現自由目標的手段兩方面全
都走火入魔、陷入迷亂。

他所嚮往的自由是沒有私有制、沒有勞動分工、沒有階級、沒有國
家，甚至是沒有家庭條件下的自由；而實現這種自由的手段便是畢其功
於一役的「無產階級革命」。

顯而易見，馬克思、恩格斯在《共產黨宣言》中所說的「每個人的
自由」和「一切人的自由」，並不是西方現實政治和現代社會中個人受
法律保護而免於政府壓迫的自由權利，而是在共產主義烏托邦裡，在消
滅了國家、政府和勞動分工之後，生活於「共同體」內的人們各盡所能、
各取所需、「全面發展」的自由。

他們在另一部著作《德意志意識形態》中更愜意地對這種「全面發
展」的自由提供了一幅素描：「在共產主義社會裡，任何人都沒有特定
的活動範圍，每個人都可以在任何部門內發展，社會調節著整個生產，

因而使我有可能隨我自己的心願今天幹這事，明天幹那事，上午打獵、下午捕魚、傍晚從事畜牧，晚飯後從事批判。」[25]

這樣一種愜意高調的自由，是在共產主義「自由王國」和極樂世界中無拘無束、為所欲為的自由，當然值得羨慕，特別是在那些已經實現了基本政治自由的地方。

馬克思及很多「馬克思主義者」的迷誤，在於以高調的「全面發展」的自由來貶低和否定政治自由的價值；在於將抽象的集體利益和集體意志凌駕在具體的公民個體權利和意志之上；更在於將「無產階級革命」和「無產階級專政」當作實現自由的不二法門。

在他們看來，與「全面發展」的自由相比，在自由主義民主制度中所實現的政治自由顯得微不足道，信仰自由只不過是讓人接受宗教奴役、思想自由只不過是讓人傳播異端邪說，如此等等。

實際上，離開現實的政治法律制度的保護來奢談自由，會使馬、恩的自由觀淪為虛無縹緲的說教，而且是包含著「革命」和「專政」的血淋淋的說教。

馬克思和恩格斯一方面斷言，按照「歷史規律」，共產主義社會「必然」會實現。而與他們對「必然性」的信念相矛盾的是，他們又認為共產主義社會必須依靠人為努力才能實現，不相信人類可以坐等共產主義社會的到來。

馬克思和恩格斯的全部「研究」和寫作，有虛和實兩個方面。

虛的方面是向壁虛構「經濟基礎決定上層建築」之類的「歷史規律」和「共產主義必然實現」之類的「必然性」，自欺欺人。實的方面則是

運用「階級鬥爭」和「無產階級專政」之類的理論激發階級義憤、動員蠱惑無產階級進行革命。被稱為「剩餘價值理論」的馬克思主義政治經濟學，正是服務於這一目的的社會動員理論。

為了蠱惑世人推翻資本主義制度，馬克思將「勞動價值論」推向極端，將「邊際效用」這一同等重要的因素排除在商品價值之外，也把商品生產過程中的資產和商品價值實現過程中必不可少的交易環節排除在創造價值的因素之外，片面地將產業工人的勞動當成商品價值的唯一來源，進而將雇主和雇員之間那些自覺自願、相互依存的平等交易關係也歪曲為剝削關係，目的在激發無產階級對資本主義制度的道德義憤。

與此同時，馬克思還妄稱人的經濟利益決定人的「階級性」，進而用這種「階級性」否定基於共同生理結構和共同心理結構的共同人性，用階級分析來強暴和肢解人性的幽深複雜，挑撥社會矛盾和階級對立。

馬克思斷言：「*批判的武器當然不能代替武器的批判，物質力量只能用物質力量來摧毀。但是理論一經掌握群眾，也會變成物質力量。*」[26]

馬克思和恩格斯的理論，之所以毒性甚強，乃是因為它既抓住資本主義制度的弱點無限誇大、誘發不健康的嫉妒和仇恨心理，又許諾美妙無比的共產主義天堂、激發不勞而獲和隨心所欲的廉價理想。而且，他們還給自己的理論披上科學的外衣，號稱「科學社會主義」。

但是，令馬克思和恩格斯沮喪的是，除了極小部分的激進分子，包括產業無產階級在內的歐美主流社會，對他們的革命號召應者寥寥。甚至在他們所參加的多種共產主義小團體中，馬克思和恩格斯及其追隨者也總是居於少數。

抽象的無產階級的階級意識，只是馬克思和恩格斯的主觀臆斷；生

活於現實的、具體的、產業中的工人，追求的是在資本主義和憲政民主的框架內實現他們的政治和經濟訴求，並不贊同馬克思和恩格斯所心儀的無產階級革命。就連晚年的馬克思和恩格斯，也在為是否放棄其無產階級革命迷思而糾結。

二、俄國共產黨給現代人類開出邪門岔道

1. 列寧主義是野蠻人暴力奪權、實行專政的思想武器

馬克思和恩格斯做夢都沒有想到，他們為發達資本主義國家創造的理論，不久將在資本主義剛剛興起的落後東方帶來奇蹟。

20 世紀初的俄國，既沒有發達先進的生產力和發達的資本主義經濟，當然也就沒有強大的產業無產階級。按照馬克思主義「經濟基礎決定上層建築」的「規律」，「科學社會主義」或「共產主義運動」在當時的俄國根本就無從談起。但是，俄國偏偏成了世界上發生社會主義革命和建立社會主義制度的第一個國家。

由此也可見「科學社會主義」之種種「規律」，是何等虛妄。實際發生的是，馬克思主義理論在落後的東方被改造成為邊緣人奪取政權和捍衛政權的思想武器；在該「主義」真正顯現其神奇威力後，才反過來「證明」其為「真理」。

在馬、恩之後，馬克思主義內部開始大分化，由馬、恩的信徒們沿著各自的方向「修正」馬克思主義。當時最顯要的有三支，即愛德華·伯恩施坦（Eduard Bernstein）為代表的右派、卡爾·考茨基（Karl Kautsky）為代表的中派、列寧為代表的左派。

伯恩施坦、考茨基與馬、恩一樣都是德國人，生活經歷有相仿之處，

且曾在馬、恩的直接指導下工作過,算是馬、恩的親炙門生,因而他們對馬、恩思想的理解,比列寧要貼切得多。更為重要的是,他們與馬、恩一樣,是在歐洲先進的政治、經濟和文化背景和傳統中來思考人類的問題的。

既然歷史發展的事實表明工人階級的政治經濟權益不需革命也能逐步實現,工人階級在逐步得到這些政經權益後便不再擁有革命熱情,馬、恩的思想繼承人進一步軟化他們的思想,堅持走「和平長入社會主義」的「議會道路」,甚至於放棄「消滅私有制」的目標,便是順理成章、再也正常不過的事情。[27]

但出人意料的是,在馬、恩看來還是蠻荒之地的俄國,竟然有列寧這一類激進分子出頭爭奪馬克思主義正統。修養欠缺卻機警過人的列寧以野蠻的俄國思想來剪裁馬、恩的思想,將馬克思主義變種為列寧主義,將馬、恩思想中的激進思想因素蠻橫地推向極端,反而將伯恩施坦、考茨基等人對馬、恩思想的發展指控為「背叛」。

1924 年列寧離世之後,史達林(陸譯斯大林)立即發表《論列寧主義基礎》小冊子,將列寧對馬克思主義所作的貢獻及列寧主義歸結為六個方面:帝國主義理論、無產階級革命理論、無產階級專政理論、新型無產階級政黨理論、社會主義建設理論和民族殖民地問題理論。[28]

列寧主義的整套說辭歸結起來,不過就是依靠暴力奪取政權和守衛一黨專政的政權。

2. 列寧主義指導下的卑鄙政變

列寧主義的最大成果,當然是指導了俄國布爾什維克的「十月革命」和一黨專政政權的建立。但是,「十月革命」本身就是一個謊言。

　　中國人以及全世界諸多無辜的左翼人士被布爾什維克的宣傳品、包括《聯共（布）黨史簡明教程》蒙騙了幾十年，直到蘇聯崩潰之後，才有機會透過解密的歷史材料去了解「俄國十月革命」的歷史真相。[29]

　　所謂的「十月革命」，本來只是一起平凡無奇的政變，隨後卻被列寧等一批組織鼓動能力特別強，但心狠手辣、心術不正的布爾什維克所操控，演變成為徹底打斷俄國走向憲政民主歷史進程，也改變了現代人類文明航道的大事變。

　　這裡有兩個真相必須徹底澄清。

　　1917 年布爾什維克發動的這場政變，手段極端卑鄙，而且它所推翻的是初生的俄國民主政權。

　　俄國人順應世界潮流爭取憲政民主的政治運動，從 1825 年十二月黨人起義算起，到 1917 年已有近百年歷史。俄國在第一次世界大戰中損失慘重，陣亡官兵近二百萬、受傷官兵近六百萬，而且帶來經濟崩潰。全國各地，包括首都在內發生接二連三的民變和兵變，沙皇宮廷內部也嚴重分裂。

　　由於整個局面失控，沙皇尼古拉二世為了避免引火燒身、生靈塗炭，於 1917 年 3 月 15 日宣布退位，由國家杜馬（俄羅斯的下議院）組織臨時政府執掌政權，統治俄國三百餘年的羅曼諾夫王朝（1613 年至 1917 年），連同俄國君主專制制度一起退出歷史舞台。因為時值俄歷二月，俄國人稱之為「二月革命」。

　　這是符合世界潮流的、真正意義上的革命，而且是經由和平手段完成的革命。易手頻繁的臨時政府是由多個黨派組成的過渡機構和看守政府，其任務是維持基本秩序、召開立憲會議、制定憲法並產生民選政府。

但是列寧等人領導的布爾什維克此時卻混水摸魚、趁火打劫,於 1917 年 11 月 7 日發動政變,用暴力推翻了臨時政府。因為時值俄歷十月,布爾什維克稱之為「十月革命」。

僥倖得勝奪取政權之後,布爾什維克起初打算依照原有法統,通過它所操辦的立憲會議為新政權披上合法外衣。然而 1917 年 11 月 25 日立憲會議選舉得到的結果是:國家杜馬總共 707 個席位中,布爾什維克只得到 175 席,占 24.7%,不足四分之一;而社會革命黨及其盟友得到 410 席,占 58%,超過半數;其餘席位落入孟什維克、立憲民主黨等其他黨派之手。[30]

很顯然,布爾什維克輸掉了自己所操辦的選舉。於法於理,都應由席位過半的社會革命黨組織政府。然而布爾什維克卻再次使用蠻橫手段,拒絕承認民主選舉的結果,於 1918 年 1 月 5 日使用武力驅散了如期舉行的立憲會議,宣布「一切權力歸蘇維埃」,建立起一黨專政的政權。

同年 3 月 6 日,在緊急召開的俄國社會民主黨第七次代表大會上,布爾什維克宣布將該黨更名為俄國共產黨。

布爾什維克無所不用其極地暴力推翻了維持秩序、籌劃憲政轉型的臨時政府,暴力終結了共商國是、匯聚共識、透過民主程序解決分歧並選舉產生合法政府的立憲會議,徹底摧毀了俄國的憲政民主前景,使整個俄國社會陷入了徹底的混亂。

在暈頭轉向茫然不知所措中,各種矛盾集中爆發出來,並釀成全面內戰。然而俄國爆發的全面內戰,又反過來給布爾什維克用暴力掃平一切異己力量提供了最方便的藉口。

混戰之中，倉促應戰的其他各路人馬都不過是烏合之眾，當然敵不過嚴密組織起來的蘇俄黨衛軍（「紅軍」）。隨著其被各個擊破，大部分舊俄軍隊紛紛被紅軍所收編。

國際共產主義運動中的部分領導人在當時就敏銳地覺察到布爾什維克是一群革命騙子，他們對布爾什維克暴政來到人間的即時批判，充滿先見之明。

第二國際的理論權威考茨基早在 1918 年初便發表《無產階級專政》這一小冊子，當即指出布爾什維克只不過是假藉「無產階級專政」的名義建立起少數人專政，從而「消滅了民主」。[31]

素來與列寧站在同一戰壕的社會主義左派領袖羅莎・盧森堡（Rosa Luxemburg），在當時也一針見血地指出，布爾什維克解散立憲會議、隨意剝奪公民選舉權等等倒行逆施是「維護專政而反對民主，從而維護一小撮人的專政」[32]。

俄國「馬克思主義之父」、列寧的引路人普列漢諾夫（Georgi Plekhanov）在 1918 年 4 月所口授的遺囑中更是痛苦地表達了他的絕望與無奈。

他斷言：「布爾什維克主義是以流氓無產階級為取向的特殊策略、特殊意識形態。」因而布爾什維克崇尚暴力和「階級恐怖」；「布爾什維克不能給人民以民主和自由，因為他們一實施民主和自由，馬上就會喪失政權」；「布爾什維克除了恐怖、欺騙、恐嚇和強制，就別無道路可走」；「遲早有一天人人都將清楚列寧思想的謬誤，到那時布爾什維克的社會主義將像紙牌搭的小房子那樣坍塌」。[33]

3. 俄國共產黨創立了黨國極權的新型專制制度

共產黨人宣稱：「十月革命開闢了人類歷史的新紀元。」它確實非同小可，但它不是造福人類，而是給人類開闢了一條充滿血雨腥風的岔道和邪路。

在自由主義思想指引下的英國革命、美國獨立戰爭及法國革命，給人類開創的康莊大道是憲政轉型。以君權神授觀念為政權合法性依據的君主專制被否定、體現主權在民理念的民主選舉成為政府合法性的依據。19 世紀的歐洲各國紛紛步英、美、法之後塵向憲政民主挺進，儘管並不都是凱歌行進，但至少方向無誤。

到了 20 世紀初年，技術進步和社會改良推動著人類文明的迅速發展，當時進入「電機時代」的世界現代經濟正在得到新的發展機會；與之相應地，民主政治也進入新的發展階段，歐美社會主義政黨所領導的工人運動和其他社會運動催生了取消財產和身份限制的普選制，向勞工大眾的福利傾斜的勞工立法和社會保障也初見端倪。

然而，俄國共產黨卻野蠻地截斷了俄國從君主專制到憲政民主的道路，創立起一黨專政這一新的政權類型和政治制度，使俄國在告別了君主專制之後拐進了更嚴密、更殘忍的專制暴政。

《聯共（布）黨史簡明教程》對俄國共產黨建立一黨專政的恐怖舉措輕描淡寫地留下這樣一行字：「*取締反革命的出版物以及各種合法的和不合法的反革命組織，解散資產階級立憲會議。*」[34]

實際情形是，布爾什維克以「社會主義革命」的名義殘酷地徹底摧毀了在俄國初生的政黨競爭、獨立媒體、獨立社團、議會制度以及基本人權這些基本的現代民主元素，依靠「紅色恐怖」將俄國一個世紀以來積累的民主成果一掃而光，也與整個人類的民主化進程徹底分道揚鑣。

於此同時，布爾什維克掌權之後迅速剝奪國民財產建立起新政權的「經濟基礎」，也就是極權黨國的國有制以及黨國對國民經濟的全面控制。列寧為他所說的「無產階級專政」給出了血淋淋的經典定義：

「專政是直接憑藉暴力而不受任何法律約束的政權。」[35]

而且他還厚顏無恥地讚美專政，向全世界宣告：「俄國共產黨所建立的蘇維埃政權比最民主的資產階級共和國要民主百萬倍。」[36]

布爾什維克勝利了，但勝利的布爾什維克背叛了奪權之前的所有華美諾言。他們許諾和平，卻將俄國推入空前殘酷的兵燹戰禍並讓數百萬人在由他們挑起的內戰中喪生。

他們許諾麵包，卻使俄國人民陷入饑饉；他們許諾正義，卻將國民分為三六九等、並由少數幾個人任意決定對國民的生殺予奪之權。許諾了民主與自由，結果卻是野蠻剝奪了俄國人民已經獲得的議會選舉、自由組黨結社、辦報辦刊等自由民主權利；許諾給農民土地，卻以國家的名義剝奪農民的土地；許諾給工人國家政權，卻連工人們原來已經爭取到的建立獨立工會、集體談判、罷工集會、遊行示威等基本權利都全部剝奪——無產階級在「無產階級政權」中一無所有，因為共產黨以無產階級的名義壟斷了一切權力。

布爾什維克所建立的共產主義極權黨國，是人類歷史上的首創。它在政治和思想上以一統江湖為目標，剿滅一切反對黨；它組建絕對聽命於黨的「黨軍」而使自己成為一個武裝集團；它用政治暴力剝奪私人財產並建立官府所有制經濟；它制定了與政治信仰緊密結合的嚴酷紀律。

它設立專門的政治警察和龐大的特務系統來行使法律以外和法律之上的暴力，既監視民眾也監視領袖以下所有官員，殘酷打擊持不同政見

者、殘酷清洗黨內異端；它以「黨管幹部」、「黨管社團」等方式全面壟斷社會組織資源；它創造「單位制度」，使所有個人都依附於單位和國家，嚴密控制社會的所有細胞；它設立專門控制和操縱言論的宣傳部門，並發展出一整套為黨國體制辯護的精緻詭辯和話術。

列寧主義詭辯術以階級性來否定人性，以「階級矛盾不可調和」來論證「暴力革命」和「紅色恐怖」的合理性，以「革命」和「人民」的名義來施行肆無忌憚、沒有節制的暴力，以「無產階級」的名義來施行對無產階級的專政。這種「黨天下」是比專制王朝的「家天下」更加殘酷和嚴密的專制制度，真正做到了無遠弗屆、任何人都「無所逃離於天地之間」。

蘇俄這一新政權類型出現，當然是對憲政民主制度、資本主義制度和國際秩序的沈重打擊和重大挑戰。但是，當時這些民主國家和資本主義國家未能阻止蘇俄的勝利，雖然並不是完全地袖手旁觀，但他們三心兩意的小規模武裝干涉只持續了幾個月到兩年時間就鳴金收兵。

始於 1918 年 3 月的十四個協約國聯軍武裝干涉草草收場，有兩個主要原因。

一是這些國家只是各自派遣幾千或一兩萬軍隊參戰，也沒有在俄國境內找到志同道合且具實力的盟友支持，力不從心。彼時，舊俄軍隊已經潰不成軍，且價值理念上也與民主國家格格不入，而俄國民主勢力又未能掌握軍隊；更重要的原因是，當時的民主國家沒有深刻認識到共產主義黨國對人類文明帶來的危害和威脅，沒有撲滅蘇俄的政治意志和長期戰略，武裝干涉只是出於一些短期目標。

俄國本來是第一次世界大戰中協約國集團的成員，其他協約國盟友對舊俄軍隊負有道義責任，也無法接受蘇俄單方面與德國媾和的背叛出

賣行為，因而出兵馳援舊俄軍隊，其背後動機主要是為了支撐他們繼續對德作戰。

在 1918 年 11 月大戰結束之後，英、法、美等協約國集團的主要國家都急於享受和平而無心戀戰。

法國為避免繼續惹火燒身而最先撤離俄國戰場；英國在堅持稍長一些時間後也尾隨法國體面撤退；日本支持西伯利亞地區的舊俄軍隊，純粹是為了攫取中國東北和西伯利亞地區的利益；美國除了在西伯利亞地區配合日本，很快就在「民族自決」的旗號下對俄國的「內戰」選擇「中立」，正像美國在 20 世紀 40 年代對中國的國共內戰基本上袖手旁觀一樣。

共產黨及其領袖「專政」的結果，是罄竹難書的血腥屠戮、刑罰迫害、冤假錯案、冤魂野鬼、妻離子散、家破人亡。所有建立起這種「專政」的國家，無一例外。

必須強調的是，「無產階級專政」所迫害的絕不僅僅是反對這種專政的「階級敵人」，而是同時包括贊同這種專政的、成千上萬的「無產階級革命同志」，也就是通常人們所說的「革命吃掉自己的孩子」。

20 世紀 30 年代史達林以「無產階級專政」的名義進行的「大清洗」，受害者達 2000 萬人，其中相當部分是投身共產主義事業的「革命同志」。

除史達林的貼身心腹外，與列寧一起領導「十月革命」的第一代黨中央領導，包括托洛茨基（Leon Trotsky）、加米涅夫（Lev Borisovich Kamenev）、季諾維耶夫（Grigory Yevseyevich Zinoviev）、布哈林（Nikolai Ivanovich Bukharin）等人，幾乎被全部殺光；當時在位的 6 名元帥中，有 4 名被處決；1934 年「蘇共十七大」選出的 139 名中央委

員和候補委員中，有 98 人被殺害。[37]

「黨國社會主義」體制下的「公有制」，也絕不是馬克思筆下那種「自由人聯合體」對生產資料的共同擁有，而是國有制（所謂的「集體所有」也只是由地方政府控制的一種國有制形式）。這種國有制既無效率、更無公平，弊端無窮。

早在 20 世紀 50 年代就在噩夢中醒來的南斯拉夫共產黨領袖米洛萬・吉拉斯（Milovan Ðilas），非常精闢地將「黨國社會主義」體制下的所謂「公有制」歸結為「官府所有制」（Office Ownership）。他一針見血地指出，「官府所有制」使生產資料所有權落入「新階級」、即在位的黨政官員手中。這個「新階級」實際控制所有生產資料，並且從中獲取利益。

但是黨政官員們並不是法權意義上的所有者，他們不能將「公有財產」帶走或傳給後代，因而他們也是最缺乏「所有者意識」而任意浪費財產的所有者。這種「官府所有制」的官家經濟，有強度榨取民眾、建設政績工程、優先發展國防工業等方面的優長，但總體上對現代國民經濟有害無益，最終結果是普遍貧困、民不聊生。[38]

三、中國從「向西方學習」的正道失足誤入「以俄為師」的歧途

俄國人通過 1917 年的「二月革命」結束君主專制制度，比中國人1911 年通過「辛亥革命」完成同樣的歷史任務晚了六年，而且過程同樣是以王室在巨大壓力下被迫退位、和平移交政權的此一方式。這是否是俄國人向中國人學習的結果，不得而知。

但是，在俄國人中斷了憲政轉型歷史進程而建立起共產主義極權黨

國之後，中國人反而放棄了「向西方學習」的路徑，轉向「以俄為師」，這是中華民族的奇災大難。中國歷史的這種詭異轉向，既是由於部分中國人的誤判與惡行，也應歸咎於蘇俄的欺騙、勾引和蠱惑。

1. 蘇俄和共產國際將魔爪伸進中國

蘇俄從立國伊始，就與人類主流文明處於敵對狀態中。蘇俄不擇手段地維護其政權安全，其對外政策有兩個基點。

一個是打著無產階級國際主義旗號積極向外輸出共產革命，擴大自己的陣營並使民主國家窮於應付而沒有餘力對蘇俄進行干涉；另一個是打著幫助被壓迫民族的旗號拉攏周邊國家的政府或實權派，以避免他們投入民主陣營。

蘇俄立穩腳跟之後，立即雙管齊下、兩頭下注，對中國實施這兩種相互打架的政策。拉攏政府事宜主要由蘇俄外交人民委員會操辦；輸出革命事宜主要由 1919 年 3 月成立、完全受俄共支配的共產國際操辦，但兩條線往往相互交織。

蘇俄開展拉攏中國政府和大眾的工作，起點是 1919 年 7 月 25 日加拉罕（Karakhan Lev Mikhailovich）以蘇俄政府「副外交人民委員」的名義發表《俄羅斯蘇維埃聯邦社會主義共和國對中國人民和中國南北政府的宣言》，即通常所說的蘇俄「第一次對華宣言」。

宣言中倡議：「世界和平的基礎應當是決不侵犯他國領土，決不強行吞並其他民族，決不勒索賠款。」；宣布廢除沙俄與日本、中國和以前各協約國所締結的秘密條約；宣布把沙皇政府獨自從中國人民那裡掠奪的或與日本人、協約國共同掠奪的一切交還中國人民；廢除在中國的領事裁判權和租界，放棄從中國攫取的滿洲和其他地區，無條件歸還中東鐵路的一切權利，放棄庚子賠款的俄國部分；呼籲中國政府派代表與

蘇俄就恢復兩國正常關係進行談判。

當時中國處於南北分治狀態，蘇俄和共產國際同時在南北分頭行動，既物色人才組建中國共產黨，也盡力拉攏各種實力派人物。

1920 年 4 月，沃廷斯基（陸譯維經斯基，Grigori Naumovich Voitinsky）[39] 同時受蘇俄政府和共產國際的指派，到中國組建共產黨組織，與他同行的有他的妻子庫茲涅佐娃、秘書馬馬耶夫和充當翻譯的旅俄華僑翻譯楊明齋。他們一行四人貿然來華，對於中國思想界的情形幾乎一無所知。

為摸清底細，他們首先到當時中國的文化中心北京大學拜訪了柏烈偉（S.A.Polevory）[40] 和伊凡諾夫（Aleksei lvanovich lvanov）[41] 這兩個俄籍教授。這兩位教授給他們提供了極大幫助，不約而同地向他們推薦了「五四新文化運動」以後中國思想界著名的「南陳北李」，即身居上海的陳獨秀和身居北京的李大釗。

他們隨即拜訪了李大釗；李大釗也邀集剛剛成立的「馬克思學說研究會」的其他成員，如高君宇、張申府、張國燾、羅章龍、鄧中夏等人與沃廷斯基一行座談。但會後，李大釗等人認為要在中國領班組建中國共產黨，非陳獨秀莫屬。於是，沃廷斯基一行又匆匆趕往上海拜會正在那裡經辦《新青年》雜誌的陳獨秀。

陳獨秀無愧是當時眾望所歸的新進思想界魁首，立即召集當時活躍於上海灘的思想界精英共商建黨事宜，包括《新青年》雜誌同仁陳望道、李達、李漢俊等，主辦《時事新報》的張東蓀，主辦《民國日報》副刊《覺悟》的邵力子，以及主辦《星期評論》的戴季陶、沈玄廬、俞秀松、施存統等人。[42]

　　緊接著，沃廷斯基於 1920 年 5 月在上海成立共產國際東亞書記處臨時執行局，和已在上海的俄共遠東局其他成員一起開展工作，大約於 1920 年 7 月就成功幫助陳獨秀等人雷厲風行地建立了中國共產黨。黨的組織活動經費，基本上由蘇俄及共產國際提供。[43]

　　這些開支包括：繼續發行已經向中共理論刊物轉變的《新青年》雜誌、創辦和發行黨的機關刊物《共產黨》月刊、創辦人民出版社和又新印刷所、出版發行《共產黨宣言》等十幾種小冊子、創立外國語學校和工人補習學校、設立中俄通訊社、籌辦全國第一次勞動大會和黨的全國代表大會等。

　　當時最激進的中國思想界人士對社會主義理論的認知，按照瞿秋白 1920 年在〈餓鄉紀程〉中的生動說法是：「隔著紗窗看曉霧。」一知半解、懵懵懂懂。[44] 但是，他們居然就在蘇俄和共產國際的幫助下貿然建立了中國共產黨。

　　蘇俄和共產國際著手組建了中國共產黨，卻沒有將寶全部押在中共身上。因為在蘇俄和共產國際看來，中共號稱「無產階級政黨」，但當時中國產業工人的工人運動如此微不足道，連拿出來給中共裝飾門面的社會基礎都無從談起，中共左右中國政局的前景黯淡、遙遙無期。因此，蘇俄和共產國際在組建中共的同時，廣泛物色有實力影響中國政局的其他合作對象以增進蘇俄在華利益，並培植足以牽制日本的力量。

　　1920 年 10 月，蘇俄代表沃廷斯基到洛陽探訪實際控制中華民國政府的吳佩孚，但因蒙古主權歸屬等問題無果而終。1920 年 11 月，他又在上海會見了已離開中華民國軍政府（護法軍政府）但仍然有很高聲望的中國國民黨總理孫中山，進行了長達幾個小時的長談，商討合作的途徑。

1920 年 12 月中旬至 1921 年 1 月初，沃廷斯基還與陳獨秀一起到廣州專訪了對社會主義和無政府主義有濃厚興趣的南方政府實力派人物、國民黨廣東支部長、廣東省省長兼粵軍總司令陳炯明。

同時，在中國開展建黨活動並在南方拉攏孫中山、陳炯明等人的還有由蘇俄和共產國際派遣來華的其他一批人物。比如，早在「共產國際執行委員會」委員會見陳炯明之前，蘇俄軍人波塔波夫（陸譯波達波夫，ЛеонидВасильевичПотапов）就於 1920 年 4 月底至 5 月初到福建漳州「護法示範區」與陳炯明進行過會談。波塔波夫不但表達了強烈的合作意願，還帶來了一封列寧給陳炯明的信，使陳炯明深受感動，並給列寧回信表示對蘇俄政府的擁護和支持。

長期在印尼開展共產主義運動的荷蘭人、共產國際執行委員會委員馬林（Maring，荷蘭原名 Hendricus Sneevliet），被任命為共產國際駐遠東的代表，於 1921 年 6 月來華，大刀闊斧地對國共兩黨施加影響。[45]

1921 年 7 月 23 日至 31 日，馬林和接替沃廷斯基的共產國際遠東局書記處代表尼克爾斯基（Никольский）一起全程參加中國共產黨第一次全國代表大會並發揮了關鍵作用，包括以俄共為樣板為中共制定黨綱。

1922 年 12 月，俄羅斯蘇維埃聯邦社會主義共和國擴展更名為「蘇維埃社會主義共和國聯盟」（俄語：СоюзСоветских СоциалистическихРеспублик，縮寫：СССР，簡稱蘇聯。）這一新國號故意不包含地名，意欲複製到世界各地，無遠弗屆。

馬林深受列寧賞識，原因是他在與其他政治勢力打交道的過程中異常狡詐，深得列寧縱橫捭闔謀略之精髓。馬林使華最驕人的成就，是促成了國共合作。

1920 年 11 月孫中山沃廷斯基會談之後，大概是得到蘇俄財政援助的許諾，他從上海重返已被陳炯明從桂系軍閥手中奪回的廣州，主持了第二次護法運動。1921 年 4 月，南下廣州的部分國會議員舉行「非常國會」會議重組中華民國軍政府，以記名投票的方式選舉孫中山為中華民國非常大總統，任命陳炯明為陸軍部長兼內政部長。

1921 年 6 月中華民國軍政府出師廣西打敗桂系、統一兩廣。孫中山隨後就在桂林設立大本營，準備假道湖南北伐、打擊吳佩孚主導的中華民國政府。1921 年 12 月，馬林到桂林與孫中山多次交談。

雙方很快就達成了協議，孫中山國民黨放棄對外蒙的主權、不反對蘇俄紅軍進入新疆、並同意建立國共兩黨統一戰線；蘇俄則給孫中山國民黨提供財政和軍事援助、幫助中國國民黨進行全面改組並以蘇俄紅軍為模板發展黨軍。隨後，蘇俄和共產國際強迫中共做出了全體中共黨員以個人名義加入國民黨的決定。

2. 中華民主聯邦的演進路徑被切斷

蘇俄和共產國際做出全面支持孫中山國民黨這一選擇，正像他們促成中共的建立一樣，對中國政局及發展道路的演變造成了非常嚴重的後果，直接推動中國從多黨競爭的憲政體制向一黨專政的黨國體制轉變。

這一轉變通過孫中山剿滅陳炯明、國民革命軍北伐來實現，摧毀了當時中國向民主聯邦制和平演變的前景。

中國傳統的大一統觀念與從蘇俄輸入的黨國觀念一相結合，貽害無窮。

改組後的中國國民黨於 1925 年 7 月在廣州建立中華民國國民政府，這是中國國民黨領導下的威權主義黨國；國共分裂後的中國共產黨於

1927 年在各地暴動並著手建立蘇維埃政權，此為中國共產黨領導下的極權主義黨國。

國共兩黨先後模仿蘇聯建立黨國體制，中國多災多難的憲政體制就這樣被「以俄為師」、打著革命旗號的國共兩黨拋棄。

如果沒有蘇俄橫插一槓，中華民國走向民主聯邦制的前景一度很光明。

1912 年中國的志士仁人創建的中華民國憲政體制，直接模仿美國，既實行總統制，國會也實行參議院和眾議院兩院制，還特別強調地方自治。可惜之處在於未能擺脫一統窠臼，未能學習美國的聯邦制、做出分權制衡的制度安排來妥善平衡中央和地方的利益關係。

各類野心家多年來為一統江湖而逐鹿中原、兵連禍結。但是，20 世紀 20 年代初，聯邦制思潮曾盛極一時。當時各省精英層及社會各界的省域自治意願很強烈，居於正統的中華民國政府和反叛的中華民國軍政府雙方勢均力敵，都沒有力量消滅對方。

孫中山也曾許諾如果中華民國政府總統退位並恢復舊國會，則他本人也同時下野，與北方共商和平統一大業。1922 年 6 月 2 日，徐世昌宣布辭職，迎黎元洪復位，宣布恢復臨時約法和民二國會，被譽為「法統重光」。

6 月 3 日，蔡元培、胡適、高一涵等兩百多位各界名流，聯名致電孫中山和廣州「非常國會」，表示南方護法目的已達，呼籲孫中山實踐諾言。福建、湖北、湖南、雲南、廣西、廣東等省地方長官本就不贊成孫中山策劃的南方軍政府及北伐之舉，此時也紛紛向孫中山施壓。

手握中華民國軍政府軍權的陳炯明是封疆大吏中贊同「聯省自治」的中堅人物，主張先制定和施行省憲，確立全國民治之基礎，然後再在此基礎上制定和施行國憲，循序漸進地推進和平統一，最後建成美國式民主聯邦，在中華大地上再現高度地方自治的北美十三州結成民主聯邦的歷史。

陳炯明配合以北京和上海為中心的新文化運動，在其治下的廣東及福建漳州「護法示範區」採取一系列令人耳目一新的新舉措，包括為建設「聯省自治模範省」而聘請思想界領袖陳獨秀南下廣東出任省教育長、主持教育改革，在立法和行政方面實施一系列新政促進經濟繁榮、推進基層民主和自治、改良社會風氣等。

在北方已經「法統重光」、護法失去法理依據時，陳炯明更加明確反對孫中山武力統一全國的北伐。孫中山則一意孤行、不惜代價堅持北伐，一怒之下下令解除陳炯明的粵軍總司令，並採取具體步驟剝奪其兵權。該舉釀成兵變，雙方於 6 月 16 日在廣州城兵戎相見，陳炯明通電下野、退居香港。

1925 年雙十節，在華僑中很有勢力的「致公堂」改組為「中國致公黨」，舉炯明為總理。致公黨後來堅持以民主聯邦制統一中國之原則，反對國民黨的「一黨專政」，那是後話。

其他實力派競爭對手被排除之後，蘇俄及共產國際便一心一意扶持孫中山國民黨，而孫中山國民黨也快馬加鞭投入蘇聯的懷抱。孫中山國民黨的目標是獲得蘇聯盡可能多的援助以奪取全國政權，蘇聯的目標是在中國扶植一個親蘇政權——二者一拍即合。

1923 年 1 月，孫中山與蘇聯代表越飛（Adolph Abramovich Joffe）發表〈孫文越飛宣言〉，奠定了雙方結盟的基礎和原則。

2月，孫中山從上海回到廣州重建陸海軍大本營，以大元帥名義統率各軍，綜理政務。8月，孫中山委派蔣介石率領軍政代表團到蘇聯考察政治、黨務和軍事。緊接著，國民黨在蘇聯的指導下進行改組，並且模仿蘇聯共產黨建立黨軍以奪取政權。

1924年1月，中國國民黨在廣州召開了第一次全國代表大會，通過了在蘇聯政治總顧問鮑羅庭（Mikhail Borodin）指導下由國共兩黨成員共同起草的大會宣言，還包括修訂新的黨綱、黨章，重新解釋三民主義。

5月，孫中山在廣州黃埔長州島創立陸軍軍官學校，為組建黨軍培養幹部隊伍。

孫中山在黃埔軍校開學典禮演說中明確指出：「辦這個學校，就是仿效俄國……組織革命軍。」[46]

當時的蘇聯政府在人力、物力、財力上給予中國國民黨巨大幫助。在1924至1926年間，蘇聯派一百多人在中國國民黨黨政軍系統內擔任政治顧問和軍事顧問，由蘇聯政府發工資；此外還提供了大量經費，光先後無條件地撥交黃埔軍校的辦學經費就達250萬盧布；物資援助包括步槍數以萬計、機槍數以千計，還有大炮、飛機和不計其數的彈藥。[47]

冷眼旁觀的陳炯明在答記者問時對孫中山國民黨的所作所為做出這樣的評論：「照今日情勢而論，實令余難以坐視，彼等以軍權財權託於俄人之手。日本二十一條中之第五項，袁世凱所不敢承認者，彼等竟自動的讓與俄人。」[48]

1924年10月，馮玉祥發動北京政變，成功推翻曹錕為總統而實際由直系將領吳佩孚掌控的政府，分享中華民國政府權力的馮玉祥、段祺

瑞、張作霖先後電邀孫中山放棄北伐、北上共商國是。孫中山接受邀請，提出召開國民會議作為解決時局的辦法。

12月底，孫中山扶病到達北京。漫長的談判無法達成各方都能滿意的協議，1925年3月孫中山病逝北京，和談無果而終。

孫中山在彌留之際，除了給國民黨和國人留下遺囑，還專門留下致蘇聯政府遺書，內稱：「*我的心念，此時轉向於你們，你們是自由的共和國大聯合之首領。……我已命國民黨長此繼續與你們提攜。我深信：你們政府亦必繼續前此予我國之援助。*」[49]

1925年7月，中華民國國民政府在廣州成立，並通過《軍事委員會組織法》，確定「以黨建軍」、「以黨治軍」等新原則。

8月，國民政府軍事委員會轄下軍隊的各類舊名目全部取消，統一更名為國民革命軍（簡稱「國軍」）。由黃埔軍校師生組成的黃埔軍校校軍為第一軍，軍長蔣中正（蔣介石）。

國民革命軍模仿蘇聯紅軍，設立黨代表制度，並為師以上單位配置政治部；從軍到連隊普遍設立黨代表，並賦予黨代表與軍事長官同等領導權力。

當時國民革命軍第一、二、三、四、六軍各軍的政治部主任，蔣介石第一軍中3個師的黨代表和9個團裡7個團的黨代表都是共產黨人。同時，蘇聯顧問這時是國民黨幾乎所有軍事部門實際上的領導人。

共產黨員的人數從1925年1月中共四大時的994人激增到1925年底的1萬人。[50]此外，到1926年春，中共所領導的工會在全國有124萬會員、農會有98萬會員。光在廣東就掌握了2000多人的工人武裝糾

察隊和 6000 多人的農民自衛軍，領導著大約 10 萬有組織的工人和 60 萬參加了農會的農民。[51]

蘇聯顧問以及中共黨員身份的黨代表和政治部主任分享太多軍權的狀況，引發蔣介石的日益不滿和憂懼。蔣介石藉口「共產派謀倒蔣、推翻國民政府、建立工農政府」，於 1926 年 3 月 20 日採取軍事行動逮捕中共黨員、代理海軍局局長、中山艦艦長李之龍，並迫使蘇聯顧問縮小權力範圍、共產黨員全部撤出第一軍。

顯然，羽翼漸豐的蔣介石不願繼續受制於人。

1926 年 7 月，國民革命軍開始北伐，其時有八個軍共 10 萬人。在不到半年的時間裡，國民革命軍就先後消滅了長江流域吳佩孚、孫傳芳的主力，軍隊人數也於 1927 年初迅速增加到 25 萬人。

中國共產黨的力量也在此期間壯大，這時的黨員人數已超過 5 萬。待 1927 年 4 月召開中共五大時，黨員確切人數是 57,967 人。

「一山不容二虎」——國共兩黨的目標都是一黨專政；隨著力量的增長，雙方的矛盾衝突不可避免。

中共沒有掌握軍隊，故將主要精力集中於工農運動。國民黨雖然有「扶助農工」的政綱，但根本不能同意中共工農運動的方式及其深度和廣度。特別是中共領導農民運動所批鬥、抄家、打殺的「土豪劣紳」，正是國民革命軍將佐的父老鄉親。利益衝突如此嚴重，中共總書記陳獨秀按照蘇共和共產國際的指示提出要制止「民眾運動向左」，以防止「軍事政權向右」，可惜無濟於事。

1927 年 4 月到 7 月，國民黨蔣介石集團和汪精衛集團先後「清共」

和「分共」，國共兩黨分道揚鑣。中共此時只好自己組織軍隊，倉促應戰，並於兵敗之後落草為寇、在農村地區建立蘇維埃政權。

1928 年 1 月，馮玉祥的國民聯軍和閻錫山的北方國民革命軍並入國民革命軍序列，聯合圍攻張作霖的安國軍。張作霖的軍隊敗退關外，他本人在途經皇姑屯時被炸死。12 月，奉軍總司令張學良通電全國，宣布歸順國民政府，全國範圍內的國民黨黨國大功告成。

3. 中國改道師法蘇俄是歷史大悲劇

馬列主義是帶有劇毒的意識形態，黨國專制更是禍害無窮的政權類型和政治模式。1920 年以後的中國歷史發生重大轉向，從「向西方學習」轉向「以俄為師」——先是中國共產黨成立，接著是中國國民黨改組，兩者都否定「憲政民主」這一現代西方、同時也是人類主流政治文明的成果，而選擇擁抱蘇俄創建的黨國體制——這無疑是中國歷史的大悲劇。

之所以發生這樣一種悲劇性大轉向，可以歸結為三個主要原因。

第一、世界思潮之畸變。

我們知道，儘管現代化是全球所有民族的內在要求，但中國的現代化路徑與歐美發達國家有根本的不同。

歐美發達國家的現代化進程是內生自發型的現代化，資本主義市場經濟和自由主義民主政治起源於社會內部新的社會力量的成長和社會各階層的權利要求。中國的現代化則是外源型的現代化，起源於外力的衝擊、外來的示範和外來的觀念，世界思潮的變動對中國先進知識界有決定性的作用。

中國根深蒂固的皇權專制主義統治不但殘忍扼殺中國社會內部個體

自主這一現代因子的成長，也愚頑地抵制西來的資本主義文明。

在國門被西方列強打破以前，中國知識界的狀況正像當時的學界領袖龔自珍所描述的那樣，一方面是在專制權力的壓迫下謹小慎微、噤若寒蟬、苟且偷生：「避席畏聞文字獄，著書都為稻粱謀」[52]；另一方面是即使想經世致用、有所作為也因為思想知識陳舊不堪而力不從心，「藥方只販古時丹」[53]。

鴉片戰爭之後，在亡國滅種的深重危機壓迫下，才有部分有識之士逐步意識到中國遇到了「三千年未有之大變局」，逐步認識到中國的落後，既而下定決心向西方學習。

從魏源、林則徐「開眼看世界」，到曾國藩、李鴻章發起「洋務運動」學習西方的「堅船利炮」並在民間創辦工商企業建立現代市場經濟，到康有為、梁啟超領導「戊戌變法」倡導君主立憲，到孫中山領導「辛亥革命」推翻帝制創造共和，到民國初年建立議會制度、進行政黨競爭輪替、自由結社、自由辦報、自由出版，到陳獨秀、蔡元培、胡適等在早期「新文化運動」中倡導以人權平等、獨立自主的自由主義新倫理取代等級專制、奴隸主義的舊倫理——先進的中國人一直在人類文明的主流正道上奮進。

至為不幸的是，就在中華民族追求現代化的這個關鍵節點上，世界思潮發生了一次重大轉向。

19世紀中葉以降，資本主義自發秩序危機不斷、社會主義思潮在西方知識界的影響愈來愈大。第一次世界大戰是歐美各國民族主義惡性膨脹、走火入魔的結果，其奇災異難和血雨腥風，促使西方知識界對西方文明、特別是資本主義進行多方面的反思。在這種普遍的反思之中，質疑西方文明、質疑資本主義文明、嚮往新的文明、嚮往社會主義

一時成為時尚。

德國哲學家斯賓格勒（Oswald Arnold Gottfried Spengler）於 1918 年出版的《西方的沒落》，依據「文化形態史觀」論證西方文明在經歷了成長和鼎盛時期之後已自然而然地進入了沒落時期。[54]

斯賓格勒的「文化形態史觀」，也就是「文化決定論」的歷史觀。這種歷史觀將「文化」視為歷史發展變化的終極原因，沒有根據地將本來沒有聯繫的種種歷史現象和社會現象硬說成相互聯繫的整體，並且進一步將其化約為具有神秘生命力的文化現象。

「文化決定論」比「經濟決定論」還要粗糙低劣，對人類歷史的解釋能力極為有限。如同其他形式的歷史決定論一樣，「文化決定論」只不過是不顧歷史事實的狂妄臆斷，而且是比「經濟決定論」更為情緒化的臆斷。[55]

《西方的沒落》之所以轟動一時，在東西方都引起強烈的共鳴，靠的既不是紮實的實證研究，也不是嚴密的邏輯論證，而是人們普遍對西方文明、特別是帝國主義戰爭極度不滿和絕望的情緒。只要翻開當時出版的書報，就會發現到處都是對資本主義文明的口誅筆伐，控訴資本主義的種種罪惡，特別是引發階級戰爭和民族戰爭的罪惡。

就連當時幾乎執英美思想界之牛耳的杜威（John Dewey）和羅素（Bertrand Arthur William Russell, 3rd Earl Russell）兩位思想家應邀來中國講學，對西方文明及資本主義文明也多有微詞。[56] 這種否定西方文明及資本主義文明的世界思潮，深深地感染了中國知識界。

嚴復早年負笈英倫，透過深入比較而對中國文明痛心疾首、對西方文明崇拜得五體投地，結果被「歐羅巴（歐洲）四年亙古未有之血戰」

徹底改變了觀點。他 1918 年世界大戰結束時所得出的結論是：

> 「彼族三百年之進化，只做到『利己殺人、寡廉鮮恥』八個字。回觀孔孟之道，真量同天地、澤被寰區。此不獨吾言為然，即泰西有思想之人亦漸覺其為如此矣。」[57]

梁啟超幾十年來一直滿懷激情地號召國人向西方學習，當他遊歷了因戰爭破壞而滿目瘡痍的歐洲、拜訪了無數因戰爭苦難而垂頭喪氣的西方名士，所得出的結論也是：

> 「我們可愛的青年啊，立正，開步走！大海對岸那邊有好幾萬萬人，愁著物質文明破產，哀哀欲絕喊救命，等著你來超拔他哩。」[58]

五四時期的青年學子本就具有非常強烈的趨新激情，正如由北京大學學生創辦、在當時影響僅次於《新青年》的雜誌《新潮》在其發刊詞中所載：

> 「同人等以為國人所宜最先知者有四事：
> 第一、今日世界文化至於若何階級？
> 第二、現代思潮本何趣向而行？
> 第三、中國情狀去現代思潮遼闊之度如何？
> 第四、以何方術納中國於思潮之軌！」[59]

在這樣一種心態之下，中國知識界便難免有一部分人對批判西方、批判資本主義、讚美社會主義的新思潮趨之若鶩。當時最有影響的《新青年》雜誌 1919 年 12 月發表宣言稱：「我們相信世界上的軍閥主義和金力主義，已經造了無窮罪惡，現在是應該拋棄的了。」[60]

用五四時期的風雲人物之一、《解放與改造》雜誌主編張東蓀的話

來說：

「這次大戰把第二種文明的破綻一齊暴露了；就是國家主義與資本主義已到了末日，不可再維持下去。……我們雖然仍區留在第一種文明與第二種文明之交，但是不應該再提倡第二種文明的知識和道德，而應該專從第三種文明去下培養功夫。」

而在張東蓀那裡：「第三種文明是社會主義與世界主義的文明。」[61]

當時部分西方人嚮往社會主義，是因為資本主義已充分發展但造成了種種弊病；一些中國人則是在中國最需要發展資本主義的時候排斥資本主義文明，這是典型的思想錯位。

西方文明內部的自我反思和自我批判，或許是這種文明繼續向前發展的解毒劑；中國人將這些居於邊緣地帶的批判話語奉為至寶，接納西方的批判話語而排斥其主流文明，則無異於服毒。[62]

向歐美學習近一輩子的孫中山，也正是在這種背景下轉向「以俄為師」，迷失了大方向。

本來，「假共和」可以通過思想啟蒙和議會政治來變為「真共和」。「護國運動」、「護法運動」、「五四新文化運動」，都是求取「真共和」的不懈努力。憲政體制已經建立，只要在價值理念方面繼續下功夫，便可使憲政體制正常、順利地運作。

而「以俄為師」，以黨國體制為目標，便走到邪路上去了。孫中山重新推出軍政、訓政、憲政的「革命程序」，打著革命和憲政的旗號推翻中國當時已經建立的憲政體制，荒唐之極。「北洋時期」，中國的現代民主框架仍在，公民社會高度發達，市場經濟也在健康高速地發展，

思想文化更是空前自由和繁榮。然而一經「以俄為師」轉向黨國體制，對個人自由和公民社會的壓迫變本加厲，中國政治文明又遭遇大挫折。

第二、短視的經濟利益和地緣政治之惡果。

在開拓世界市場、將全人類捲入現代文明的過程中，西方資本主義列強本來是更具先進性的一方，他們卻曾經因為貪婪短視而扮演很不光彩的角色。正是西方列強違反道義責任的貪婪分贓，使本來誠心地向西方學習的部分中國人在憤激之中疏離了西方文明。

與西方以個人自由為核心的啟蒙運動不同，中國啟蒙運動肩負著個人解放和民族解放的雙重任務。五四新文化運動中那些啟蒙戰士，都是不折不扣的愛國主義者。

協約國對同盟國的勝利，特別是 1918 年 1 月 8 日美國總統威爾遜所提出的《十四點和平原則》（Fourteen Points），曾經給五四啟蒙戰士們帶來過「公理戰勝強權」的狂喜和熱望。[63] 他們滿懷信心地期待，中國作為戰勝國，會多少受到西方列強的尊重，至少也會從戰敗的德國或其他國家那裡奪回這些國家侵華所得之權益。

但是，1919 年 6 月 28 日落幕的巴黎和會，居然蠻橫地否決作為戰勝國之一的中國關於將戰敗國德國所占領的山東膠州灣及其他權益歸還中國的最低要求，反而決定將膠州灣及德國在山東的其他權益移交日本。

戰勝國居然成為被人分贓的對象，西方列強這種欺人太甚的蠻橫之舉對於愛國激情極度高漲的五四啟蒙戰士們來說不啻當頭一棒，正是該舉促使他們迅猛地向反西方的立場轉變。

現在人們並不難辨明，當時的世界處於殖民主義時代，西方列強同時具有對內實行自由民主而對外奴役弱小民族的「二重性」；自由民主

的西方同時也是帝國主義的西方，一身兩任。

巴黎和會那種種縱橫捭闔的叛賣行徑、同流合污的分贓交易和恃強凌弱的強盜邏輯，來自強權政治和當時西方「現實主義」政客們對「民族利益」的狹隘見解，而與現代西方先進的自由平等觀念、科學理性、民主制度毫不相干。

然而，處於極度亢奮之中的五四知識界無暇心平氣和地細加思量，無意將西方列強的自私自利、強權政治及殖民主義政策同中國應向西方學習的自由平等觀念、科學理性及民主制度區別開來。

由突發性事件造成的公共情緒迅速支配了公共輿論。西方列強所強加給中國人的民族屈辱使激憤之中的五四知識界對西方主流文明產生了強烈的幻滅感，而且在這種幻滅感的驅使下形成了強大的反西方思潮。

還應指出的是，為了糾正巴黎和會對中國的虐待以及遠東太平洋的其它問題，英國、法國、美國、義大利、日本、荷蘭、比利時、葡萄牙、中國等九個國家，於 1921 年 11 月 12 日至 1922 年 2 月 6 日在美國首都華盛頓又舉行了一次國際會議，史稱華盛頓會議。1922 年 2 月 6 日，與會九國簽署了《關於中國事件應適用各原則及政策之條約》，簡稱九國公約，莊嚴宣布尊重中國的主權、領土與行政的完整，而且規定締約各國不得訂立侵犯或妨礙上述原則的條約或協定。

而在九國公約簽署之前，中國和日本已於 1922 年 2 月 4 日在華盛頓簽訂了《解決山東問題懸案條約》及其附約。這些條約徹底推翻了巴黎和會有關山東的一切決定，規定日本將德國舊租借地、青島海關、膠濟鐵路及其支線全部交還中國，立即撤掉原駐青島、膠濟鐵路及其支線的日軍，使中國得以收回了山東青島主權及其它權益。但是，華盛頓會議的成果被中共故意遮蔽，也沒有改正中國人基於巴黎和會所形成的成見。

第三、蘇俄的誤導、欺騙和操控，乃是促使中國從學習歐美的人類主流文明正道轉入「以俄為師」邪路的直接原因。

現在有很多人對 90 年前的五四運動心存疑慮，認為當時的思想解放讓我們國家走上了彎路。這些年來知識界關於五四「全盤反傳統」而將中國引上歧途的論調甚囂塵上，實際上完全不得要領，完全是對歷史的曲解和誤讀。

五四啟蒙戰士根本就沒有「全盤反傳統」，即使「全盤反傳統」（具體指徹底顛覆作為中國文化傳統的專制主義）也不會將中國引上歧途。真正將中國引入歧途的，絕不是「反傳統」，而是「反西方」和「以俄為師」。

當時蘇俄的魅力，既源於黨國政權的「有效性」，更源於它那些美麗的諾言。所謂的「十月革命」剛剛爆發的時候，中國知識界既不重視、也不看好，只是將其視為「過激黨」一次普通的政變。後來蘇俄贏得了內戰、站穩了腳跟，中國知識界對這種政權的有效性就刮目相看了。

而蘇俄當時那些美麗的諾言，更令部分中國人怦然心動。它既許諾一個這些中國人所嚮往的新社會——那裡沒有經濟上的剝削、沒有政治上的壓迫、沒有社會上的階級差別與不公正、沒有心理上的悲觀與痛苦，有的只是人間的平等、自由的工作、歡樂的生活。

它也向中國人許諾一種「平等待我」的新外交，特別是蘇俄政府 1919 年 7 月 25 日發布的《俄羅斯蘇維埃聯邦社會主義共和國對中國人民和中國南北政府的宣言》。當時中國在巴黎和會受挫，舉國上下民族主義和愛國主義情緒處於沸點，蘇俄政府正是抓住這個關鍵時機，別有用心地量身打造了這一宣言收買人心。

這種宣示對那些深受列強欺辱、群情激昂的中國人而言，震撼力可

想而知。

現實中，蘇俄和蘇聯後來出爾反爾，根本就沒有向中國歸還沙皇政府所奪取的土地和中東鐵路等權益，而且於 1924 年支持蒙古人民革命黨建立社會主義性質的蒙古人民共和國，並在蒙古駐軍，實際上促使蒙古脫離了中國，而成為蘇聯的附屬國。

結語：共產主義黨國再也沒有繼續存在的正當理由

自始作俑者列寧以降，號稱「馬克思主義者」或「列寧主義者」的各國共產黨領袖，編造無產階級革命、新民主主義革命、無產階級專政等話語將打江山和守江山的暴力合理化，從邊緣人的地位躍居權力中心，蠱惑大眾用暴力血火「推動」歷史，誤盡蒼生。

他們自封為「無產階級先鋒隊」，再也不理會勞工大眾自發的要求和情感，而是將工人運動納入他們所設定的軌道。在他們這些自封為「無產階級先鋒隊」的「馬克思主義者」那裡，權力就是一切。

他們在爭奪政治權力的鬥爭中讓勞工大眾去充當炮灰，違反「先鋒隊」的意志和命令的勞工大眾則被作為「階級敵人」來鎮壓。中國人對馬克思主義所做的挑選，恰恰是最惡劣的那一支，即列寧主義，特別是在蘇俄這個典型的警察國家中形成的「馬列主義國家理論」。

列寧主義信徒們依據他們所理解的馬列主義教條和他們自身的利益建立共產主義黨國，絕不是「經濟基礎決定上層建築」，而完全是倒過來由「上層建築決定經濟基礎」，依靠手中的政治權力強行將共產暴政強加於社會。

列寧主義信徒也就是權慾薰心的極權主義信徒，他們迷信權力，踐

踏人類一切道德底線而建立、維持一黨專政的極權主義制度，蹂躪生命尊嚴和基本人權，無所不用其極。這種天理難容的制度，在肆虐了半個多世紀之後，終於被歷史拋棄了。

如果說「黨國社會主義」是由冒險家列寧及其追隨者們依靠暴力強加於億萬斯民，依靠謊言騙人就範；那麼，共產主義政權或「黨國社會主義」的解體則絕對是「歷史的選擇、人民的選擇」。

之所以說是「歷史的選擇」，是因為這種體制在經過幾十年充分的表現和試驗之後，遭到了歷史的無情淘汰；之所以說是「人民的選擇」，是因為生活在那些國家的「人民」（黨國的宣傳將他們說成是「當家作主」的國家主人），在他們有機會切實行使「選擇」權利的時候，在他們走向實實在在的投票箱的時候，他們選擇的是用莊嚴的選票與黨國告別。

「黨國社會主義」這一粗鄙的贗品，在誘使這麼多個民族偏離人類文明的正道而走了一段長長的歧途彎路之後，終於被歷史和人民拋棄了。這樣一種歷史轉折，當然令有識之士大喜過望。

福山（Francis Fukuyama）重提「歷史的終結」儘管有擇言不慎之嫌，但他從人類政治制度這個大視野對歷史作出的宏觀判斷無疑是正確的。

正像福山所說的那樣，自由主義民主政治（liberal democracy）這一政權類型戰勝了中世紀的君主專制政治，而將人類歷史帶進了現代。在 20 世紀，這一政權形態受到了法西斯主義和共產主義這兩種政治勢力的嚴峻挑戰。但是，法西斯主義曇花一現就失敗了，共產主義政權在呼風喚雨幾十年之後也自行瓦解，自由主義民主政治被證明是經得起歷史考驗的最佳選擇。

　　時至今日，共產主義黨國再也沒有繼續存在的正當理由，中國和世界徹底清除馬列主義意識形態的劇毒、徹底埋葬極權黨國的政權模式，刻不容緩。

注釋

16. 根據由多位學者合著的《共產主義黑皮書》統計，在 20 世紀被全球共產主義政權陷害的死難者，總計為近 1 億人，其中蘇聯 2000 萬、中國 6500 萬、越南 100 萬、北朝鮮 200 萬、東埔寨 200 萬、東歐 100 萬、拉丁美洲 15 萬、非洲 170 萬、阿富汗 150 萬；死於未掌權的國際共產主義運動的約 1 萬。See Stephane Courtois, ed., *The Black Book of Communism: Crimes, Terror, Repression*, Cambridge, Mass.: Harvard University Press, 1999. 另有許多學者認為，以上數字要低於實際死亡人數，如中國至少有 8000 萬人。

17. 參見西格蒙德・諾伊曼（Sigmund Neumann）：《永久革命：國際內戰時代的極權主義》（*Permanent Revolution: Totalitarianism in the Age of International Civil War*），紐約：Harper，1942 年；漢娜・阿倫特（Hannah Arendt）：《極權主義的起源》（*The Origins of Totalitarianism*），紐約：哈考特出版社，1951 年；卡爾・約阿希姆・弗里德里希（Carl J. Friedrich）主編：《極權主義》（*Totalitarianism*），紐約：Grosset & Dunlap，1954 年；卡爾・約阿希姆・弗里德里希（Carl J. Friedrich）和茲比格涅夫・布里辛斯基（Zbigniew K. Brzezinski）：《極權獨裁和專制》（*Totalitarian Dictatorship and Autocracy*），麻薩諸塞州劍橋市：哈佛大學出版社，1956 年；另見卡爾・約阿希姆・弗里德里希（Carl J. Friedrich）：《極權政權的演變理論和實踐》（*The evolving theory and practice of the totalitarian regimes*），Carl J. Friedrich et al, eds.,《透視極權主義：三種觀點》（*Totalitarianism in Perspective: Three Views*），New York: Praeger，1969 年；胡安・林茲（Juan J. Linz）和阿爾弗雷德・斯捷潘（Alfred Stepan）：《民主轉型和鞏固的問題：南歐、南美和後共產主義歐洲》（*Problems of Democratic Transition and Consolidation: Southern Europe, South America, and Post-Communist Europe*），巴爾的摩和倫敦：約翰霍普金斯大學出版社，1996 年；弗拉基米爾・什拉彭托克（Vladimir Shlapentokh）：《一個正常的極權社會：蘇聯如何運作以及它如何崩潰》（*A Normal Totalitarian Society: How the Soviet Union Functioned and How It Collapsed*），Armonk，紐約：M.E. Sharpe，2001 年。

18. 徐志摩：《歐遊漫錄》之十三〈血：謁列寧遺體回想〉，《晨報副刊》，1925 年 8 月 10 日。

19. 羅伯特・阿特金森（Robert D. Atkinson）：〈驚人的相似〉（*A Remarkable Resemblance*），《國際經濟》，2020 年秋季，第 14-56 頁；阿爾伯特・赫緒曼（Albert O. Hirschman）：《國家權力與對外貿易結構》（*National Power and the Structure of Foreign Trade*），伯克萊：加州大學出版社，1945 年。

20. 以 1790 年埃德蒙・伯克發表《法國大革命反思》（*Reflections on the Revolution in*

France）一書為標誌而成型的保守主義，是對自由主義的保守，反對濫用公權、濫毀傳統、濫施淫威、濫殺無辜的激進傾向。

21.「多數人的暴政」指的是以多數人名義行使的無限權力、剝奪少數人的權益甚至於生命。這一概念由美國第二任總統約翰‧亞當斯（John Adams）在 1788 年出版的《為美國政府體制辯護》（A Defence of the Constitutions of Government of the United States of America）一書中首次使用。法國思想家亞歷西斯‧托克維爾（Alexis de Tocqueville）在 1835 年《民主在美國》（De la démocratie en Amérique）一書中對民主制度下必須嚴密防範「多數人的暴政」以切實保護少數人的正當權益這一觀點做了更為系統的闡述。英國思想家埃德蒙‧伯克（Edmund Burke）在 1790 年出版的《法國大革命反思》（Reflections on the Revolution in France）一書中也論述了類似的觀點。

22. 馬克思和恩格斯：〈共產黨宣言〉，《馬克思恩格斯選集》第 1 卷，北京：人民出版社 1975 年版，第 265 頁。

23. 同上，273 頁。

24. 卡爾‧馬克思：〈評普魯士最近的書報檢查令〉，《馬克思恩格斯全集》第 1 卷，北京：人民出版社 1956 年版，第 3-31 頁。

25. 馬克思、恩格斯：〈德意志意識形態〉，《馬克思恩格斯選集》第 1 卷，北京：人民出版社 1975 年版，第 37-38 頁。

26. 馬克思：〈「黑格爾法哲學批判」導言〉，《馬克思恩格斯選集》第 1 卷，北京：人民出版社 1975 年版，第 98 頁。

27. 參見愛德華‧伯恩施坦：《社會主義的前提和社會民主黨的任務》，北京：生活‧讀書‧新知三聯書店 1965 年版；卡爾‧考茨基：《無產階級專政》，北京：三聯書店 1973 年版；卡爾‧考茨基：《恐怖主義和共產主義》，北京：三聯書店 1963 版。

28. 史達林（陸譯斯大林）：《論列寧主義基礎》，北京：人民出版社 1973 年版。

29. 參閱金雁：〈俄國有過「十月革命」嗎？〉，《二十一世紀》雙月刊，2007 年 10 月號，總第 103 期。chrome-extension://efaidnbmnnnibpcajpcglclefindmkaj/https://www.cuhk.edu.hk/ics/21c/media/articles/c103-200709021.pdf

30. 列寧：《列寧全集》第 38 卷，〈立憲會議選舉和無產階級專政〉，https://www.marxists.org/chinese/lenin-cworks/38/001.htm

31. 卡爾‧考茨基（Karl Johann Kautsky）：《無產階級專政》，北京：三聯書店 1963 年版，第 24-25 頁。

32. 盧森堡（Rosa Luxemburg）：《盧森堡文選》（下卷），北京：人民出版社 1990 年版，第 504-505 頁。

33.〈普列漢諾夫的政治遺囑〉，俄國《獨立報》1999 年 11 月 30 日首發，中共中央編譯局馬列部《馬克思恩格斯列寧斯大林研究》2000 年第 2 期譯載。

34.《聯共（布）黨史簡明教程》，北京：人民出版社 1975 年版，第 237 頁。

35. 列寧：《無產階級革命和叛徒考茨基》，《列寧選集》（第三卷），北京：人民出版社 1972 年版，第 623 頁。

36. 同上，634-635 頁。

37. 參閱羅‧亞‧麥德維傑夫（Рой Александрович Медведев）：《讓歷史來審判：斯大林主義的起源及其後果》，北京：人民出版社 1983 年版。

38. 參見前南斯拉夫副總理米洛萬‧吉拉斯（Milovan Đilas）：《新階級：共產主義制度

分析》（*The New Class: An Analysis of the Communist System*），聖地亞哥：Harcourt Brace Jovanovich 出版，1957 年。

39. 沃廷斯基（Grigori Naumovich Voitinsky），陸譯維經斯基，中國名伍廷康，又名吳廷康、魏廷康。由於其布爾什維克身份和革命生涯，故有過多個化名。

40. 柏烈偉（S.A.Polevory），長於海參崴，是俄國漢學家，曾擔任《華北明星報》英文版編輯張太雷的翻譯兼助手。

41. 伊凡諾夫，（俄語：Алексе́й Ива́нович Ивано́в；漢語：伊鳳閣）是俄國漢學家和唐古學家，任蘇聯駐北京大使館高級翻譯員。

42. 楊雲若、張注洪等編譯：《維經斯基在中國的有關資料》，北京：中國社會科學出版社 1982 年版；中國社會科學院現代史研究室、中國革命博物館黨史研究室選編：〈「一大」前後〉（二），北京：人民出版社 1980 年版。

43. 參見裴毅然：〈中共初期經費來源〉，載香港中文大學《二十一世紀》雙月刊 2011 年 6 月號，總第 125 期，第 63 頁。

44. 瞿秋白：〈餓鄉紀程〉，見蔡尚思主編：《中國現代思想史資料簡編》第一卷，杭州：浙江人民出版社 1982 年版，第 657 頁。

45. 中國社會科學院現代史研究室編：《馬林在中國的有關資料》，北京：人民出版社 1980 年版。

46. 孫中山：〈在陸軍軍官學校開學典禮的演說〉，《孫中山選集》，北京：人民出版社 1981 年版，第 923 頁。

47. 廣東革命歷史博物館編：《黃埔軍校史料》（1924—1927），廣州：廣東人民出版社 1982 年版。

48. 載《申報》，1925 年 9 月 1 日。

49. 孫中山：〈致蘇聯遺書〉，《孫中山選集》，北京：人民出版社 1981 年版，第 995 頁。

50. 瞿秋白：〈中國共產黨歷史概論〉，中央檔案館編：《中共黨史報告選編》，北京：中共中央黨校出版社 1982 年版，第 151-198 頁。

51. 梁寒冰、魏宏運主編：《中國現代史大事記》，哈爾濱：黑龍江人民出版社 1984 年版，第 63 頁。

52. 龔自珍：〈詠史〉，《龔自珍選集》，北京：人民文學出版社 2004 年版，第 75-76 頁。

53. 龔自珍：〈己亥雜詩〉，《龔自珍選集》，北京：人民文學出版社 2004 年版，第 152 頁。

54. 斯賓格勒（Oswald Arnold Gottfried Spengler）：《西方的沒落》，吳瓊譯，上海三聯書店 2006 年版。

55. 對各種「決定論」的深刻分析，參閱卡爾·波普爾（Karl Popper）：《歷史決定論的貧困》，杜汝楫、邱仁宗譯，北京：華夏出版社 1987 年版。

56. 參閱馮崇義：《羅素與中國》，北京：生活·讀書·新知三聯書店 1994 年版。

57. 嚴復：〈與熊純如書〉，《嚴復集》第三冊，北京：中華書局 1986 年版，第 692 頁。

58. 梁啟超：〈歐遊心影錄〉，《梁啟超集》，上海：上海人民出版社 1984 年版，第 733 頁。

59. 〈新潮發刊旨趣書〉，載《新潮》第 1 卷第 1 號，1919 年 1 月 1 日。

60. 〈本志宣言〉，載《新青年》第 7 卷第 1 號，1919 年 12 月。

61. 張東蓀：《第三種文明》，載《解放與改造》第 1 卷第 1 號，1919 年 9 月。

62. 參閱馮崇義：《中共黨內的自由主義：從陳獨秀到李慎之》，紐約：明鏡出版社 2009 年版。

63. 參閱陳獨秀：〈每周評論發刊詞〉，載《每周評論》第 1 期，1918 年 12 月 22 日。

第二篇：服務於中共的洋喇叭
吳祚來

引言：國際左派送給中共的三只金喇叭

今天國際社會開始警惕和阻止中國的大外宣[64]，但須知大外宣並非中國的發明；早在一百年前，共產國際和蘇聯就成功地以中國為陣地，向西方國家開展了大外宣。這場沒有硝煙的戰爭的代價極為高昂：蘇聯所支持的政治代理人在中國獲得了勝利，中華民國失去大陸，美國失去中國，東亞歷史甚至東亞文明被改寫。

在那場深刻影響了中國和世界的宣傳戰役中，共產國際和蘇聯不僅利用李大釗、陳獨秀，還有後來的宋慶齡來宣傳馬克思主義與共產國際，而且進一步利用西方左翼力量加盟到中國的大外宣中，使其向西方世界宣傳，並出口轉內銷，內外夾擊地影響中國的政治與意識形態。

西方左翼媒體人對共產主義的宣傳、對中國共產黨策劃的工農運動與紅軍的宣傳，是中共大外宣戰爭的重要內容；左翼媒體人也因此成為西方世界進入中國的共產主義宣傳戰士。斯特朗[65]、史沫特萊[66]和史諾[67]等人就是共產國際和蘇聯向中國革命輸送的三只金喇叭。

1925年斯特朗首次來到中國，報導省港大罷工，由此帶動了更多的美國或西方左翼人士隨之進入中國。共運史上「偉大」的時刻到來，大外宣登場中國。1928年9月史諾抵達中國，他以《密勒氏評論報》（*The China Weekly Review*）助理編輯的身份，到中國各地採訪報導。

1928年底史沫特萊以《法蘭克福日報》（Frankfurter Zeitung）駐遠東記者的身份進入中國東北，之後奔走於中國各個地區採訪，考察共產主義運動在中國的革命實踐。

這些西方左翼媒體人不僅選擇性無視當地的真實情況,反而對共產主義實驗區蘇維埃政權大加讚賞,並由此影響到西方主流社會,甚至影響到白宮的決策。

美國資深外交傳記作家陶涵(Jay Taylor)[68] 在其《蔣介石與現代中國》一書中提及西方世界對共產黨統治區的認知匱乏,並寫到西方左翼親共作家們的作用:

「《西行漫記》是本重要、迷人的書,但基本上它是對毛澤東毫無批評的一本傳記,也是以毛澤東及其同僚的角度寫成的中國共產黨黨史、國共鬥爭史。近年的世界經濟大蕭條、美國與法西斯主義的生死鬥,以及蘇聯英勇抗德,全都助長時代精神,使得具有理想主義的美國人傾向於相信鼓吹沒有剝削或貧窮的人人平等運動之主張。」[69]

事實上,斯特朗、史沫特萊和史諾都不是獨立的媒體人,而是親共的紅色宣傳戰士。他們不僅公開支持中共軍隊與政策,還參與了隱秘戰線工作,配合間諜情報,替中共充當信使,既穿梭於國共之間,遊刃於戰爭前線與民間社會,還能將報導傳播到西方世界,成為影響白宮決策的紅色媒體人。

斯特朗與後來進入中國的史諾和史沫特萊,在華文世界的影響力遠超過華盛頓(George Washington)、林肯(Abraham Lincoln)與馬丁·路德·金恩(Martin Luther King, Jr.)。中國曾專門成立以他們三人名字命名的「中國三 S 研究會」。

斯特朗和史沫特萊去世後還被安葬在中國北京八寶山革命公墓(相當於日本的靖國神社),享有崇高的禮遇。原中國郵電部於 1985 年 6 月 25 日發行過一套「中國人民之友」紀念郵票三枚,其中第二枚 20 分的郵票圖案就是斯特朗。

一、中共大外宣戰士：斯特朗

俄國「十月政變」後，斯特朗深受感召，搜集了大量有關布爾什維克的資料，把它們刊登在《西雅圖工會紀實報》上，該舉使其成為美國第一家支持蘇共的報紙。

1921 年開始，她就被蘇聯宣傳機構利用，創辦了《莫斯科新聞報》（*The Moscow News*），向英語世界介紹蘇聯。該報服務於蘇聯外宣，對內則以數千在蘇聯境內工作的美國技術工人為主要讀者。創刊號頭版便刊登「五年計劃」的宣傳畫，號稱用「蘇聯力量和美國技術建設社會主義」。

同流合污的《紐約時報》（*The New York Times*）駐莫斯科記者沃特・杜蘭蒂（Walter Duranty）曾說：「*她是世界上描寫蘇聯國內政策的最好的作家。*」[70]

蘇聯社會主義實驗給斯特朗的衝擊是巨大的，她在寫給父親的信中興奮地描述：「*這些俄國人是在為世界上從未有過的巨大實驗，而貢獻他們的力量和生命。*」[71]

1925 年斯特朗首次訪問中國，實際上是在為蘇聯與共產國際的大外宣工作。在北京，她向大學生們發表演講，宣傳蘇聯；在內蒙，她採訪了蘇聯扶持的軍閥馮玉祥；在上海，她見到了後來成為共產國際地下黨員的孫中山的遺孀宋慶齡；正是在宋慶齡的幫助下，她南下廣州報導了省港大罷工，並採訪了罷工領導人蘇兆徵。

從「五卅運動」到省港大罷工，這些不過都是在共產國際的指導下，由中國共產黨策劃的政治運動，隨後又透過一個美國記者的報導，提升了該運動在西方世界的說服力與公信力。

1927 年，斯特朗第二次來到中國，既報導城市工人運動，也報導湖南農民運動，後來寫下了《千千萬萬中國人》[72]一書，大讚中共革命，而對中共對城市工商業的巨大破壞、對農村地主富農階級的屠殺與虐殺，不置一詞。

需要看清的是，正是共產國際與蘇聯指示中國共產黨發動了一系列的工人運動，嚴重破壞了北洋民國以降中國城市工業化與市場化，導致國民黨政府與共產黨力量分裂，同時開始了中國歷史上最慘烈的戰爭，亦即反對共產主義在中國製造仇恨與破壞社會的戰爭。

十年後的 1938 年 1 月，斯特朗到山西八路軍總部寫成了《人類的五分之一》一書，熱情謳歌共產黨領導下的部隊「*是一支新型的軍隊：他們不奸淫掠奪，尊重農民並幫助他們收莊稼，特別是教育他們認識自己的力量，並告訴他們如何戰鬥並贏得勝利*」。[73]

與史諾一樣，外國左翼作家或記者均是在中共的專門導遊引導下，對紅色統治區進行的採訪。這種採訪與其說是戰地採訪，不如說是在紅色拍攝基地被安排的採訪，因為只要是共產黨的線人帶來的採訪記者，任何人都不可能說出另面真相。

共產黨人不可能完成的大外宣任務由斯特朗在美完成。

皖南事變發生前，周恩來就曾親自與她長談。周知道新四軍的軍事擴張即將引發衝突，而這一衝突現在看來是毛澤東的故意為之——既打擊了在中共內部獨立於一方的異己力量，又置國民黨政府於不義之地。在這種情況下，周親手將一卷秘密資料提供給了斯特朗，並叮囑她待得到通知後再發表，其目的在於影響美國主流社會，進而影響白宮與五角大樓的決策者，證明國民政府不顧抗日聯合而發動內戰。

周恩來的目的達到了，斯特朗找到一位在《紐約先驅論壇報》（*New York Herald Tribune*）工作的朋友，署上了那個人的名字發表了關於皖南事變的內情報導。[74]

2009 年 9 月 29 日，香港《鳳凰網》刊發的有關斯特朗的採訪專稿[75] 披露：有關皖南事變真相的報導在美國傳開後，羅斯福（James Roosevelt）總統非常重視。鳳凰衛視對當年斯特朗的秘書趙風風的採訪，讓我們全景式地看到了中共如何在延安與重慶利用美國左翼媒體人（甚至是蘇聯特務）從從事大外宣活動開始，進而參與到中共布局的重大事變中，成為影響國共雙方、美國政府決策的重要當事人。

趙風風在採訪中表示：「周恩來代表還告訴斯特朗，蔣介石在十二月十日發表命令，下的命令就是要新四軍解散，到長江以北的區域去。他說，這個看來是一個軍事上的布置，其實上是一個政治目的，蔣介石就想占華中和華南。他這個陰謀，然後這樣就讓我們的軍隊，處於日本範子的範圍內，談完了以後還給了她二十六頁材料。

總理呢，就這樣跟她講：『你回去了以後還不要發表這些東西，因為你太早發表了這些個衝突，會引起更多的摩擦，等那個蔣介石，如果加緊進攻的話，那麼我們就認為是時間可以發表了。』

斯特朗離開重慶以前，還見了蔣介石。她有時候遇到一個事，見完了到另外一個人處時，她還要核實。見蔣介石的時候她就問了：『你有沒有要分裂中國，有沒有想跟日本人講和？』她說蔣介石氣得不得了，一口地否認。那個斯特朗說：『我也不理他。』

她擔心的就是現在她手頭的材料怎麼過那個海關，第二天要走了，她說怎麼過海關。後來她說幸虧海關檢查得非常馬虎，她就把這個材料很容易地帶出去了。」

「得益於美國記者的身份，重慶海關並沒有對斯特朗進行嚴格檢查，懷揣著二十六頁的機密文件，她登上了返回美國的輪船。」

趙風風披露：「沒多久她就收到了一封，從馬尼拉寄給她的一封匿名信，裡面還附了蔣介石要審判葉挺軍長時候的情況，總理跟她說：『你可以發表你已經有的材料了。』她就趕快地、積極地行動起來，馬上就去紐約，羅斯福夫人就給她介紹，讓她見那個財長，結果好，財長正好出去休假了，要一個禮拜才回來。

那這個事很緊急，她就找了那個他們國務院的，還有國務院管財政的，告訴他們，他們援助給蔣介石的東西沒有用在抗日的上面，而是用在內戰了。她後來又找到了《紐約先驅論壇報》總負責人，跟她認得的，她就說：『我提供你這些材料，你能不能給我發表？』那個人就說：『我就是手頭沒材料，有材料我當然發表。』那麼後來就給他了，結果他發表了這個材料。」

斯特朗的材料一經公布，在國際社會引起了強烈震動，而早在一個星期前，美國記者埃德加・史諾也曾在《星期六晚郵報》（The Saturday Evening Post）上披露過皖南事變的真相，此時斯特朗的文章發表，顯然與史諾互為印證，這促使美國當局開始介入此事。

1941 年，美國財政部中斷了對重慶國民政府的一筆貸款援助，國際壓力驟增，蔣介石不得不終止了進一步的反共行動。

斯特朗整理撰寫了關於「紙老虎」的那場談話，並根據劉少奇的介紹，撰寫了一篇闡述毛澤東思想的文章，成為第一個將毛澤東思想上升到理論高度的外國人。

從《鳳凰網》報導可以看到，中共利用美國左翼媒體人已達到出神

入化的程度，不僅能將他們需要報導的內容直接在美國媒體發表，使西方世界看到他們提供的「真相」，還能夠影響到美國政要，特別是影響到總統。

《鳳凰網》在這篇專訪中還談到了 1959 年鎮壓西藏期間，斯特朗被周恩來安排去西藏報導所謂的「西藏達賴叛亂」，但在投給美國《民族》雜誌後被拒絕，「不久斯特朗收到了一封羅斯福夫人的來信，信中這位曾與她私交甚好的總統夫人，措詞嚴屬地指責了斯特朗維護共產主義的立場，這封來信讓斯特朗意識到，她不僅不能再在美國發表文章，而且已經被她的祖國拋棄了。」[76]

1946 年 8 月 6 日，斯特朗第五次來到中國，在延安的楊家嶺對毛澤東進行了採訪。訪談中，毛澤東提出了「一切反動派都是紙老虎」的論斷。[77] 這篇文章在當時是為了向蘇聯宣誓效忠，不惜以中國人的生命為代價，也要與「敵人」決戰到底，它的心理戰意義深遠。

彼時彼刻，斯特朗充當了中共的一只金喇叭，她是任何軍事力量無法比擬的。

例如斯特朗在〈來自延安窯洞的世界眼光：毛澤東訪問記〉的說明文字中指出，他們在談話過程中涉及美國將大量的戰後剩餘物資以原成本價四分之一的超低價格讓售蔣介石一事；在《明日中國》、《中國人征服中國》等著作中，有多處記載表明正是毛澤東本人告訴她，美國政府已把價值 20 億美元的剩餘戰爭物資售與蔣介石，時間就在美國公開發表聲明宣布交易合約已經兩國政府正式簽立的那一天。[78]

二、從蘇聯間諜到加盟中共隱蔽戰線：史沫特萊

史沫特萊出生於美國礦工家庭，其在成長過程中接觸到社會主義。

她與共產國際發生關係肇始於 1920 年代，在德國柏林，她結識了共產國際成員德國人威利‧慕恩岑伯格（Willi Münzenberg）和蘇聯駐柏林大使館工作人員雅各‧馬婁夫‧安布拉莫夫（Jakob Mirov-Abramov），從此她開始為蘇聯和共產國際服務。[79]

1929 年初，與斯特朗一樣，史沫特萊是經蘇聯洗腦培訓後來到中國的。她的身份是《法蘭克福日報》記者。在上海，她很快就與左翼作家魯迅、郭沫若等聯繫上，以此獲得對中國的認知與人脈，同時還協助宋慶齡處理一些文件。

顯然，這個時期的宋慶齡已成為共產國際在上海的重要聯絡員或領導者。1930 年的上海是國際間諜的重要集散地，史沫特萊與從事情報活動的佐爾格（Friedrich Adolph Sorge）開始組建情報小組，幫助佐爾格建立遠東情報網，在共產國際的指令下積極聯絡中國左翼勢力抨擊國民政府，宣傳共產主義。

比如由她主編的英文雜誌《中國呼聲── The Voice of China》和由其推薦的美國人伊羅生（Harold Robert Isaacs）主編的英文周刊《中國論壇》，都是由共產國際出資、接受和發表共產國際和受中共領導的左翼作家作品的陣地。

宋慶齡作為共產國際在中國的最重要成員，凡蘇聯或共產國際的特務以記者身份進入中國的，均會受到她的接應，然後才是周恩來進一步協力。以身處上海的宋慶齡為中心，中共形成了一個泛統戰網絡，上有共產國際與蘇聯，下有蘇維埃中國基地組織。

另外，與史沫特萊這樣的蘇聯特務配合的還有外圍的左翼作家、知識分子群體。由於左翼作家的作品多是反映中國歷史傳統的醜陋與現實的陰暗面，及對當局的嚴厲批判，這正好符合了共產主義摧毀舊世界的

觀念，所以翻譯這些作品，向全世界展示舊中國的嚴峻問題，可以為中國革命尋找到合理性與合法性。

史沫特萊的美國公民身份使她既可以受到美國政府的保護，在中國大地上自由無阻，又可以將共產國際的大外宣文稿發布到英美媒體；既以採訪的方式考察中國工農革命運動，又可以替共產國際考察中共高層幹部，甚至通過結識國民政府高層以獲取資訊。可以說，共產國際對美國左翼的利用、中共與共產國際力量的合作都達到了無所不至其極的境地。這些力量組合的經典案例是營救頭號共產國際特務牛蘭（Hilaire Noulens）[80]。

1931 年 6 月 15 日，同屬於蘇聯軍方情報系統、持有瑞士護照的牛蘭夫婦，在上海被公共租界警務處英國巡捕逮捕。同時被捕的還有他們的兒子和保姆，罪名是特務嫌疑。同年 8 月 14 日，牛蘭由於顧順章的出賣而被認定為國際間諜，秘密引渡給了國民黨軍事當局，並傳言將被判處死刑。

牛蘭是俄國十月革命時攻打冬宮的指揮官，牛蘭只是他多個化名中的一個。在中國，他以「大都會貿易公司」等三家公司老闆的身份做掩護，登記了 8 個信箱、7 個電報號，租用 10 處住所。共產國際則通過秘密渠道，將援助亞洲各國共產黨的資金匯入該公司。

據記載，1930 年 8 月到 1931 年 6 月，援助中國共產黨的資金平均每月達 2.5 萬美元，高出其他支部十幾倍。1932 年新年剛過，蘇聯間諜佐爾格（Richard Sorge）奉共產國際書記皮亞特尼茨基（Josifas Piatnickis）之命，開始介入此案。

他一方面請史沫特萊進一步動員國際知名人士，如宋慶齡、魯迅、高爾基（Maxim Gorky）、蔡特金（Clara Zetkin）、羅曼·羅蘭（Romain

Rolland）、愛因斯坦（Einstein, Albert）等發表聲明，要求釋放牛蘭；另一方面責成方文秘密偵察牛蘭被押解南京後的下落，並疏通與國民黨高層的關係。[81]

在內外輿論的強大壓力下，國民黨被迫開庭審理牛蘭案件，於 1932 年 8 月以擾亂治安、觸犯《民國緊急治罪法》的罪名，判處牛蘭夫婦死刑，隨後援引大赦條例，減為無期徒刑。1937 年 12 月日軍占領南京前夕（12 月 8 日），他們逃出監獄，後在宋慶齡的協助下回到了蘇聯。[82]

佐爾格還曾以記者和農業專家的身份，隨史沫特萊環遊中國，與各地的中國共產黨成員建立聯繫。1932 年夏，國民政府同日本簽訂《淞滬停戰協定》後，蔣介石籌劃對蘇區進行第四次圍剿。佐爾格從軍事顧問團朋友處得到對鄂豫皖根據地的進攻計劃以及「掩體戰略」的詳細計劃後，在電告莫斯科的同時，把情報轉交給中共。

據俄羅斯解密檔案，佐爾格在上海期間，通過其報務員馬克斯・克勞森（Max Clausen）的地下電台發回莫斯科 597 份電報，其中有 335 份直接通報給了中共。蘇聯國家安全部第四局局長帕維爾・蘇多普拉托夫（Pavel Tsatsouline）中將指出：「佐爾格搞到的情報在整個 30 年代都相當受重視。」它們為蘇聯制定其遠東政策提供了可靠的依據。[83]

史沫特萊做成的另外一件大事是，與周恩來合作，使震驚中外、改變中國國家命運的西安事變被直播。

她按照中共的意願，使國民黨名譽掃地，甚至令共產國際也處於無奈的被動境地。中共搶占了「聯合抗日」這一道義高地、反法西斯的政治正確，迫使中華民國政府不得不終止反共產主義革命的戰爭——儘管對共產主義的戰爭，才是東方世界面臨的最重要的世界大戰、世紀大

戰，但西安事變一舉改變了國民政府的戰爭面向。

1940 年代之後，日本也被迫與中共勢力妥協且簽署密約。日本筑波大學名譽教授遠藤譽（えんどうほまれ）根據她收集的中國、台灣、日本三方面的資料，撰寫了《毛澤東：與日軍共謀的男人》，論證了中國國民黨軍隊抗日時，毛澤東率領中共與日本駐上海的特務機關岩井公館合作打擊國民黨的事實。

史沫特萊又是如何成為西安事變的大外宣的呢？1936 年 9 月，史沫特萊在時任張學良最高副官劉鼎（共產黨員）的安排下，來到西安城東大約二十英里的臨潼華清池進行療養。[84]

這一安排顯然是在為向國際報導張學良楊虎城兵變、逼蔣抗日做準備。其幕後策劃人係周恩來。也就是說，西安事變不僅由周恩來一手策劃，還同時策劃了讓美國媒體人提前到達西安，為向全世界現場直播做好了準備。哪怕是在現代政治戰爭中，這也是罕見的手法：整個過程看起來是如此地自然隨意，其背後運作又是如此地費盡心機。

西安事變發生五天後，周恩來率中共代表團到達西安。史沫特萊在與周恩來進行了簡短的交談之後，開始每晚在張學良的司令部進行 40 分鐘的英語廣播，向外披露蔣介石在西安事變中允諾的條件。[85]

據〈西安事變中神秘的史沫特萊〉一文披露，「當時劉鼎把這次請史沫特萊到西安的目的作了說明：周恩來和張學良的秘密會談獲得成功以後，共產黨相信，爭取與東北軍和陝西的其他武裝力量聯合起來抗日反蔣的努力一定可以成功，而這將是一件具有重大歷史意義的事件，周恩來希望能有一位同情進步事業的外國記者對這一過程進行客觀的報導。史沫特萊聽了很興奮，她很願意有機會承擔這樣的任務。」[86] 由此可見，史沫特萊出現在西安是被刻意安排的，這一事實也充分說明西安

事變是由中共策劃的政治事件。

史沫特萊的親共報導對事實加以傾向性的選擇，這引起了國民黨政府的強烈不滿。國民黨當局認為史沫特萊的廣播煽動了「本來十分知足的」陝西農民發動暴亂，稱這個外國女人是個陰謀分子、政治騙子，並要求美國領事館收繳史沫特萊的護照。[87]

事實也的確如此，據《聯共（布）與中國蘇維埃運動（1931—1937）》第十五卷公布的一封塵封 70 年的密函，證實了史沫特萊確是蘇聯派到中國的間諜。

連 1937 年宋慶齡寫給王明的信中，宋也直陳過史沫特萊的背景，懷疑其是由共產國際指派：

「幾周前，宋子文對我說，蔣介石獲釋有一些明確的條件，這些條件經商定是嚴格保密的，並且蔣介石在過一段時間是要履行的。但是他說，共產黨人出乎意料地通過西安電台公布了這些條件，而其英譯稿也經史沫特萊報導出去了。……但我不明白，為什麼我們的同志讓她在西安工作，給我們造成了麻煩和困難。或許他們認為這只是我個人的看法。」[88]

史沫特萊如何能夠得到絕密資料，顯然是周恩來安排的。這令她的報導僅僅有利於中共，但不利於其他任何一方，包括共產國際與蘇聯。宋慶齡因此要求有關方面孤立史沫特萊。但另一方面，史沫特萊是延安的要人，甚至在 1937 年 1 月初被中共派人親自接到延安。

史沫特萊 1937 年到訪延安，這使她成為第一位到訪延安的外國女性。在赴延安之前，她就已經出版過多部宣傳中國革命的著作，如《中國的命運》（*Chinese Destinies*, 1933）、《中國紅軍在前進》（*China's.*

Red Army Marches, 1934）等。史沫特萊在延安待了八個多月，之後她又出版了《中國的戰歌》（*Battle Hymn of China*, 1943）、《偉大的道路：朱德的生活和時代》（*The Great Road: The Life and Times of Chu Teh*, 1956）等。[89]

1937 年 3 月 13 日，時任共產國際總書記的季米特洛夫（Georgi Dimitrov）致電中共中央，要求中共中央書記處必須公開聲明：「**史沫特萊同中共或共產國際沒有任何關係。**」使她沒有可能以共產黨的名義發表演講和同革命組織取得聯繫。[90]至此，史沫特萊被共產國際徹底拋棄。

毛澤東與紅軍長征的宣傳已由史諾完成，史沫特萊的任務就是寫朱德。媒體人的新聞「挖礦」衝動與紅色宣傳的需要已完全融合在一起。

與史諾一樣，史沫特萊選擇性地報導了延安。延安嚴酷的整風與消滅異己聲音，以抓特務的方式廣泛侵犯人權，到中共高層的特權服務，這些在蕭軍筆下的延安與李銳日記中所提及的延安均有記載，但史沫特萊的文章都未涉及。

正是這些紅色外宣對延安的片面報導，不僅誤導美國在華將軍與外交人員，進而誤導白宮，使問題變得非常嚴重。

對中共的錯誤認知影響了白宮的對華政策，他們認為中國共產黨將放棄土地革命，施行更廉潔、更符合中國主流民意的政策，其平等與自由精神、自我犧牲精神和理想主義風範，符合美國左翼的理念，致使美國主流社會更傾向選擇支持中共或主動與共產黨合作，以謀求抗日力量最大化。

皖南事變發生後，史沫特萊將事變的消息發表在《紐約時報》（NY

Times）上，與斯特朗、史諾的報導互相呼應，而這都是周恩來操作大外宣的成功之作。

不僅如此，周恩來還利用中共特務秘密會見了當時在華替美國政府考察國統區的美國作家海明威（Ernest Miller Hemingway），給了他一份秘密材料。一起皖南事件，被周恩來炮製成新聞炸彈，通過各種渠道投放到美國，轟炸的對象卻是國民政府，引發的效應是——美國主流社會與白宮不再相信蔣介石政權，認為其並非致力抗日，而是致力於內戰。

美國部分軍方與外交人員、甚至白宮的此一認知，既促成了美國考察組進駐延安，也影響了美國的對華政策。日本投降後的 1947 年，馬歇爾（George Catlett Marshall, Jr.）率美強力遏制國民黨軍隊對中共軍隊的清剿，還對國軍採取武器禁運，這正是對中共缺乏認知的結果。當時的他甚至認為，國共兩黨有可能透過和平談判來建立和平過渡政府。

對中國與中共的嚴重誤判，導致美國國策產生重大錯誤。史沫特萊們在這其中功不可沒，彪炳中共史冊；而美國在反思為什麼失去中國這一嚴峻話題時，卻很少去分析研究共產國際、蘇聯、中共利用西方、美國媒體人對中共的片面宣傳和它的重大影響力。

儘管史沫特萊在延安時執意要加入中國共產黨，但中共卻情願她以非黨員的身份為中共服務。未能加入中共的史沫特萊不愧是真正的共產主義戰士，她確實做到了生命不息，為共產主義奮鬥不止。後來因病回到美國的史沫特萊，仍然表現出對中國抗戰事業的忠誠。她到處講演，撰寫文章，介紹中國抗戰的情況，為中國的抗戰募捐。

1949 年，史沫特萊在麥卡錫主義的反共潮流中被視為蘇聯間諜，被迫流亡英國。1951 年 5 月，在她逝世一周年時，北京為她舉行了追

悼大會和隆重的葬禮。她的骨灰被安放在北京八寶山中國烈士陵園，大理石墓碑上用金字鐫刻著朱德寫的碑文：「中國人民之友美國革命作家史沫特萊女士之墓」。[91]

三、毛澤東、中共與紅軍的美容師：史諾

從最後被中共蓋棺的結論來看，史諾一直沒有加盟中共，他只是一位忠誠的左翼親共作家，中共大外宣的志願戰士。「三S」中兩位女記者的最後歸宿是中共的八寶山革命烈士公墓，而史諾只在北京大學校園內獲得了一席之地。不過即便如此，他在中共的地位還是遠遠高過對燕京大學（北京大學舊稱）有巨大貢獻的司徒雷登（John Leighton Stuart，美國駐華大使，長於中國的教育家，燕京大學創辦人）[92]。

史諾將他創作的中共大外宣作品《西行漫記》（*Red Star Over China*，又譯《紅星照耀中國》，1937 英國出版），影響數以萬計的西方讀者，並因此影響了美國主流社會，特別是白宮。總統羅斯福曾三次召見史諾，以期從他那裡認知共產黨統治區的「真相」。

1945 年 3 月中旬，羅斯福與史諾有過一次長談。史諾在《復始之旅》（*Journey to the Beginning*,1958）一書中記述，羅斯福對國共談判沒有進展感到失望，他對史諾說：「蔣介石對共產黨要求的某些類似人權法案的保證提出了一些十分荒謬的反對意見」，而在他看來，共產黨的要求是「完全合理的」。他認識到中共作為遊擊區的實際政府，其實力正在日益增長。他正在考慮直接幫助中共抗擊日本，打算在美軍更加接近日本本土時，將物資和聯絡官員運送到華北沿海地區。

史諾問他：「我設想，我們的立場是，只要我們承認蔣政府是唯一政府，我們就必須只通過他來向中國供應所有的物資，對嗎？我們不能在中國支持兩個政府，是吧？」

羅斯福回答：「我一直在那裡同兩個政府打交道，我打算繼續這樣做，直到我們能使他們雙方聯合起來。」[93]

這段談話往往被用來證實羅斯福有意援助中共，然而談話給史諾留下的印象是羅斯福「顯然無意拋棄蔣介石政權」，「可能想把中共當作對蔣介石施加壓力的一種手段，以促使他走向革新的政府，成為統一和進步的中國核心。」[94]

至此我們可以看出，史諾與斯特朗、史沫特萊不同：他沒有受到蘇聯或共產國際的教育與培訓；他到了中國，宋慶齡與魯迅等左翼作家對他的影響，決定了他對中國的認知與政治立場。

2018 年 11 月 16 日，《海上瓊英，國之瑰寶——宋慶齡與上海》文物展覽上，陳列了一本宋慶齡的藏書，是史諾題贈宋慶齡的《西行漫記》。書的扉頁上有史諾的親筆題詞：

「送給勇敢的革命家慶齡同志，你是中國第一位鼓勵我寫作此書的人，而且是此書的第一位讀者。對書中的不妥之處請見諒。」[95]

史諾曾稱讚魯迅：「是他在四十年前教我懂得中國的一把鑰匙，正是在這幾年後我完成了西北之行，寫出那本見聞錄，將中國共產黨人及他們的紅色奮鬥事業介紹給全世界。」

然而，即使說魯迅在新文化運動中勇敢揭露傳統陰暗面有一定的醒世意義，我們也應同時看到，書齋裡的革命與文學揭露一旦被政治化，革命與屠殺就成為了正義。

革命者們為了摧毀一個醜惡的舊世界，不惜踏著前人的血跡去建立自己的烏托邦竟成為了偉業？魯迅揭露了舊世界，而魯迅的洋學生史諾

則歌頌紅色革命者們浴血建立的蘇維埃新世界。

為此，史諾深陷紅色的革命漩渦之中。「一二‧九運動」之前，與學校裡的現代青年和進步思潮經常接觸的史諾，對當時的學生運動總是熱情支持。許多學生領袖（如龔澎、龔普生、黃華、陳翰伯等人）也喜歡與他來往……他還把自己秘密收藏反映中國工農紅軍生活的書籍和蘇聯出版的書刊報紙提供給學生閱覽。

前文提到史沫特萊寫的《中國紅軍在前進》，燕大的許多進步學生都看過，這本書就是史諾借給他們讀的。[96]

在很短的時間裡，史諾就變成了中共的擁躉。這一是由於左翼作家特別是魯迅的影響，二是代表共產國際的宋慶齡賦予他特殊的使命。

1936 年 6 月，宋慶齡安排他首次訪問了陝甘寧邊區，三個多月的考察都由當地共產黨的組織接應安排。1937 年盧溝橋事變前夕，史諾完成了《西行漫記》的寫作。10 月，該書在英國倫敦公開出版。

1938 年 2 月，《西行漫記》中譯本在上海出版。這是由美國人生產的宣傳材料，出口之後轉內銷。據中國社會科學院原秘書長吳介民回憶：當他讀到了史諾的《紅星照耀中國》，心中豁然開朗，得出了結論：「只有中國共產黨才是抗日救國的中堅力量。」[97]

這本書在短短的 10 個月內就印行了四版，轟動了國內及國外華僑集聚地，在香港及海外華人集中地點還出版了該書的無數重印本和翻印本；在國民黨統治區，它被大量青年人競相傳閱乃至輾轉傳抄，並導致一批批青年人抱著滿腔愛國熱忱輾轉奔往延安。據統計，1938 年至 1939 年間，來到延安的學者、藝術家和知識青年大約有 6 萬人。為什麼有如此之多的年輕人湧入延安？因為延安雖不是抗日前線，卻是共產

青年的理想國。這其中，史諾與紅色外宣，起著不可估量的作用。[98]

史諾的《紅星照耀中國》在形象上塑造了毛澤東的革命領袖與思想家風範。毛澤東變成了革命運動中的改良派，與共產黨人中的激進派不同，不從肉體上消滅一切地主富農，而是沒收土地分給農民，沒收財富用於革命事業。這本質上與國民政府收稅是一樣的，只是國民黨政府收稅對農民不利，而共產黨人剝奪富人的財富與土地對窮人有利。

正是《紅星照耀中國》完美地塑造了毛澤東、中國共產黨、工農紅軍的革命形象，被稱為美顏版的「毛澤東戴八角紅軍帽」的照片，也被廣泛刊登在中共各種媒體上。它既代表了青年毛澤東和成長中的共產黨，也代表著紅軍的形象。如果說延安時期，中共開始奠定了毛澤東思想的概念與影響力；史諾則透過自己的著作，奠定了毛澤東的「偉大」形象。

那麼史諾是怎麼完成自己的工作的呢？宋慶齡安排史諾採訪蘇區，是共產國際與中共的一種導演，史諾只是扮演了記者角色而已。張國燾在回憶錄[99]中說，媒體無法進入紅軍控制區域，必須有路條。從史諾的書中可以看到，他每到一處都有紅軍組織接待，配備專人負責導引，並有騾馬服務。一路上，對紅軍有意見的人不可能出現；而地主富農因為財富與土地被沒收、早已逃亡或被處死，也不可能被史諾採訪報導。

史諾看到的是中共在蘇區對人民的「教育」（實為洗腦）。當時陝北蘇區文盲率達80%–90%，對文盲村民的教育從識字開始：「這是什麼，這是紅軍，紅軍是什麼，紅軍是窮人的軍隊。」[100]

而傳統中國的教育是「子曰詩云」，是「人之初，性本善」。馬克思主義改變了中國共產黨人的思維，而共產黨人又通過紅軍學校、列寧學校進行識字教育，在識字的過程中改變了所有蘇區人民的認知。

傳統中國人知書是一個階層，而識禮、不違背常識，是另一回事。中共的教育洗腦完全改變了國民的常識認知，剝奪他人私產、迫害甚至屠殺階級異己，成為政治正確，成為革命之必然，也成為常態。剝奪富人財產有利於窮人，自然得到貧困階層的擁護，中共也因此得到了民心民意。

記者史諾最喜歡問當地百姓：「是願意生活在白匪統治之下，還是願意生活在蘇區？」二選一的情形下，而且有中共的聯絡人員在場，百姓只會選擇蘇區。但百姓不知道，蘇區是蘇維埃統治區，是共產國際或蘇聯的一個分支。

如果問題由異見者向紅軍或史諾提出來，會是這樣：中國紅軍是應該接受中國政府領導，還是接受外國政府或外國政治組織領導？是通過和平的方式進行土地改革，還是由外來政治力量主導並通過暴力方式剝奪地主土地、進行土地革命？顯然，史諾已經自覺或不自覺地學會了中共的話術，拋出一個引導性的選擇題讓百姓選擇，得出的答案必然符合中共的宣傳需要。

延安蘇區由此被史沫特萊、斯特朗與史諾等人描述為官民平等之地，充滿革命理想主義情懷，甚至連後來到延安考察的美國延安觀察組也得到了如此認知。

真相的另一面，被真正的延安人以另外的筆調揭示出來。蕭軍在他的《延安日記》中寫道：「遇見毛澤東的老婆騎在馬上，跑著去高級幹部休養所去了。這裡連個作家休養所也沒有，無論哪裡的特權者，總是選擇最好的肉給自己吃的。」[101]

當年 6 月 24 日他寫道：「李伯釗自帶小鬼，每天做飯五次，罐頭、牛乳、蛋、香腸等應有盡有，饅頭也是白的。據小鬼說，楊尚昆買雞蛋

總是成筐的，每天早晨以牛乳、雞蛋、餅乾代早餐。毛澤東女人生產時，不但獨自帶看護，而且門前有持槍衛兵。產後大宴賓客。去看病人時，總是坐汽車一直開進去，並不按時間。一個法院的院長女人住單間，彭家倫女人生產也住單間。各總務人員總是吃香芋，買二十幾元錢一斤的魚，各種蔬菜由外面西安等地帶來……雖然他們的津貼各種是四元或五元。我懂得了，這卑污地存在原來到處一樣，我知道中國革命的路還是遙遠的……」[102]

無獨有偶，蕭軍日記中提到「小鬼」，史諾在《紅星照耀中國》中也講述過幾段關於「紅小鬼」的故事，給讀者留下深刻的印象。[103]

剛到根據地時，史諾在百家坪交通處用不禮貌的「喂」稱呼了兩個孩子，結果不被理睬，在李克農的提醒下才意識到自己的錯誤，趕緊改口稱他們為「同志」，這才得到兩位「紅小鬼」的原諒。[104] 這些「紅小鬼」實際上就是所謂的中國少年先鋒隊員，他們在史諾幽默風趣的敘述裡顯得形象鮮活可愛，似乎給「紅色中國」增添了無限的希望與活力。

無論是史諾還是史沫特萊，這些曾經在美國從事維護婦女兒童權益的記者，到了延安卻完全漠視延安對兒童少年權益的侵犯。在稱謂上，延安不管這些童工叫童工，而是叫「小鬼」，中共高層領導都配有小鬼服務；在本質上，這不過是傳統中國社會中的書僮、門僮與僮僕。

「紅小鬼」實際上是加入中共的小紅軍戰士。他們多是少年離家，或家中生活困窘，只好進入「革命大家庭」以勞動換生存。所以中共不僅使用童工，而且使用少年兒童參加戰爭。許多未成年人因參戰而被殺害，還有兒童團也因為參與送情報或站崗放哨而被當成戰士不幸傷亡。史諾在其著作中說紅軍士兵的平均年齡是 19 歲，軍官則為 24 歲，其中 96% 來自於無產階級。[105]

　　總結來說，史諾所做的報導是一種自覺與不自覺地宣傳，通過片面的真實，來改變人們對中共與紅軍的認知，使不明真相的西方世界甚至白宮遭到誤導。

　　羅斯福總統之所以能夠三次召見史諾，是認為他能夠提供不同的信息。最後羅斯福決定讓美國考察團進入延安，甚至準備裝備中共軍隊聯合抗日，都說明左翼作家與親共力量決定性地影響了美國對華政策。

　　因為許多親共的美國外交人員為延安辯護，說共產黨是中國農村的民主派，完全不同於蘇聯共產黨，所以是可以聯合的力量。正是對中共的誤判，導致了美國政府「二戰」後的錯誤決策，最終失去了中國。

　　馬克思主義本是要解決工業革命中的工人被資本家剝削的社會不公不義，而中共在城市工人運動失敗後，毛澤東主導了農民起義，確實是中國特色馬克思主義的「偉大實踐」。史諾通過一個個訪談與所見所聞，「證明了」毛澤東革命符合人民民主的精神。

　　而西方世界又是怎麼解決土地不公與財富分配不均的問題呢？當然是政府合法通過稅收來調節實現。議會民主與黨派政治是透過和平的方式取得多數人的共識，而非像中共成立蘇維埃政權直接以暴力方式剝奪了大地主及資本家的財富。

　　國民黨政府 1928 年已開始實施「訓政」，即縣以下的民主選舉，並有和平的土地改革計劃。中共完全可以在民主制度中爭取選票，通過議會民主來實現公平正義的理想，但他們卻選擇接受國際共產主義勢力的思想與指示，進行暴力革命、奪取地方政權，沒收富人透過各種努力積蓄的財富，這種在文明世界即便是戰爭狀態中都不能被容忍的事，卻被來自美國的作家所歌頌！

　　極左思維對人心性的改造，如同染上病毒，改變了常識思維，真可謂連認知都「被革命了」。

　　馬克思主義階級鬥爭與人民至上理論，將底層人民的暴力合法化，譬如饑荒年代的搶奪糧食，乃是一種生存應激導致的失序與非法。賑災本應是政府的職責，但政府體系被革命破壞或無法正常運作，導致底層人民將仇恨轉向富人與糧商。

　　共產黨人不但不進行合理合法地疏導，反而將這種災荒年代非常態的抗爭合法化、常態化，以此獲得他們覬覦的兩種資源：一是民力資源，以使更多的人加盟到紅軍隊伍中；二是軍事財富資源。共產主義的宣傳是透過改變人的認知，改變千百年來人們所形成關於私有財富與生命的觀念，為其革命與暴力的合法合理化奠定了基礎。

　　史諾等大外宣配合了中共的政治行動，並將其美化。由於他們迴避了中共軍隊的殘暴與屠殺，濃墨重彩地描述了底層人民對紅軍與共產黨軍隊的擁護，透過生動的文學形象及描述，以強大的情境力量，成功地製造了一種假象，即共產黨得到底層社會廣泛的同情與支持，它將異於蘇聯，是一種成功的底層民主實驗模式。

　　這些理念影響到後來進入中國的美國軍政人員，包括史迪威將軍（Joseph Warren Stilwell），也影響到著名學界人物如費正清博士（John King Fairbank）。由於白宮多次召見史諾，其作品與言論對羅斯福總統的認知與決策更是造成了深刻卻無形的影響。

　　其實，延安與中國後來的橫店影視基地一樣，是中國西部革命的好萊塢，抗日與民主都只是虛擬的布景，任何人進入這個基地，都會自覺或不自覺地成為群眾演員，「三Ｓ」只是場記，連後來進入延安的美軍觀察組，也成為中共設局而自投羅網的洋人群眾演員。

結語：左翼媒體人「三S」禍害中國

　　從國別看，「三S」都是美國人，有著崇尚自由平等正義的國族背景；從立場觀念看，他們是一道紅色風景。他們利用美國的公民身份與記者身份，甚至是國際慈善公益身份，掩蓋了他們宣傳並參與紅色血腥戰爭的事實。他們由此獲得了巨大的成功，但與中共的成功一樣，是禁不住推敲的。作為來自美國的媒體人，中國人民用血寫的現實被他們偽飾成墨寫的謊言。

　　由於他們深度捲入到中共的宣傳戰中，全然不知道自己已然參與到戰爭行為裡，自己的理想與生命已與中共的事業融為一體。無論他們有沒有加入中國共產黨，實質上或精神上已經完全是虔誠的中共黨員、共產主義的紅色宣傳戰士。

　　從他們死後能夠葬於中共的八寶山革命烈士公墓或北大校園，便足以說明他們在中共體系內已受到至高的尊崇，做出了巨大貢獻。他們在整個紅色宣傳過程中，都享有美國公民身份的保護，而當戰爭結束他們成為被追責的對象時，又能逃脫應有的懲罰。

　　對於無數共產主義受難者，他們有一份孽債；共產主義恥辱柱上，也會銘刻他們的名字。

（感謝張傑博士對編輯整理此文的貢獻）

注释

64. 中共 1949 年建政之前，就藉西方左派記者開始「外宣」公關。2009 年，中國決定投入 450 億元人民幣在全球推廣「大外宣」計劃，與西方媒體「爭奪話語權」。2012 年習近平出任最高國家領導人以後，中共進一步加大對外宣傳力度。主要手段包括官方媒體出海、購買控制海外華文媒體、建立社交帳號、控制在各個媒體平台有影響實力的主播和媒體人等。
65. 安娜·路易絲·斯特朗（Anna Louise Strong，1885 年 11 月 24 日 － 1970 年 3 月 29 日），

美國左派作家、記者。

66. 艾格尼絲・史沫特萊（Agnes Smedley，1892 年 2 月 23 日－1950 年 5 月 6 日），美國著名左派記者。她支持女權、支持中國共產黨和印度獨立。

67. 埃德加・P・史諾（Edgar Parks Snow，1905 年 7 月 17 日－1972 年 2 月 15 日），美國記者。他被認為是第一個採訪毛澤東的西方記者。

68. 陶涵：《蔣介石與現代中國》（The Generalissimo: Chiang Kai-shek and the Struggle for Modern China），北京：中信出版社 2012 版，第 162 頁。

69. 《西行漫記》，原名《紅星照耀中國》，作者史諾。它向西方讀者描述了陌生的還處於游擊隊狀態的中國共產黨的情況。同賽珍珠的《大地》一起，是 1930 年代向西方讀者介紹中國和喚起他們的同情的最有影響力的作品。陶涵：《蔣介石與現代中國》（The Generalissimo: Chiang Kai-shek and the Struggle for Modern China），北京：中信出版社 2012 版，第 162 頁。

70. 參見雷西・斯特朗、海琳・凱薩：《純正的心靈：安娜路易斯斯特朗的一生》，北京：世界知識出版社 1986 年版。另見百度百科安娜・路易斯・斯特朗詞條。

71. 該引文出處為鳳凰網專稿：《美國女記者斯特朗在中國的傳奇之路》，2009 年 09 月 29 日，http://phtv.ifeng.com/program/fhdsy/200909/0929_1720_1370597.shtml

72. 安娜・路易斯・斯特朗：《千千萬萬中國人：1927 年中國中部的革命》，北京：中國社會科學出版社 1985 年版。

73. 左鳳榮：《斯特朗：與毛澤東保持一生友誼的美國人》，http://152.136.34.60/html/2021-09/13/nw.D110000xxsb_20210913_2-A2.htm；安娜・路易斯・斯特朗：《人類的五分之一》，《斯特朗文集》，第 3 卷，北京：新華出版社 1988 年版，第 132-143 頁。

74. 鳳凰網專稿：《美國女記者斯特朗在中國的傳奇之路》，2009 年 09 月 29 日，http://phtv.ifeng.com/program/fhdsy/200909/0929_1720_1370597.shtml

75. 同上。

76. 同上。

77. 毛澤東：〈和美國記者安娜・路易斯・斯特朗的談話〉，《毛澤東選集》，第四卷，北京：人民出版社 1960 版，第 1087-1091 頁。

78. 時文生：〈毛澤東和斯特朗談話時間新考〉（2015-02-02），理論中國網中共中央黨史和文獻研究院，http://www.dswxyjy.org.cn/n1/2019/0621/c428059-31174494.html

79. 婁洪樂：〈史沫特萊確係蘇聯派駐中國的間諜〉（2013-10-13），騰訊網今日話題歷史版，https://view.news.qq.com/a/20131013/005212.htm

80. 牛蘭，本名雅各布・馬特耶維奇・魯德尼克（Jakob Rudnik，1894 年 3 月 24 日－1963 年 3 月 13 日），共產國際國際聯絡部在上海的秘密交通站負責人，負責轉送各種文件和經費等。

81. 楊國光：《左爾格在中國——一段鮮為人知的歷史》，人民網中國共產黨新聞，http://cpc.people.com.cn/GB/85037/85038/7700647.html

82. 同上。

83. 見維基百科查理・佐爾格詞條。https://zh.wikipedia.org/zh-tw/%E7%90%86%E6%9F%A5%C2%B7%E4%BD%90%E7%88%BE%E6%A0%BC

84. 《史沫特萊——充滿激情永不妥協的鬥士》，新浪網中國網，2005 年 5 月 17 日。http://news.sina.com.cn/c/2005-05-27/14456768167.shtml

85. 同上。

86. 孫果達、王偉：《西安事變中神秘的史沫特萊》，新浪網引中國作家網，2013 年 10 月 14 日。https://view.news.qq.com/a/20131014/000457.htm

87. 同上。

88. 宋慶齡寫給王明的信，https://h5.ifeng.com/c/vivoArticle/v002XK4T2meZAk9CCj--N5Vj HKnuJOH41zs80Tb5eT9LBp00__?showComments=0&isNews=1；方明：《抵抗的中國：外國記者親歷中國抗戰》，北京：團結出版社 2017 版。

89. 孫果達、王偉：《西安事變中神秘的史沫特萊》，新浪網引中國作家網，2013 年 10 月 14 日。https://view.news.qq.com/a/20131014/000457.htm

90. 婁洪樂：《史沫特萊確係蘇聯派駐中國的間諜》，騰訊網今日話題歷史版，2013 年 10 月 13 日。https://view.news.qq.com/a/20131013/005212.htm

91. 馬昌法：〈史沫特萊採訪朱德將軍〉，環球網引中國政協報，2013 年 8 月 23 日。https://china.huanqiu.com/article/9CaKrnJBWTc

92. 毛澤東曾於 1949 年在新華社發表〈別了，司徒雷登〉一文，暗諷其離任代表中國國民黨在大陸的失敗和美國政府對華外交的失策。

93. 約翰·斯圖爾特·謝偉思：《美國對華政策（1944-1945）：〈美亞文件〉和美中關係史上的若干問題》，北京：中國社會科學出版社 1989 版，第 133 頁。

94. 裴克安編：《斯諾在中國》，北京：三聯書店 1982 版，第 172 頁。

95. 〈「宋慶齡與上海」文物特展開幕，三十餘件文物首次展出〉，澎湃新聞，2018 年 11 月 16 日。http://m.thepaper.cn/kuaibao_detail.jsp?contid=2637859&from=kuaibao

96. 燕大出版的校史資料，轉引自林帆：〈評論：「活的中國」了不起！〉，新浪網東方網，2006 年 4 月 25 日。http://news.sina.com.cn/o/2006-04-25/09338787026s.shtml

97. 〈親歷者憶延安：毛澤東最愛唱這首歌，放英文原版電影能請周恩來做翻譯……〉，新浪網，https://news.sina.cn/gn/2021-01-07/detail-iiznctkf0705134.d.html

98. 新華社：〈延安：中國的希望〉，載《浙江日報》，https://zjrb.zjol.com.cn/html/2015-08/31/content_2905830.htm?div=-1

99. 張國燾：《我的回憶》刊於 1971 年至 1974 年連載於香港明報月刊，後於 1974 年該出版社結集成書；人民出版社以「現代史料編刊社」名義 1980 年 11 月初版，共兩冊；東方出版社 1998 年 1 月初版，共三冊；2004 年 3 月重排再版，共兩冊。

100. 史諾（陸譯斯諾）：《紅星照耀中國》，《斯諾文集》第二部，董樂山譯，北京：新華出版社 1984 版，第 189-191 頁。

101. 蕭軍：《延安日記（1940—1945）》（上卷），香港：牛津大學出版社 2013 版，第 175 頁。

102. 同上，200 頁。

103. 史諾（斯諾）：《紅星照耀中國》，《斯諾文集》第二部，董樂山譯，北京：新華出版社 1984 版，第 264-270 頁。

104. 同上，第 34-35 頁。

105. 史諾（斯諾）：《紅星照耀中國》，《斯諾文集》第二部，董樂山譯，北京：新華出版社 1984 版，第 207-208 頁。

第三篇：美國如何失去中國

吳祚來

概要

本報告透過史實與分析，旨在揭示與說明，西方特別是美國左翼與親共產黨的力量，在二戰前後成為中國共產黨的大外宣與政治盟友，決定性地影響了美國社會、軍方政要與白宮決策。

正是美國左翼與親共力量對中國共產黨缺乏認知，所以對中國當時的現實產生嚴重誤判，這種誤判的結果，不僅導致中國國民政府被顛覆、中國共產黨開始統治中國大陸、「美國失去了中國」，也牽涉後來的朝鮮戰爭與越南戰爭，使數十萬美國軍人傷亡。

最嚴重的後果還表現在共產黨力量在東南亞的災難性統治，造成廣泛的人權迫害與政治屠殺，數以億計的人被「政治性屠殺」，數以十億計的人從此生活在紅色恐怖之下。

本報告意在提醒美國政府與西方主流社會，要意識到西方左翼與親共勢力的巨大危害，正視當年的危害造成歷史性決策失誤帶來的災難性後果，這些後果由中國人、東亞人承受，基於歷史道義，美國政府既應該對此反思，並為此鄭重道歉。

鑑於共產主義的巨大危害性，美國政府應該致力於改變共產主義勢力在中國與亞洲的現狀，終結共產黨在中國的統治權，這才是冷戰之後國際社會最大的責任與使命所在，這是踐行歷史正義，也是對無數被共產主義迫害、屠殺的人們靈魂的安慰。

中共不僅正在危害中國、亞洲的和平，也正在深刻地影響著國際秩

序，共產主義意識形態像病毒一樣，需要國際社會合力遏制。

近期我們看到，中共政權在與美國、西方冷戰的同時，強化與塔利班（Tālibān）等國際反美力量的公開聯合。美國政府與美國主流社會當時沒有意識到，中共紅軍就是一支受外來政治力量支持而建立的紅色恐怖主義組織，是國際共產主義對文明世界發動的國際戰爭的一部分。

這場戰爭其實是與西方第一次世界大戰、第二次世界大戰並行的國際性戰爭，源自於西方的一戰、二戰，某種意義上是造成共產主義勢力成長與蔓延的重要背景因素，一戰結果導致了蘇聯共產主義勢力建國，二戰結束縱容了蘇聯在中國與東南亞的擴張。

遺憾的是，二戰結束前後美國左翼媒體與主流社會將中國共產黨政權視為正常的政黨組織，將當時的中國政府對恐怖主義的戰爭視同於國家內戰，壓制國民政府對共產主義勢力的進攻，縱容共產黨勢力擴張，最終任由中共一統中國。

因為對中共政權的國際屬性、意識形態及恐怖主義性質缺乏基本的認知，美國政府在聯蘇反法西斯反納粹的戰爭中，開始了聯共或意圖扶持中共成為戰爭盟友的舉措，在二戰結束後，意圖拉攏中共成為非蘇聯政治集團的良性力量，組建戰後中國聯合政府。

美國的錯誤認知導致了國家決策的重大錯誤。所謂的馬歇爾計劃，只是動用二戰後的國際力量保護西歐免受共產主義擴張侵略，卻聽任蘇聯支持中共對中國的占領。馬歇爾計劃是在西方築牆、在東方洩洪的罪惡計劃，馬歇爾因此獲得了諾貝爾和平獎，它的一面閃耀著西方世界的金色光芒，另一面卻浸透了東亞人民的血漬。

馬歇爾只有形而下的調停，對盟友中華民國沒有實質性的保護與積

極支持，導致最終美國失去了中國，中國與東亞東南亞人民淪陷到共產主義紅色恐怖統治之下。

為了推脫美國政府的責任，時任總統杜魯門（Harry S. Truman）與國務卿艾奇遜（Dean Acheson）主導了一份針對中國內戰與中國問題的政治文件——《中美關係白皮書》（*The China White Paper*）[106]。

白皮書嚴詞批蔣，表示中華民國對中國共產黨的戰爭失敗，與美國無關，美國已盡責盡力，最後失敗應由國民政府負起全責。

報告書發表後，美國停止對中華民國的軍事援助，1950 年 1 月 5 日美國總統杜魯門發表「不介入台灣海峽爭端」聲明，意在將台灣拱手讓給共產主義勢力，完全置美國國際利益與國際正義於不顧。

直到朝鮮戰爭爆發，整個美國社會才意識到杜魯門政府的巨大罪錯，開始修正對亞太的國家策略，將台灣納入西太平洋防禦體系。但共產主義勢力對中國大陸、對中共扶持的亞太其它共產國家卻已造成無可修復的災難性後果，這些災難性的後果可說是美國左翼思潮與親共勢力的一系列錯誤決策所導致的。

一、美國的聯俄容共成功與失敗

現代史上兩次的聯俄聯共，一次是孫中山主導的，目的是終結北洋政治的軍閥化，透過聯合外國力量（俄共）以及外國在中國的代理組織之力量（中共），終結北洋政治，實現中國新的一統；另一次是美國主導的，在國際反法西斯反納粹戰爭中，聯合蘇聯，並在中國抗日戰爭中利用中共、並試圖聯合中共，在這個過程中，產生出大批西方左翼與親共人士，並致命地影響著國共內戰，改變了中國與東亞的政治版圖。

　　孫中山主導的聯俄聯共，使 1.0 版本的中華民國北洋政府被顛覆，革命代替共和成為主流，中國南北政治力量失去一次妥協聯合的可能。更為嚴重的是，聯俄使共產主義勢力在中國得以合法發展，並建立了蘇維埃基地，發展出自己強大的組織與紅軍。

　　而美國的聯蘇，收獲了二戰的勝利，美國的親共、容共與聯共，迫使國民政府與外來政治力量建構聯合政府，是導致國民政府失敗的重要原因，甚至是決定性的原因。

　　美國在華親共力量使大量有關中國的報告有利於中共而不利於國民政府，加之左翼媒體人與左翼知識分子的影響，從而影響到美國國家決策，從積極的平衡國共與促成政治聯合，到消極的接受蘇聯支持中共奪取中國大陸，最終中國成為共產主義世界的一部分。

　　美國在二戰結束前後的中國，被中共牽著鼻子走，想統戰中共，卻被中共成功統戰。當美國政府意識到調停失敗，無法實現美國在中國的計劃時，從一個極端走向另一個極端，放棄盟友中華民國，任由共產主義勢力一統中國。

　　而在這個過程中，美國政府對中華民國政府的武器禁運一年，對整個國共戰爭局勢起著巨大的逆轉作用，一面是蘇聯大量投入力量支持中共的戰爭，另一面卻是美國壓制國民政府軍的戰略攻勢，在歷史時刻停售武器。

　　與 1919 年五月巴黎和會西方宣布對華武器禁運一樣，「大好心」辦了大壞事，一戰後的武器禁運十年，蘇聯扶持了中國革命力量做大，推翻了北洋民國政權，而這一次武器禁運一年多的時間，2.0 版本的中華民國又一次毀於蘇聯扶持的更為激進的革命力量。

美國聯蘇容共，對美國的國家利益是有利的，所以獲得了戰時的成功，但對中華民國與美國後來的國際戰略卻是重大失敗。

1. 美國對華政策的目標與內在缺陷

美國在中國的目標與蘇聯的目標：第 47 任美國國務卿赫爾（Cordell Hull，1871 － 1955）概括羅斯福政府對華政策是：「我們在中國有兩個目標：第一個目標是採取共同行動，有效地進行戰爭。第二個目標是在戰爭之中和戰爭之後，承認中國是大國，她享有與強大的西方盟國——俄國、英國和美國平等的地位並得到復興。這不僅是為建立戰後的新秩序作準備，而且是為了在東方建立穩定和繁榮。」[107]

1943 年 8 月 12 日起，赫爾利和蔣委員長會談了三天。時任美國駐華大使赫爾利（Patrick Jay Hurley）說，美國戰後政策反對任何形式的帝國主義，包括英國的帝國主義，並且支持以自由、強大、民主的中國作為亞洲最主要的、穩定的力量。蔣告訴赫爾利，他很感謝羅斯福總統的「最高尚道義」[108]。

學界認為羅斯福偏左，從他反英國殖民主義可見一斑。而他對中國的道義支持，又充滿了理想主義情愫。他將反英殖民主義當成要事提出來，而沒有將蘇聯共產主義對資本主義世界的戰爭視為嚴峻的問題提出，說明了羅斯福因左傾而出現認知缺陷，正是此一認知缺陷，導致了嚴重的問題發生——

那就是二戰結束前的雅爾達會議（Yalta Accordance，又稱雅爾達密約）英美與蘇聯密約，讓蘇聯出兵中國東北，以快速結束與日本的戰爭。這一密約對美國有利、於蘇聯有利，也對中共有利，但對亞洲特別是中國人民造成了不可限量的災難性影響，因此聽任紅色赤化病毒從東北開始在亞洲傳播。

繼任的杜魯門政府馬歇爾特使欲透過和平手段解決國共聯合政府問題，卻因蘇聯占領了東北、中共是蘇聯在中國的代理人而無法實現。馬歇爾實質壓制了國民政府而給予了中共與蘇共有充分的時間觀察美國與西方世界干預中國的決心，也促使中共與蘇聯有充分的時間形成強而有力的軍事合作。

馬歇爾任國務卿，杜魯門任總統，與馬歇爾計劃相配合的是杜魯門主義。

羅斯福時代的美國兩個目標只是兩個理想，因擔心與蘇聯的戰爭或擔心與蘇聯的直接衝突，使美國國策更具現實主義、利己主義本質。但這種現實與利己主義，五年後就遭遇巨大的失敗，美國與西方被迫捲入朝鮮戰爭與越南戰爭，並付出了數十萬生命傷亡的巨大代價。

如果將納粹、法西斯發動的戰爭視同西方急性病症的話，共產主義思潮則是慢性或隱性的傳染疾病。更為重要的是，納粹－法西斯主義啟動的戰爭使西方世界面臨毀滅性的破壞，而共產主義在西方並沒有土壤，對歐美沒有造成災難性的傷害。

所以，在華美國軍政人員將中國的共產黨看成民族主義或農村民主主義的共產主義變種，是一種可以合作的、可以轉良性的存在。美國在容共之時，更傾向於聯合中共，使其成為美國的合作者，或者在蘇聯與美國之間的中立力量，而不願意得罪中共，使其完全投靠蘇聯，更不願意看到得罪中共之後，而導致美國與蘇聯發動戰爭。

這是美國實用主義或實用理性的一面，正是現實的屬性或國家利益導向，使美國政府不知不覺地同情與支持中共，或容忍中共的擴張。

2. 羅斯福的認知與美國外交報告

1943 年 11 月 24 日早晨，羅斯福的兒子艾略特（Elliott Roosevelt）發現父親在床上用餐，問起昨晚的情形。

羅斯福答道：「發生好多事喔！我見到委員長了。」艾略特問他對這位中國領導人的印象如何，羅先聳聳肩，然後說：

「昨晚和蔣氏夫婦交談所學，勝過我和聯合參謀長團開四小時的會。[109]」固然蔣花了相當長的時間敘述中國軍隊的困難處境，羅斯福對兒子說，他還是對某些問題不解，例如：

「為什麼蔣的部隊不打仗？」
為什麼蔣「試圖阻止史迪威訓練中國部隊？」
為什麼他「將數以千計的精兵留守在共產中國的邊界？」[110]

羅斯福的兩大疑問，成為中美之間最大的隔閡，隨之形成的縫隙，便成為中共統戰的空間，中共的重要大外宣人員史諾甚至與羅斯福有過三次面談。

1945 年 3 月中旬，羅斯福與史諾有過一次長談。史諾在《復始之旅》一書中記述，羅斯福對國共談判沒有進展感到失望。他對史諾說，蔣介石對共產黨要求的某些類似人權法案的保證「提出了一些十分荒謬的反對意見」，而在他看來，共產黨的要求是「完全合理的」。

他認識到中共作為遊擊區的實際政府正在日益增長的力量，正在考慮直接幫助中共抗擊日本，打算在美軍更加接近日本本土時，將物資和聯絡官員運送到華北沿海地區。

史諾問他：「我設想，我們的立場是，只要我們承認蔣政府是唯一

政府,我們就必須只通過他來向中國供應所有的物資,對嗎?我們不能在中國支持兩個政府,是吧?」

羅斯福回答:「我一直在那裡跟兩個政府打交道,我打算繼續這樣做,直到我們能使他們雙方聯合起來。」[111]

這段談話往往被用來證實羅斯福有意援助中共,然而談話給史諾留下的印象卻是,羅斯福「顯然無意拋棄蔣介石政權」,「可能想把中共當作對蔣介石施加壓力的一種手段,以促使他走向革新他的政府,成為統一和進步的中國的核心。」[112]

從上面這段關於左翼紅色作家史諾與羅斯福的長談,我們不難發現背後的問題:

其一、史諾是宋慶齡、周恩來安排、由魯迅等左翼作家引導的中共大外宣作家,他的書能夠影響美國主流社會,特別是能夠進入白宮,進而史諾本人能夠與總統交流關於中國的「實況」,中共的大外宣的成功達到了極致,因為它已實質性的影響到美國核心決策機構與人物;

其二、史諾看到了羅斯福對國民政府的支持,也看到了總統利用共產黨來平衡國民政府,以促使其更新。

美國的理想主義者在這裡犯了另一個錯誤,就是用美國思維與現實,來要求戰時的國民政府。當時的國民黨政府所屬的軍隊許多是舊軍閥勢力所整合而成,政府的腐敗與軍隊缺乏戰鬥力並不是戰時政府所能及時解決的問題。

而美國的親共力量因此貶損甚至歧視國民政府,支持共產黨的聲音也因此高漲,而共產黨是一支在野力量,對國家不負責,暴力掠奪社會

財富以充軍費，由於史諾等人的美化宣傳，屏蔽了中共力量的邪惡，而放大了它的民主與正義屬性。

其三、羅斯福「看到了」共產黨的力量在壯大，共產黨為什麼在後方坐大？總統聽信了史諾等大外宣的見證，也看到了親共外交人員與軍方人員的報告，但羅斯福總統犯了常識性的錯誤，只要看一眼國共雙方在抗日戰爭中犧牲的將士，就能知道國民政府的力量在抗日戰爭的過程中明顯消耗，而中共軍隊卻利用抗日戰爭在擴張地盤勢力。

將中共視為平衡國民政府的力量，甚至當成可以合作的對象，是左翼力量與親共力量誤導白宮的結果。

「兩個政府論」，即將國民政府與共產黨政權平等對待，等於是變相承認了中共的合法性，如同現在承認塔利班是合法的政權一樣，它利於非法的中共是毫無疑問的，而要求國民政府與紅色恐怖組織進行和談，建立聯合政府，這是種將水與火放在一起想實現共和的美式幻想。

美國的「好心美意」第二次禍害了中國憲政民主進程，第一次是一戰後美國主導的西方中立，對北洋政府進行武器禁運十年，導致北洋政權潰敗，而這一次，在國共戰爭中武器禁運了一年，國民政府遭受重創，從此形勢逆轉。

美國的延安考察組訪華的目的是聯共，雖被赫爾利挫敗，但親共勢力卻強勢存在著，戰時通過容共來獲得中共對抗日戰爭的支持，戰後則是期冀中共成為正常的政黨，脫離蘇聯控制，融入國民政府，成為獨立國內政治力量；美國的戰時設計世人固然可以理解，但美國戰後在蘇聯強化對中共的戰略與戰爭支持之時，卻仍然固守此一國家計劃，無異於是強求水火共容為一體，其結果是——以國民政府與美國的合作失敗而告終。

當時美國的目標非常明確，那麼蘇聯的目標呢？

3. 美國對蘇聯的認知有前瞻性，但應對失據

美國認為，蘇聯在制定政策時首先從國家安全的角度出發，為達此目的，擴散對周邊國家的影響力，促使周邊國家在意識形態、政治結構上與自身相同，這是蘇聯最大的目標。[113]

長久以來，蘇聯對中國西北、華北、東北地區抱有極大興趣，這些地區也恰好是中共勢力的所在地。倘若日蘇開戰，蘇聯很有可能會改變過去對中共的政策，加大對其援助軍事物資的力度，屆時，蘇聯可能會占領滿洲及朝鮮地區，而中共則接收華北大片區域。[114]

戰後（中國）爆發內戰的可能性很大，一旦發生這樣的情況，蘇聯極有可能援助裝備落後的中共而不會對其坐視不管，美國則會因支持國民政府而在國共衝突中與蘇聯發生摩擦，這恰巧是美國在抗戰勝利後所極力避免的局面。[115]

美國情報機構一度對蘇聯扶持中共有正確的認知，不想卻得出了錯誤的決策。美國想避免與蘇聯發生戰爭，仍必須有個大前提，那就是蘇聯不會為了爭奪中國的利益，不惜與美國一戰；而在 1945 年，也就是上述報告後兩年，美國已擁有核武器，蘇聯不可能因中國而敢於發動一場新的世界大戰。

美國規避與蘇聯戰爭的前置思維，一味的容共親共，甚至準備聯共，實為美國在中國戰略中失敗的思想根源。

避免與蘇聯在中國發生戰爭，是美國既定的政策，從國家利益出發，無可非議，但致命的問題正在這裡——美國此舉是放棄與背棄自己二戰的盟友，聽任蘇聯支持中共一統中國。

美國在背棄盟友與避戰蘇聯之間，其實有一條安全的中間路線可走，那便是──「魏德邁方案」。這個方案的主要內容是，多國共管中國東北，以阻止蘇聯對中共的支持，迫使中共與國民政府和談，但這個方案被美國親共勢力擱置放棄，這也是美國失去中國的根本原因。

美國只有透過國際力量來制約蘇聯，才能平衡中國國民政府與共產黨的力量。直白地說，中共在中國發動的戰爭不是內戰，而是一場國際性的戰爭，必須提升到國際政治層面上展開角力，才是求解中國問題的關鍵。

在歷史的節點上，美國指派的是將軍而非政治家來調解國共關係，雖然他們看到了具體的問題，卻沒有看到問題背後中蘇關係的實質狀況。如同英美與法西斯的戰爭無可協調，國共的關係更是不可談和。

共產黨的軍隊儘管從紅軍改名為國民政府的第八路軍與新四軍，但共產黨的黨章沒有改變，共產黨作為蘇聯政治力量的延伸也沒有改變。從史迪威到馬歇爾，甚至司徒雷登到費正清，都未能從政治高度與中日俄三國之間的地緣政治角度進行思考，所以窮盡政治手段只是迫使國民政府妥協退讓，以求將中共參與到政治談判的和平進程中，甚至促成美國政府放棄中華民國，承認了中共政權以企圖聯合中共。

不僅如此，更為嚴重的是，美國在歷史的關鍵時刻壓制了國民政府對中共的戰爭打擊，四平街戰爭時，本是國民政府消滅驅逐中共東北主力的最佳時機，卻被馬歇爾調停，為了壓制國民政府軍對中共的戰爭，禁運武器一年，導致國民政府無法與有蘇聯支持、又無道德底線的中共軍隊抗衡。

最終，杜魯門政府只是用一紙「白皮書」來指責中國國民政府腐敗，推託美國政府之決策重大失誤的責任。

二、美國親共力量的形成與周恩來的統戰

1942 年史迪威被派遣到中國戰區擔任總參謀長兼總統特使。對一位美國將軍來說，能夠指揮全中國的軍隊，不惜一切代價打擊日本軍隊是其神聖使命，也是迫切需求。

但作為中國三軍總統帥的蔣介石既有自己的國家戰略考量，也有與美國將軍在戰術上的分歧，因為蔣正同時在打兩場國際大戰，一場是對抗蘇聯在中國的代理勢力，另一場才是與美國聯盟對法西斯的戰爭。

羅斯福問史、陳兩人對蔣介石有什麼看法。史迪威對這個問題可一點也不緘默，他說：「他是個優柔寡斷、奸詐、靠不住的無賴，說話從來不算話。」

陳納德（Claire Lee Chennault）予以反駁：「長官，我認為委員長是今天世界上兩三位最偉大的軍政領袖之一。他對我的承諾，從來沒有失信過。」[116]

而正是利用蔣史之間的矛盾，史迪威被中共統戰成了親共的美國將軍，甚至成為仇恨蔣總統的美國政要。由於史迪威是由馬歇爾推薦擔當重任，所以蔣史矛盾也直接或間接地影響著馬歇爾與軍方對華的態度，史迪威一度密謀廢蔣，而後來他與親共力量共同促成的延安考察組，是為替代蔣政府尋找與中共的合作可能。

史迪威與蔣之間從戰略到戰術上造成的矛盾，不僅使美國軍方最高領導層與蔣形成衝突甚至敵意，而周恩來則趁此刻意請求美軍與共產黨軍隊合作，由美軍武裝中共軍隊並完全聽任史迪威指揮，史迪威之親共情感由此注定，此舉也深刻地影響著美國軍方、美國國務院、甚至美國總統。

　　由於國民政府軍隊在當時更重視防共與反共，不得不分散部分軍力用於封鎖中共軍隊在大後方的擴張，蔣對中共的戒心與防備是基於對中共的清楚認知，因此對共產勢力的戰爭更為謹慎；然而，顯然羅斯福在這一點上並未同理國民政府，這是整個西方政界軍界的認知缺陷，也涵蓋了國家利益因素。

　　我們再換個角度看。史迪威顯然對中共懷有相當好感，認為中共是真正有能力抗日的力量，而中國共產黨不過是土地改革者。他認為赤色分子是革命分子，而革命是美國的傳統，所以美國必須支持中國共產黨的革命，還曾建議將部分美援給予延安。

　　蔣中正自 1943 年起曾兩度要求美國撤換史迪威，但仍因維護戰時兩國的關係而撤回建議。[117]

　　史迪威背後，總有美國親共的外交人員不斷的報告以對其洗腦。美國駐華使館二等秘書戴維斯（John Paton Davies Jr.）在寫給史迪威的備忘錄中表示：

　　「中共領導的第 18 集團軍約有 50 至 60 萬人，覆蓋了華北及西北大部分領土，甚至在海南也有中共的部隊。儘管國民政府宣稱中共抗日不力，但實際上中共軍隊始終堅持抗日。中共八路軍副參謀長左權在抗日戰爭中犧牲，但國民政府卻拒絕為他舉行追悼會，以避免讓更多人知道中共抗戰……」[118]

　　周恩來巧妙地利用了皖南事變，透過史沫特萊向白宮遞送其精心準備的情報，藉由斯特朗、史諾在美國媒體發表皖南事變「真相」的報導，甚至通過來華考察的海明威傳送中共希望傳達的資訊，使白宮認定，蔣致力於打內戰，對抗日不盡力，消耗了美國支持的戰爭資源，這既影響到美國主流社會對國民政府的看法，更直接影響到美國對華援助。

皖南事變被中共塑造成極具影響力的事件，讓整個世界，特別是美國主流社會認為：蔣政權無心抗日、致力於消滅異已的內戰；美國政要的親共、打壓與不信任國民政府由此開始。

我們來看看中國共產黨新聞網站上發表的文章：[119]

1941 年 2 月 14 日，周恩來與美國總統羅斯福代表居里（Lauchlin Bernard Currie）會談，向居里提供了國民黨製造摩擦的材料，同時周恩來巧妙運用美國希望中國牽制日本南進兵力的心理，向他說明若不制止國民黨的反共行為，勢將導致中國內戰，便於日本南進，從而威脅到美國的戰局。居里隨即承認：如果中國的內戰擴大，對日抗戰將更加不可能。

隨後他會見蔣介石時正式聲明：「*美國在國共糾紛未解決前，無法大量援華，中美間的經濟、財政等各問題不可能有任何進展。*」

居里在離開中國之前又一次批評了國民黨，給予了蔣介石巨大的心理壓力。美國在援助國民黨問題上的態度發生這樣巨大的變化，對國民黨造成了很大的壓力。蔣介石在日記中也寫道：「*新四軍問題，餘波未平，美國因受共產黨蠱惑，援華政策，幾乎動搖。*」

周恩來和英美國家的駐華使館與一些援華民間人士建立了穩固的聯繫，與他們成為朋友。其中包括多個領域的傑出人士，如時任美駐華使館官員、美國總統的代表、著名作家、知名學者等。周恩來與他們親切交流，深度對話，取得了良好的效果。正是因此，周恩來在 1941 年 5 月 16 日致電廖承志並報毛澤東說：「*根據海明威等所談，我們在外交方面，大有活動餘地。*」

周恩來在重慶的對美活動取得了什麼效果？盟軍東南亞戰區最高副

統帥史迪威在其日記裡回憶評論：

「國民黨腐敗、混亂。共產黨的綱領……減租，減稅，減息。提高生產和生活水平，參加管理。實踐諾言。」

而另一位美國將軍魏德邁（Albert Wedemeyer）則作出了這樣的評價：

「在我奉令接替史迪威時，上述四位政治顧問為戴維斯，謝偉思，盧登與伊默生……他們的報告一致苛責國民政府，而且都對共產黨大捧大吹。」

可見周恩來在美軍方高層所造成的影響，讓美國對中共的認識與了解無疑上了一個台階。

美國左翼媒體人「發現」並宣傳共產黨的好，而美國在華重要的外交與軍界人物卻「發現」了國民政府的壞。

左翼媒體人原本就基於左翼立場，多數向中共靠攏，更遑論中共刻意的欺騙，在華採訪過程幾乎都是由中共人員安排與陪同。

而美國政要的親共，更是與國家利益相關，當時的國民政府唯有一心一意配合美國抗日，不防共反共，才能符合美國心意，無論是否為中共挑起的事端，只要國共衝突，美國的拍子只能打在國民政府頭上，這是場華納卡通《湯姆貓與傑利鼠》（Tom and Jerry）的戲碼，「主人」永遠只能看到獵貓的過失，卻看不見老鼠的故意。

陶涵在《蔣介石與現代中國》一書中說道：「溫文儒雅、討人喜歡的周恩來，在重慶的西方記者和外交官圈子當中是頗受歡迎的人物，

許多人接受他所描繪的中國共產黨形象，認為他們是良性的改革派政黨，甚至還是民主政黨。周恩來經常出入美　國大使館，提供他對事件的看法，推動他主張有助於戰後中國民主、和平、友善的政策。他的影響力相當大，特別是在史迪威的幕僚群當中。」

戴維斯（John Paton Davies）是個年輕的外交官，派在史迪威底下擔任高級政治顧問，他形容中共是「農村民主派」。另一位重要官員謝偉思（John Stewart Service）則認為中共的方案是「單純的民主」——「在形式和精神上，美國味大過俄國味。」

這些是聰明、愛國並相當投入中美政治的美國人，認為抗日及早成功是最高優先順序，如果共產黨能有助抗日，那是最好不過。[120] 史諾、史沫特萊等左翼媒體人對中共的認知，加上周恩來的說辭欺騙，深刻地影響了戴維斯等美國軍方與外交人員，這些人進而影響了史迪威與白宮。其根本性的兩個錯誤觀念是：

一、中國共產黨不同於蘇聯的共產專政，是農村的民主力量；
二、與中共聯盟，有利於美國的統一戰線，利於抗日。

還有一條非常重要，那就是美國如果統戰了中共，就可避免與蘇聯的衝突與戰爭，如果冒犯了中共，使其投靠了蘇聯，非但不利於美國抗日，也不利於美國二戰後應對與蘇聯的關係。

然而維斯等人所不知道的事實是，中共其實在隱藏自己的真正目的，抗日只是中共的戰略口號，利用抗日消耗國民政府的力量，坐大自己在後方的地盤，才是其真實目的。

美國一旦統戰了中共，就像孫中山當年聯俄聯共一樣，迅速坐大的是中共的軍隊。而日本已與中共秘密協定，兩軍之間只有偶發的衝突，

沒有根本性的對抗與大規模的戰爭對峙。

對國民政府處境險惡的認知嚴重不足，與對中共的片面認知形成巨大的反差，是導致美國外交人員甚至情報人員誤判中國情勢的重要原因。我們從觀察 1942 年後，美國外交與情報人員向上級的匯報備忘錄及報告的內容，可以看出美國反蔣親共的大致脈絡：

美國駐華大使館參贊范宣德（John Carter Vincent）在發給美國駐華大使高思（Clarence E. Gauss）的備忘錄中表示，國民黨統治思想保守，總是想著如何保持自身領導權。[121] 美國駐華代辦艾奇遜（George Atcheson）在寫給國務院的備忘錄中援引與印度援華醫療隊巴蘇（Bijoy Kumar Basu）博士的談話稱，中共在華北受到了人民群眾的極大歡迎，因國民政府對人民採取高壓措施，絕大多數敵後戰場人民都不支持國民黨，轉而支持共產黨。

在政治上，中共在其所統治區域內實行政府代表的民主選舉，且按照三三制原則，即共產黨員只占 30%。在經濟上，中共的稅收合理，大力發展合作社及家庭工業，保證了統治區內人民生活用品，防止了像棉花等原材料輸往日軍占領地區。[122]

上述這些報告的真實性顯然流於片面表象，從現在的我們看來均是其親共立場所決定，這也是中共在戰時利用所謂的「民主」方式，既欺騙國內的人民與知識精英，又能使美國人看到延安民主與美國民主的共通性，這是中共非常高明的政治伎倆，得到了人民廣泛的認同。

中共並將打擊的對象鎖定在地主富農，利用親共力量、美國媒體啟動對國民政府的宣傳戰，中共顛覆眾人視聽得心應手，美國政要與媒體人往往不自覺地充當了中共大外宣工具。

原本在蔣、史之爭中強烈支持蔣介石的居里，後來卻開始試圖破壞華盛頓對蔣氏夫婦的支持。他安排了暫時回到華盛頓的謝偉思和皮爾森（Drew Pearson）會面，皮爾森在評論中國的專欄裡批蔣越來越兇。

居里也開始搜集蔣宋美齡被控貪污以救災為名募集來的捐款之罪狀——聯邦調查局報告引用「可靠性不明」的消息來源，另外日本從占領的香港之電台發出的宣傳，也說孔宋家族涉嫌貪瀆。1945年，聯邦調查局獲悉，居里此時涉嫌提供信息給伊麗莎白·本特利（Elizabeth Bentley）——克格勃（全稱「蘇聯國家安全委員會」，俄文：КомитетГосударственнойБезопасности，英文：The Committee of State Security，簡稱 КГБ）在紐約的情報員。[123]

在延安考察組成行之前，1944 年 5 月當時主流媒體紛紛前進啟程奔赴延安。美國記者有美聯社兼《基督教科學箴言報》的斯坦因（Gunther Stein），《時代》雜誌、《紐約時報》及《同盟勞工新聞》的愛潑斯坦（Israel Epstein），《合眾國際社》的記者福爾曼（Harrison Forman），《天主教信號》雜誌和《中國通訊》的編輯和記者夏南汗神父，《巴爾的摩太陽報》的記者莫里斯·武道等。

記者團到達延安後，毛澤東接見了記者團全體成員。與史諾等在延安受到的「禮遇」一樣，記者團在延安參觀一個多月，都是在中共人員的安排或陪同下進行採訪。國民政府中央社的記者由於對中共有認知，所以報導與西方媒體有異。

而美國媒體對中共幾乎是一面倒的正能量宣傳。這些媒體不知道，延安文藝活動，使延安成為革命者在大後方的表演之城，而延安整風運動，使整個延安的異己者均被減除，剩下來的要麼不敢講話，要麼都是緊跟中共的革命分子，即便進入中共其它控制區也是一樣，「反動分子」都被中共消滅或趕走，剩下來的革命群體只會對中共一片叫好。

福爾曼的《*Report From Red China*（來自紅色中國的報導）》，斯坦因的《紅色中國的挑戰》、《毛澤東印象》，以及愛潑斯坦等發表的評論，都沒有揭示中共不為人知的一面，連過去一向對共產主義思想抱有敵意的夏南汗神父亦認為「邊區是好的」。

1944 年 7 月 1 日，《紐約時報》根據記者發回的報導發表評論：「毫無疑義，五年以來，對於外界大部分是神秘的共產黨領導下的軍隊，在對日戰爭中，是我們有價值的盟友，正當地利用他們，一定會加速勝利。」

戴維斯後來在他的回憶錄中介紹共產黨員、左翼媒體人尤脫萊（Freda Utley，陸譯厄特麗），我們也能看到多數人普遍被中共的假象所騙：尤脫萊生於英格蘭，1928 年加入共產黨，1930 年赴蘇在共產國際工作，對蘇聯共產主義失望透頂。1936 年她在漢口遇到史諾、卡爾森、史沫特萊等，她很激動地發現自己找到了新的信仰——中國共產黨，後來她還在著作《戰時中國》裡盛讚中共拋棄了獨裁，採取了資本主義和民主路線改革的政策。

三：延安考察組：中共的統戰成果

蔣介石最不願意看到美國「聯俄聯共」抗日，因為蔣與共產主義陣營的戰爭更攸關國家前途與命運，這正是蔣與美國政要發生衝突的根源。

西安事變破壞了國民政府與中華蘇維埃紅軍的熱戰，中共借「抗日」名義脫掉身上的蘇維埃紅軍服，換上了八路軍新四軍的國軍服，成為「抗日」軍隊。但蔣深知中共的本質，迫於抗日的國際大勢，特別是美國的意願，只能與中共保持「冷戰」狀態。

　　當美國與國民政府聯合抗日後，蔣與中共的「冷戰」又一次面臨被破壞。美國政府在國家利益之外，仍然有理想主義的成分，對中共抱有幻想，就是將共產黨視為一個政黨，參與到戰後中國民主進程中，成為一支常態的政治力量。周恩來利用史迪威手下的戴維斯等人，經由正式報告推動延安考察組成行。

　　美國的官方渠道與民間渠道，不僅總統受到觸動，也使美國政要形成「聯俄聯共抗日」的共識，由總統委託副總統華萊士（Henry Agard Wallace）親自到重慶與蔣介石協調，促使美軍考察組進入延安，「落實」了周恩來的意願。從此開始，美國政要一直被周恩來牽著鼻子走。

　　聯俄聯共曾給國民黨政府帶來無窮盡的災難性後果，現在美國政府為了抗日又一次聯俄聯共，歷史後來證明，這又是一次無邊災難之源。

　　1943 年 6 月 24 日，戴維斯向美國白宮呈上了一份長達 10 頁紙的報告，較為詳盡地分析了蔣介石集團與中國共產黨之間存在的分歧鬥爭以及美蘇捲入這一鬥爭的危險性。最後，戴維斯在報告中提出了美國與中共方面直接進行接觸的大膽建議，並主張向中共控制區派駐美軍觀察員。為了早日打敗日本法西斯，史迪威於 1943 年 9 月提出了裝備和使用中共軍隊的建議。

　　1944 年 9 月 13 日，史迪威在重慶會見了中共代表。史迪威告訴中共代表，他願意到延安訪問。他隨後向馬歇爾匯報說：「*他們轉告我，願意在我的指揮下打仗，但是不接受蔣介石任命的中國軍官指揮。*」

　　此前史迪威曾收到包瑞德（David Dean Barrett）的信，信中說：「*共產黨人願意同日軍打仗，他們的軍隊有戰鬥力……他們願意在你的指揮下打仗。*」[124]

　　由於與周恩來過多的密切接觸，謝偉思在眾多的親共人士中表現特

別，他幾乎就是共產黨或周恩來在美國外交部門中的代言人。

謝偉思稱，中共領導人同樣認為外國勢力特別是美國政府對國民政府施加影響，是解決當前國共矛盾的最有效手段。中共希望美國承認中共在抗日戰爭中的地位，並獲美租借物資。

謝偉思認為，除此之外，美國政府還應派代表訪問中共地區，只有這樣美國才能獲得有關中共方面更加全面及可靠的情報。通過訪問延安，美國才能找到長期困擾美國的一系列問題的答案。

為此謝偉思建議，應由美國政府派遣一到兩名精通中文的外事官員訪問中共地區並常駐延安。觀察人員不要拘泥於官方教條的指導，而是要通過個人細緻地觀察中共的實際情況，並發回報告。[125]

1944 年 2 月 10 日羅斯福本人即向蔣介石發電，第一次提出美方派遣中共觀察組的意向。

謝偉思在備忘錄中總結，延安經濟實力與自給能力持續增長。中共在過去幾年中得到長足發展，獲得人民的普遍支持。基於以上因素，中共軍隊實力有所增加。觀察組若能進駐延安，必將獲得中共在情報搜集、外出調查、日本戰犯審問、美國空軍救援等事務上的大力協助。[126]

羅斯福決定向延安派遣美軍觀察組，未必真是想與中共發展實質合作。促使他下決心的，也許是戴維斯報告中的這樣一段話：

「蔣介石對共產黨人搞封鎖，從而使他們處於孤立無援的境地，這就迫使他們逐漸依附於俄國。要是美國派一個觀察代表團到延安去，那就會打破這種孤立狀況，削弱依附俄國的趨勢，同時又能遏止蔣介石試圖以內戰消滅共產黨的願望。」[127]

唐德剛引用美國檔案「戴維斯方案」（PLAN DAVIES，由史迪威與戴維斯擬訂的作戰計劃）：「當美軍於東南沿海登陸時應聯合中共軍隊，共同占領滬寧地區，並以歐洲戰場繳獲之德軍武器大量裝備共軍，此一方案在完成前不應讓蔣介石知悉。其後應視此一共產政權為享有主權之唯一政府，並把蔣介石的政府排斥在外。」[128]

1. 迪克西使團在延安配合中共演戲

美國副總統華萊士接受羅斯福委派作為特使出訪重慶與蔣介石會談，1944 年 7 月，美軍延安考察組進入延安。促成延安考察團之成行乃是美國誤信中共的結果，也是中共的統戰成績，還基於一份西方左式理想主義情懷與對異域文化的好奇心。

考察團組長包瑞德抵達中國下飛機後大喊「Yahoo！」，根本將自己與對方視為好萊塢明星。他沒有意識到，延安其實是「紅萊塢」，美軍將士們進入延安，是參與了一曲大戲，這戲不但演給世界看、給美國人看，也是給蔣與中共官兵看。

美國延安考察組史稱「迪克西考察團」，「迪克西」（Dixie，泛指美國南方反政府各州）。他們沒有意識到，這是共產國際力量在中國的據點，他們已煽動了千百萬中國人民捲入內戰，而對日本的戰爭根本完全是表演給美國人看的，美國媒體人與美國觀察組成員，全部都在他們的劇本的計畫中，按照他們的編劇配合表演。

1944 年 7 月 13 日，毛澤東向共產國際通報了美國觀察組即將抵達延安的消息，表示中共將利用國民黨，進一步推動美國向它施加更大壓力，以解決國共關係問題。

8 月 15 日，《解放日報》發表了經毛澤東修改的社論指出「美軍觀察組戰友們來到延安，對於爭取抗日戰爭的勝利，實有重大的意義」，

「這是中國抗日以來最令人興奮的一件大事。」[129]

8月18日，中共中央就中外記者訪問團和美軍觀察組來延安發出由周恩來起草的《關於外交工作指示》。指示強調，應把這兩件事「看作是我們在國際間統一戰線的開展，是我們外交工作的開始。」

為幫助美方搞好氣象觀測，中央從延安科學院調來四位同志配合工作。觀察組配備的中方人員有兩名英語翻譯、四名後勤管理員、八名廚師、一名女打字員、一個警衛班，從延安自然科學院調來兩男兩女配合搞氣象觀測。美軍觀察組在延安享受到中共領導人級別的招待，甚至拒收他們應付的食宿費用。

1944年8月23日，楊家嶺毛澤東居住的窯洞，毛澤東和謝偉思進行了一場長達8小時的談話。中共領袖同駐華外交官開誠布公地談了他對國民黨和蔣介石的看法。毛澤東說：

「很明顯，國民黨必須整頓，其政府必須改組。像現在這個樣子，它是不能指望進行有效的戰爭的。要是美國替他打贏這場戰爭，勝利後也肯定要發生動亂……」[130]

1944年10月日軍轟炸機飛臨延安，專門轟炸美軍觀察組。觀察組所有的行動都在中共嚴密的設計中進行，在很長的時間裡與日本達到默契。2015年11月，日本筑波大學名譽教授遠藤譽撰寫並出版的《毛澤東與日軍共謀的男人》一書揭露了中共與日本的密約，可見日本與中共之間小規模的戰爭多半是表演性的。國民政府軍隊才是抗日戰爭的主力，並付出了巨大的犧牲，然而美國主流社會居然對此視而不見。

根據共產國際1944年12月的一份報告顯示，直到當時抗戰已進行了七年半，中共八路軍僅有十萬三千一百八十六人陣亡，以游擊戰為主

的中共新四軍極可能只折損數千人；但是國民政府軍死者逾一百萬人。換句話說，從周恩來 1940 年 1 月給共產國際的報告，至 1944 年 12 月此一報告之間——這段期間是史迪威等人堅稱中共承擔抗戰主要負擔而國軍並無作為的時間——中共只有約七萬名士兵犧牲性命。[131]

親共力量為了達到自己聯共的目的，不僅不可思議地無視國民政府軍為實質抗日主力的巨大犧牲，美國延安考察組的報告，還一面倒的有利於中共。這些親共人士已在美形成一股勢力，以馬歇爾為中心，上影響國務院與白宮，下與外交人員呼應。

美軍觀察組進入延安，是中共統戰的結果，同時培養了一批更親共的美國政要：1944 年 7 月 28 日，謝偉思到延安後所寫的第一份報告中寫道：他們發現陝北是具有許多現代事物的地方，見到了與國統區不同的國度和不同的人民，見到了生機勃勃的氣象和力量。

他還斷言，共產黨將在中國生存下去，中國的命運不是蔣介石的命運，未來的中國屬於中國共產黨，蔣介石主張的封建舊中國，將無法長期與華北一個現代化、有活力、有人民擁護的政府並存。

1944 年 9 月 30 日，包瑞德在其軍事報告中說道：「共產黨的軍隊是一支年輕的、經受戰鬥鍛鍊、受過良好訓練、伙食和服裝都不錯的志願軍，這支隊伍本質極好，情報工作素質很高，士氣旺盛。」他建議立即決定向中共軍隊提供援助。還建議向中共各軍區司令部提供無線電台，並派駐懂中文的美國軍官，直到戰爭結束。

11 月 7 日，戴維斯在其所寫的一份報告中指出：在長城和揚子江之間，中共已經強大到可望在敵後至少能控制華北。

在延安考察組到達延安之前，美國的媒體也到此一遊，他們對中共

的報導也充滿讚美，中共在自己的控制區完全清除了異己，對內整風，對外打擊地主富農，所以在「解放區」是一片軍民共和同樂的場景，正如中共擅長文宣的歌詞所讚頌的：「*解放區的天是晴朗的天，解放區的人民好喜歡……*」美國左翼媒體人與親共政要們，對中共治下也充滿了好奇與喜歡。

1944 年間，戴維斯是駐延安美軍觀察組的一員。起初，戴維斯認為美軍觀察組可以顯著削弱蘇聯對中共的影響，後來甚至認為共產黨是真正可以替代國民黨的中國政治新勢力。

謝偉思的報告認為國民黨沒有能力與共產黨抗衡，且共產黨作為一定會奪取政權的勝利者，是美國需要拉攏的對象。在國共內戰之前，謝偉思就認為共產黨會獲勝，因為他們能治理腐敗、贏得民心、組織下層群眾。[132]

2. 赫爾利的阻擊與美方兩條路線的鬥爭

1945 年 1 月 25 日，赫爾利提出一個與宋子文共同策劃的四點方案，內容是：在行政院下設立戰時內閣；成立整編委員會，由美國軍官一人，國共兩方各一人組成；由一名美國軍官作中共軍隊總司令，國共兩方各任命一人為副司令；整編委員會成立後，政府承認中共合法地位。[133]

毛澤東在給周恩來的電報中揭露了赫爾利的「險惡用心」：

「*這是將中國的軍隊，尤其是我黨軍隊隸屬於外國，變為殖民地軍隊的惡毒政策，我們絕對不能同意。*」[134]

這段期間，美國對華認知與提出的方案，只有美國駐華大使赫爾利是正確的，但他因此既被中共反對，又被美國同僚孤立，還好他能直接向羅斯福總統建言，所以成功於阻止了美國在中國聯共的實質進展。

1945 年 2 月 28 日，美國駐華大使代理人艾奇遜利用赫爾利返回美國的時機，向國務院發出由使館全體外交官集體討論、謝偉思起草的長電報，對赫爾利一味袒護蔣介石的政策提出嚴厲批評，建議美國政府明確告訴蔣介石，美國將與中共及其他能在抗日戰爭中提供助力的集團合作。

赫爾利看到這則電報後異常惱怒，破口大罵起草電報的謝偉思。1945 年 4 月 2 日，赫爾利在華盛頓舉行記者招待會宣稱：「美國政府只支持國民黨政權，不承認也不援助其他的政府或政治勢力。」[135]

在 1944 年 12 月 24 日答覆新任國務卿斯特蒂紐斯（Edward Stettinius Jr.）的詢問時，赫爾利為自己辯解說：

> 「我理解美國的對華政策是：
> （1）防止國民政府崩潰。
> （2）支持蔣介石作為中華民國主席和軍隊的最高統帥。」[136]

1945 年 4 月 2 日，赫爾利在華盛頓舉行記者會。根據他和總統談話的內容，他宣布美國對中國唯一承認、支持的是中央政府。

美軍觀察組多次提出向中共軍隊提供物資援助的要求，均遭到了赫爾利的否決。他竭力主張羅斯福拒絕會見共產黨人，而加緊準備在即將召開的雅爾達會議上設法贏得蘇聯對蔣介石的支持。[137]

在抗戰勝利前夕召開的中共七大上，中共中央判定美國的對華政策已經走向扶蔣反共，並相應地調整了自己的對美政策。6 月 2 日，毛澤東在中共七大主席團和各代表團主任會議上說：

> 「美國現在定下的方針是聯蔣抗日，拒蘇反共，全面稱霸東方，絕

不會退讓。」

　　《解放日報》發表長篇時評〈從六人被捕案看美國對華政策的兩條路線〉，毛澤東撰寫〈赫爾利和蔣介石的雙簧已經破產〉、〈評赫爾利政策的危險〉兩文，公開點名批判「赫爾利之流」的對華政策。

　　共產黨的欺騙本質未能迷惑赫爾利，反倒使中共現出其不堪的面目。

　　1945年11月，赫爾利最後辭去駐華大使一職，在長達15個月的「調解」之下，不僅未能緩和國共之間的緊張狀態，卻使得美國與中共的矛盾日益凸顯。

　　美國親共勢力促成的延安考察團與相關的裝備中共軍隊的計劃，被赫爾利完全否決。美國政府內的兩條鬥爭路線造成了「兩敗俱傷」的結果，非但親共勢力失敗了，赫爾利也同樣沒有成功，他支持國民政府的努力無法獲得美國政府的支持，最後也只能辭職以示負責。

　　赫爾利，中華民國堅定不移的盟友，徹底認知中共的意圖，只允許中共在中國政府主導的前提下，進入政治體系內獲得參政權，而非獨立擁有軍事武裝，聯合蘇聯對抗政府。然而赫爾利最終的失敗，則是肇因於美國國務院與親共的外交政要們並不支持配合赫爾利正確的判斷。

　　不僅如此，赫爾利引退之後，他推薦魏德邁繼任美國駐中國大使被竟然被中共否決，代之以中共能夠接受的司徒雷登擔任，美國如此忌憚中共，如此配合延安反政府力量，是後續美國對華決策重大失誤的重要原因。

　　美國屈從於中共意志，否決了能夠執行赫爾利路線的魏德邁，是一

件不可思議的事情，美國政要對中共寄予幻想，被周恩來牽著鼻子走，最終陷入了失敗的泥潭。

四、「鐵幕」已在中國布下，美國視而不見？

羅斯福聯蘇，但沒有受親共勢力影響在中國聯共，羅斯福在雅爾達會議時作出的決策，決定性的影響著二戰後的國際形態，蘇聯共產主義勢力的鐵幕因此在中國與東亞布下。羅斯福反對法西斯主義，同時反對殖民帝國主義，但他沒有意識到比法西斯主義更隱蔽，比殖民帝國主義更邪惡的共產主義帝國已然發動了世界性的戰爭。

雅爾達會議改變了蘇聯的戰略目標，英美蘇三國元首密約，美國以犧牲中國東北的局部利益為代價，請求蘇聯從中國東北對日本展開進攻。史達林同意在擊敗德國後三個月內，加入對日作戰，在蘇聯戰勝日本之後，可收復庫頁島南部、獲得千島群島，並保障其在中國境內的大連港、中東鐵路、南滿鐵路利益，並恢復蘇聯海軍在旅順的租賃作為報酬。

這是飲鴆止渴，或者說是中國人被迫飲鴆，美蘇英得以止渴。

這次會議使得蘇聯及各國共產黨得以控制了中歐、東歐以及亞洲的許多國家，為什麼羅斯福要這麼做呢？既因為他是左翼政治家，對共產黨啟動的國際性戰爭失明，更是基於對美國國家利益的考量，期望藉由蘇聯進入東方戰場，以減少美軍的損失。雖然美國在中國聯共沒有成功，但在這次的會議上卻成功地聯俄進入了東方戰場。

美國的這一次聯蘇抗日，致命地影響著二戰後東方世界的政治格局。此舉將共產主義的洪流洩入了東方。

雅爾達會議一結束，史達林立刻告訴毛澤東：「*蘇聯紅軍要來了！*」毛立刻發電報到重慶給周恩來，要他停止赫爾利調停的國共會談，立即返回延安。毛並號召全體黨員準備向美、蔣發動浴血奮戰。

大約此時，史達林命令遠東地區的紅軍八十八旅，準備進入東北。八十八旅是由 20 世紀 30 年代初期被日軍趕到西伯利亞的中共抗日游擊隊改編組成。這支部隊持續受訓已有 14 年之久，加上能說中國話的蘇聯軍官，已經等不及要回到故土。1945 年 4 月 6 日，史達林正式宣告廢止《蘇日中立條約》。[138]

毛又在 1945 年 7 月寫了三篇文章抨擊美國。他預測美、蘇之間在很近的未來就會爆發意識形態和政治的衝突，並宣布中共「一面倒」倒向蘇聯的政策。

1947 年，史達林將大量武器與資源交給了毛共，使其在東北坐大。收編了 75,000 名滿洲國偽軍，並進一步徵召了大量無業青年，壯大實力準備因應內戰。

中共在東北立即開始招兵買馬，把 75,000 名滿洲國傀儡部隊納編，從失業的東北青年徵募數千名新兵，也把流竄山區的盜匪約莫 8 萬名納入編制。同時，蘇聯也迅速把大批接收來的日本武器和軍事物資移交給中共。

紅軍把較先進的武器、機械送回蘇聯，較老舊的日軍坦克、大炮放到中蒙邊境城市滿洲里某倉庫，等待以後再移交。他們也把數座日本軍火工廠移交給中共，中共自己也找到好幾座紅軍漏掉的地下軍火工廠。[139]

中共史料出版社出版的書本、中共官方刊物的文章，以及蘇聯檔

案材料，都詳述蘇聯紅軍自攻入東北就開始廣泛、深入與中共合作。[140]
然而史達林卻故布疑陣，告訴美國駐蘇聯大使哈里曼（William Averell
Harriman）紅軍橫掃東北沒遇上任何中共部隊。史達林說，他期待中國
政府可迅速派兵去接收東北大小城市。[141]

　　幕後，蘇聯軍官建議中共將其近 50 萬大軍大部分部署到東北。[142]
毛澤東根本不需要鼓勵——他視此為「千載難逢的大好機會」。他告訴
黨內同志，東北之戰將「決定革命的命運」。毛雖然仍在蔣寓邸的賓館
作客，但已命令新四軍主力從長江之南各個基地渡江到華北，阻斷前往
東北的要道。[143]

　　起先，美國海軍沒打算在 12 月之前運送政府軍到東北。但是在蔣
警告，莫斯科可能利用此一延擱藉口把東北移交給中共，杜魯門方安排
美國海軍盡速運送 20 萬名政府軍到東北。這是美國總統希望蔣介石接
收東北的又一個跡象，也是鼓勵蔣為東北一戰的重要因素。[144]

　　綜觀以上所述，可以看到，「鐵幕」已在中國布下，然而美國主流
精英卻視而不見，他們走在親共反蔣的道路上，既是政治正確，也符合
美國的政府的既定方針，就是容共或聯共，以防止惹怒中共，使其投入
蘇聯的懷抱。

　　但其實中共與蘇聯是血親關係，這一點馬歇爾未能充分認知，司徒
雷登、費正清也沒有基本認知，他們不僅成為親共的重要力量，還成為
倒蔣的中堅力量。

　　對費正清，余英時先生有專文研究與分析，通過費正清可以看到美
國知識精英甚至主流社會對中共的認知態度，需要指出的是，費正清的
認知不僅影響著當時的美國政要，也持續影響著冷戰時期美國與中共的
關係。

從 1946 年開始，費正清便在美國輿論界公開主張美國應完全放棄對國民黨的支持，盡快取得中共諒解。

他相信中共領導的革命史是不可抵擋的，且中共也不是蘇聯的附庸。到了 1948 年，國民黨眼看著要退守華南和台灣了。費正清更大聲疾呼，警告美國政府絕不能繼續承認蔣介石的流亡政府。美國只有及早回頭，支持中共，才有可能把中國從蘇聯那裡爭取過來。[145]

余英時在上文中分析了費正清親共思想的來源，一是 1942 年費進入中國之後，廣泛交往的是重慶與西南聯大的自由派知識分子，這些人希望國民黨行憲、保障自由，對國民政府提出了戰時民主憲政的理想政治。另外的重要原因是——共產黨的統戰。

當時中共在重慶的兩位女將——龔澎（喬冠華的妻子）和楊剛（大公報記者）是最受美國外交界與新聞界歡迎的人物。她們不但能說流暢的英語，而且也具有一流的統戰技巧，她們並不向美國人宣傳延安多麼好，而是集中火力攻擊國民黨怎樣踐踏人權、暗殺、摧殘言論自由、逮捕民主人士、剝奪人民遊行與罷工的權利；這些說辭當然句句都震動了美國人的心弦。一般年輕而熱誠的美國人固不必說，即便像費正清這樣比較成熟的人也會覺得左派集團是沈悶山城重慶中的一股清流，他與左派的交往也就越來越密切了。[146]

1946 年 7 月 11 日，刺客在昆明開槍殺死民主同盟知名領導人李公樸。4 天之後，另一位民盟領袖、留美回國的詩人聞一多也遭不明人士殺害。這下子全國各大學湧起一片抗議浪潮，費正清在美國《大西洋雜誌》發表專文，把整個事件詮釋為是國民黨暗殺民主人士，在其筆下的蔣介石，是一個冷血的獨裁者。他還呼籲白宮切斷對華援助。美國便停止了對華貸款談判，同時，數個合作項目被終止。

美國哈佛大學一群教授也聯名譴責這兩起事件。馬歇爾在寫給杜魯門總統的信中傳達一個訊息——即使加害者不是蔣本人，國民政府也應對此負起責任。[147] 可是，兩位受害者所屬的民主同盟只是個小黨派，對蔣只算是小麻煩，他沒道理甘冒國際制裁之險，下令殺害兩位在昆明不大的知識分子。

相形之下，300 名共軍士兵在 7 月中旬伏襲美軍的一支補給車隊，55 名陸戰隊員就有 7 人被殺。雖然馬歇爾也說伏襲「確實是共產黨所為」，卻沒有要求周恩來為此事道歉。

蔣認為馬在這件事上表現得「若無其事」。[148] 當蔣質疑抗議昆明暗殺事件，一群哈佛大學教授哪裡懂得中國的情勢？馬歇爾則在回覆中明顯暗諷蔣所受的正式教育有限，答道：「他們懂的要比一群軍校高中畢業生來得多。」[149]

哈佛大學與馬歇爾的資訊均來自西南聯大的教授們，正是受中國左翼與親共人士刻意傳播的宣傳信息，中共軍隊伏擊了美軍士兵，馬歇爾、費正清們不會在《太平洋月刊》上抨擊，因為沒什麼政治正確可言，也不符合美國統戰容共的國策，正是費正清與馬歇爾等人對中共的認知缺陷，造就了權勢的傲慢，這種傲慢的背後，源自於國民政府不得不依恃強大的美國政府援助。

五、馬歇爾在中國的「行動」

「馬歇爾計劃」旨在幫助二戰後的歐洲重建，致力於遏制共產主義勢力在西方擴張，為此馬歇爾獲得了諾貝爾和平獎，名垂史冊。馬歇爾的反共行動在西方是有計劃的，這個計劃的背後來自西方世界對共產主義鐵幕的認知與恐懼；但馬歇爾在中國，卻只有「行動」而沒有「計劃」，因為未對中共與蘇聯具備充分認知，所以其行動帶有更多的隨機性。當

馬歇爾的行動最終在中國失敗時，他沒有任何責任與義務，揮一揮手，不帶走一片雲彩，不留下一絲愧意。

馬歇爾使華消息一傳出，周恩來在若干內部文件上說明，中共和這位美國最新使節談判時，目標將是「中立美國」，善加利用「美國對華政策的內部分歧」。

周有信心，由於「美、蔣之間的矛盾」，以及他對「美國人意識形態和價值體系的熟悉」，中共將因此一注定失敗的談判，在未來成功嶄露頭角。[150] 這些因素事實上都會是馬歇爾使華動態關係中的關鍵成分，沒有人比周恩來更清楚熱心的美國人之心理。

馬歇爾的一廂情願，正好中了中共設置的伏擊圈套，回顧史實可見，馬歇爾在東方被中共「設計」了，成為中共計劃聯俄推翻國民政府的政治工具。馬歇爾與當時的美國政府不僅沒有以政治途徑保護盟國不受國際共產主義侵略，反而藉由壓制與干預中國內政，使國民政府節節敗退，整個中國與東南亞因而在不久的未來深陷紅色恐怖與共產主義鐵幕之下。

二戰後國際關係的「頂層設計」已有美英俄三巨頭確定，中國的頂層設計則被史達林控制，史達林已與毛澤東結成同盟，其實中共一直就是蘇聯的政治附庸，毛澤東一直接受史達林的指示與援助。

馬歇爾能做什麼呢？洪水已從蘇聯洩入中國東北，解鈴還須繫鈴人。此時中國東北危機或國共內戰，必須由戰後國際巨頭來協調解決（但英美卻與蘇聯密約，只顧維護自身利益），形而上的問題必須在形而上解決，而委派一位將軍來解決宏大的國際政治問題，無異如用槍炮阻擋洪水，材非所用。

最為重要的是，國民政府與中共的戰爭根本不是中國內戰，而是中國政府與國際共產勢力在中國的戰爭。民國政府需要的是美國幫助抗洪，而美國的國家決策，卻是要蔣介石讓步，以阻止中國內戰的名義，對中共聯合蘇聯侵略中國姑息縱容。

馬歇爾啟程赴華之前，於 1945 年 12 月 8 日分別和杜魯門總統、伯恩斯（James Francis Byrnes）國務卿會面。馬歇爾表示，他明白自己得全力以赴，務求影響蔣介石和中共談判時做出合理讓步，他向蔣委員長暗示，其決定將攸關美國未來對華的援助與否。

但是馬歇爾也說，他擔心若是蔣不肯做出合理的讓步，國共和談破局，美國一旦終止對重慶的援助，結局恐怕就是「俄國在中國東北恢復勢力」！也就是說，中國將如東歐和朝鮮一樣，被瓜分為共產和非共產中國。

馬歇爾認為，這樣的結果等於──「*我們參與太平洋戰爭的主要目的（強盛、友好的中國）……盡付流水。*」[151]

杜魯門要馬告訴蔣介石：「*因內鬥、不團結且陷入分裂的中國，看起來一點都不像是美國適合援助的地方。*」[152]

從上述史料可見，馬歇爾與杜魯門已設置了唯一的路徑，就是以美國援助作為要脅，抑制阻止蔣介石利用當時的優勢強力打擊共產黨。周恩來完全明白美國的用意，他曾經成功的離間了史迪威，又再一次使用政治話術，欺騙了馬歇爾，為中共與蘇聯的軍事合作贏得了時間。

相較於中共對美國的政治欺騙，史達林「坦誠」得多，1946 年史達林發表了著名的二月九日演講，宣稱二次世界大戰是「現代壟斷性質的資本主義不可避免的結果」，下一場世界大戰也將從同樣的動態下產生。

杜魯門讀完這篇講稿，大為緊張，也非常生氣，命令伯恩斯今後不再「玩妥協」。杜魯門還說：

> 「美國應復建中國，並在當地建立強大的中央政府。我們在朝鮮也應該這麼做……我已不耐還要哄哄蘇聯。」

可是，周恩來在中國卻繼續說服馬歇爾相信，中共領導人不是意識形態上的狂熱者，也不是蘇聯的盟友，而是接受其和平計劃的政治溫和派。

馬歇爾們對中共的認知，一是周恩來的欺騙性遊說，中國會走不同於蘇聯的道路；中共在農村搞農村民主，中共積極抗日，與國民黨政府不同，親民不腐敗。

二是史諾等左翼媒體人的報導，他們形象而「真實」地報導了紅色控制區的民主與抗日，他們是中國的希望。

三是延安使團與美國外交人員的報告，這些報告充滿對蔣政府的批評，卻對中共抱有幻想。

他（馬歇爾）和幕僚見到態度輕鬆、風度翩翩、世故而又謙虛的周恩來。周一如往常，立刻與這群美國人打成一片。周猛灌老美迷湯，表示中國應向美國學習民主、農業改革和工業化，馬歇爾的報告對這套說詞毫無懷疑之意。

多年之後他對一位訪談者表示：「所謂共產主義的熱情這種事情，我真的了解得很粗略，直到我戰後到了那兒。」[153]

由於中共領導人虛偽的坦誠，得到馬的好感：毛傳話給馬，稱頌

他的停火安排「公平」，毛嚴肅地宣稱：「*中國的民主必須追隨美國的道路。*」[154] 周恩來向毛報告，馬歇爾曾告訴他，他依賴中國共產黨的真誠，但很難說服國民黨的領導人。周告訴他的秘書，馬使他想起了史迪威。[155]

毛澤東回到延安後告訴黨內同志，在重慶協商好的聲明「還只是紙上的東西」，他告訴蘇聯代表內戰「實質上已不可避免」。[156] 他拍發電報給中共東北局，宣稱：「*我黨我軍決心動員全力，控制東北，保衛華北、華中。*」

毛澤東的結語是：「*6個月內粉碎其進攻，然後同蔣開談判，迫他承認華北、東北的自治地位。*」[157] 毛此時思考的是暫時接受兩個中國。

從上述史料可以看到，單純的美國將軍，遭遇高明老道的中共騙術高手，深陷騙局，卻仍然自以為是，毛澤東表示要走美國的道路，此舉符合了美國人的政治口味，周恩來一次次的對中共擴張地盤進行辯解，馬歇爾也能理解，因為馬歇爾能做到的只是壓制蔣介石政府，對中共只能聽之任之，蔣的外援在美國，中共的外援在蘇聯。

馬歇爾自信滿滿，國民政府要求蘇聯撤離東北，蘇聯通知中共接管所有重要城市，據周恩來的解釋，這是為了維持城鄉秩序。中共攻打並占領長春，美國國務院 1949 年的中美關係白皮書談到中國淪陷時，稱中共搶占長春是「公然違背了停止敵意的命令」，但是報告執筆人並沒有寫它威脅到國共和談。他們反而下結論說，此舉製造出來的大麻煩是，強化了國民政府內極端反動派的聲勢。

1946 年 4 月 18 日馬歇爾從華府回到重慶，指責蔣尋求單方面控制東北，關閉中共報館，派遣戰機侵擾延安，部隊違反停火協議在本土調動，馬歇爾形容這些都是愚蠢行動，會刺激中共。[158]

從蔣提供的數據說明，停戰以來，中共發動了 287 次進攻，造成了長春數千名政府軍陣亡，但蔣無法說服馬歇爾相信中共是造成和談破裂的部分原因。[159] 另一方面，馬歇爾的訊息源成為問題，因為馬歇爾可以破譯蔣的電報，卻無法破譯周恩來的電報密碼。

馬歇爾認為自己找不到史達林支持中共的證據，認為出賣武器給中共是軍隊官員的經濟行為。曾在長春遭到中共扣審的《紐約時報》記者李伯曼（Henry Lieberman）和《基督教科學箴言報》記者艾波奈（Charlotte Ebner）花了二個小時告訴馬歇爾，中共在蘇聯支持下已占領了東北大多數地區，且可能不會撤退。[160]

但這樣的資訊對馬歇爾仍起不了作用，反而使他將大部分責任歸罪給國民黨，因此不願更加支持國軍調派兵力進入東北。馬歇爾顯然沒有意識到史達林與蘇俄在東北的野心及對中共的強力支持，他的偏聽偏信導致了對整個局勢的誤判。

史實證明了馬歇爾的確再次步入史迪威的後塵。與史迪威一樣，他們都被中國問題的表象所迷惑，他們能輕易得到國共雙方的「真誠承諾」與書面簽約，但因沒能看出蘇聯與中共意識形態與地緣政治共同體的關係，所以無法對症下藥。形而上的問題看不清，形而下的問題自然也無法解決。

所以，偉大的將軍僅憑良善的願景與強大的政治意志行事（指若和平談判不成功就取消對國民政府的支持），結果只會事與願違。既不懂國際政治、又對中國現實沒有充分認知的一位將軍，在這個過程中不知不覺變成了被人利用的工具，喪失了思考能力。對任何不利於自已既定方針的信息與方案都充耳不聞或擱置棄用。

在關鍵的歷史時刻，代表一個國家的個人將致命地影響另一個國度

乃至整個亞太地區的政治和歷史。馬歇爾要以一己之力促成國共和談，但國共之戰的性質是世界戰爭，只有二戰勝利國共同遏制這場面向亞洲的戰爭，才能促成國共和談。唯一可能的解決方案就是在中國東北設置多國維和區，以遏制蘇聯對亞洲的戰爭。

而另一方面，中共深知美國人喜歡什麼，需要什麼，他們只要向馬歇爾輸送適當的「資訊」，就可以得到兩樣對延安中共極具價值的東西。

一是時間。中共需要整合與蘇聯的軍事對接，以便與國民政府軍隊決戰；二是讓美國「中立」，並藉著美國人的手，對國民黨政府進行壓制，迫使國民政府軍在最佳時間點上，不能發起對中共的毀滅性打擊。馬歇爾代表美國按照中共的需要保持了中立，但美國政府卻沒有致力於讓蘇聯保持中立，這是馬歇爾在中國行動失敗的根本原因。馬歇爾是來華是來調停國共衝突的，但事實上卻充當了共產黨的擋箭牌。

馬歇爾後來在西方實施的計劃之所以獲得了巨大的成功，是因為其決策是在正確的認知指導下完成的。相比之下，馬歇爾在中國的行動由於大前提就發生了錯誤，所以他的行動越努力，錯誤越重大。可以說在某種意義上，他的錯誤直接導致了中華民國的倒台。馬歇爾的重大錯誤如下：

首先，馬歇爾阻止了國民政府軍隊對中共軍隊在東北的一次決定性大戰，史稱四平會戰。1946 年 4 月 18 日至 5 月 18 日，國共在東北四平展開一場大戰，中共在精銳國軍的打擊下潰不成軍，東北林彪軍隊在此打擊下幾乎面臨崩潰。馬歇爾透過無線電數次懇請蔣立刻停火，以便「避免先前犯錯的痛苦結果」。[161] 更重要的是，在蔣離開南京期間，馬歇爾和頗有說服力的周恩來「常常談話」，有一次更是談了六個小時之久。[162]

蔣介石迫於美國的壓力，下令停戰，於是國共雙方在東北戰場停戰

長達四個多月，這給了中共軍隊喘息的時間。駐中國美軍指揮官魏德邁將軍後來在國會作證指出，六月停戰令後，國軍士氣低落是最終失敗的重要原因。這涉及武器禁運、美國對國民政府其他支持的失敗，以及中美反國民政府的各種宣傳。

蔣本人在他撰寫的《蘇俄在中國》一文中，對他在 1946 年 6 月 6 日頒發第二次停戰令對東北戰爭的影響做出了這樣的結論：

> 「從此東北國軍，士氣就日漸低落，所有軍事行動，亦陷於被動地位。可說這第二次停戰令之結果，就是政府在東北最後失敗之惟一關鍵。當時已進至雙城附近之追擊部隊（距離哈爾濱不足一百里），若不停止追擊，直占中東鐵路戰略中心之哈爾濱，則北滿的散匪，自不難次第肅清，而東北全境亦可拱手而定。若此『共匪』既不能在北滿立足，而其蘇俄亦無法對『共匪』補充，則東北問題自可根本解決，『共匪』在東北亦無死灰復燃之可能。故三十七年冬季國軍最後在東北之失敗，其種因全在於這第二次停戰令所招致的後果。」[163]

著名作家白先勇，也就是國民黨高級將領白崇禧的兒子，所寫一篇文章中的一段話也印證了蔣的看法：「從此（四平戰役之後），國軍一舉獲勝的良機和優勢一去不返。林彪正是利用哈爾濱、齊齊哈爾、佳木斯等城市得到喘息，迅速重整軍隊，至 1946 年底，增至 36 萬，1947 年夏季反攻之際，增至 50 萬，1948 年冬季遼瀋決戰之際，已成一百萬大軍。」[164]

毛在東北迅速發展的軍力和活動在中國以外的世界絕大部分看不到。由於馬歇爾手下譯電人員有能力破解蔣發給指揮官的密電，所以馬歇爾可能得知某些狀況下，委員長只是裝著跟他合作。不幸的是，周恩來用的是「一次即丟」的密碼，美國人無從破解周的來往函電。這一來，美國人完全有理由懷疑蔣而非周。[165]

周恩來與馬歇爾形成二人轉[166]，令蔣介石疲於應對。時間上的拖延對中共極其有利，因為戰後一兩年的時間內，蘇聯還不敢公然地支持中共，只是隱蔽地支援。隨著美國表現出不願意與蘇聯進行戰爭、不願意參與到國共戰爭中等種種傾向明確化後，蘇聯支持中共的力度也一步步加大。

其次是對華武器禁運。在杜魯門總統的支持下，馬歇爾下令，自1946 年 7 月 29 日到 1947 年 5 月 26 日，美國政府對國民政府實行武器禁運。在頒布禁令的同時，美國通知英國、加拿大和比利時等國家採取同步的行動，這一請求得到了這些西方國家的贊同。

在東北，魏德邁發現，由於槍械彈藥嚴重不足，原來由美國在印度裝備和訓練的新六軍已不再是當年的新六軍，其軍長廖耀湘告訴魏德邁，新六軍在東北「消耗很大，又不能休整補充，完全被拖垮了」；在武器彈藥方面，「自動武器大都消磨太厲害，衝鋒槍有好多已不能連發……自動武器和迫擊炮沒有充足的彈藥補給，尤以炮彈奇缺」；在運輸工具方面，「汽車和其他特種車輛都已到報廢年齡」；在士氣上，「新六軍戰鬥力趕不上當年的三分之一，官兵素質減低，士氣戰志都低。」[167]

不止在東北，各個戰場上槍彈缺乏成為普遍現象。馬歇爾在武器禁運前後，漠視他不願看到的信息，固執地相信中共停戰的誠意。

根據布蘭德引述陶涵 1996 年撰文所說，「中共領導人（在 1946 年秋天）清楚看到，美國基本上無力以軍事手段介入中國」[168]。因此，「跟美維持名義上的（良好）關係不再有意義，只是弊大於利。」[169]

而馬歇爾根本沒看出中共的態度已經改變，他認為中共路線轉為強硬乃是「共黨自由派分子失去控制力量，激進派成為領導人的跡象」。他依然相信毛澤東、周恩來等高級領導人的誠意。[170]蔣則認定，馬歇爾

和司徒雷登相信共產黨會捨棄其革命目標，不啻「緣木求魚」。[171]

錯誤其三，馬歇爾擱置了魏德邁的正確方案。

當然，親共勢力也曾遭遇過強烈反彈。1947年7月，美國國會和「中國遊說團」抨擊美國政府在中國搞親共政策，要求禁止武器禁運，馬歇爾則要求魏德邁以總統特使身份重回中國了解局勢。[172]

待考察結束，魏德邁一回到華盛頓，立刻把他的機密報告送呈杜魯門，建議立即給予中國軍事、經濟援助，並重提他以前的舊方案：「把東北交給聯合國『五強』——包括蘇聯在內——託管。」但是，馬歇爾對魏的報告沒有採取相應的行動，甚至基於會惹惱中國人的考慮，沒有公布聯合國託管的方案。[173]

同時，在華府方面，壓制魏德邁報告的行為引發了猜疑和反彈。美國國務院在高漲的政治壓力下，於10月間訂出一套對華經濟援助的新方案。[174] 然而，由新美援採購的第一批軍事補給品直到1948年11月才抵達中國，此時距馬歇爾告知國會採用此援助方案已經整整過了一年——為時已晚，美援已無法在東北保衛戰中發揮作用。[175]

眼看大勢已去，蔣在日記中不禁感慨道：「美國現無政策，又無政治家，關於魏德邁之行動態度，更可知美國之前途殊為世界人類起無限之憂慮。」[176]

美蘇「冷戰」趨於全面化之後，魏德邁報告的價值才重新獲得了美國軍政兩界的認可。約瑟夫·麥卡錫（Joseph McCarthy）參議員曾評價說：「魏德邁要求繼續援助國民政府的計劃極為明智，只是被國務院裡「邪惡天才」所破壞。」英國軍事歷史學家約翰·基根（John Keegan）則稱魏德邁為「美國有史以來最具智識和遠見的軍事思想家之一」。

　　與此同時，魏德邁本人繼續活躍於公眾視野中，為對蘇遏制政策和援助台灣搖旗吶喊。1954 年 7 月 19 日，美國國會批準將魏德邁的最終軍銜特晉一級至上將（四星）。1985 年，雷根（Ronald Wilson Reagan）總統授予他總統自由勳章。

　　魏德邁清楚地認識到，美國的政策實際上變相有利於中共。他認為毛澤東的中國共產黨是受克里姆林宮庇護下的激進勢力，因此對美國在亞洲的利益構成嚴重威脅。魏德邁曾在職權範圍內盡可能實踐自己的理念，但華府方面不接受魏德邁的建議，他本人也只能基於「不干預」內戰的理由，勉為其難地數次拒絕了重慶要求運輸之請。魏也奉命解散了他所辛苦建立的聯絡、作業管控、顧問和援助之機制。[177]

　　有趣的是，在美國主流社會看敗國民政府之時，他們又在致力於改造國民黨政府，搞戰時民主立憲，在戰爭最緊迫時刻更換總統，玩這些政治正確與符合美國人口味的遊戲。如此這般，只是增加了整個社會對蔣政府的反感，給戰時政府平添了混亂。

　　新任駐華大使司徒雷登明白地告訴周恩來的信使，美國不會干預中國內政。而司徒雷登這句話本身就是干預中國內政，甚至是主動拋棄戰時盟國，鼓勵共產主義力量一統中國。

　　干預的原因看起來是基於維護美國國家利益，也是為了中國民主和平，但由於認知缺陷，所以馬歇爾的在華調停過程實質上是制止了當時合法的中國國民政府在最有利的時間與地點打擊國內反政府恐怖組織的正確行動。

　　馬歇爾一路被周恩來牽著鼻子走，如此害怕激怒中共，但中共最後仍然投身了蘇聯的懷抱。最終美國不是失去了中國，而是養大了一個敵人，把盟友的國家輕易讓渡給了強大的敵人陣營。杜魯門主義沒有把共

產主義在東方的擴張納入戰略視野，反而縱容了中共在蘇聯的支持下，顛覆了中華民國。

六、美國在中國親左，在西方親右

1. 美國右轉：拋棄東方，保衛西方

如上文所述，馬歇爾在中國的行動是容共親左，但他在實施西方真正的「馬歇爾計劃」時又搖身一變，成為了右翼反蘇的英雄。這個過程的轉變有其大環境背景。二戰後的世界格局實際是由英美蘇的三位巨頭——邱吉爾（Winston Leonard Spencer Churchill）、羅斯福、史達林在二戰結束前的幾次會議或密約中所決定的。

邱吉爾在「二戰」後走向右翼民族主義，其背景是西方中心主義、英語民族主義和英國對歐洲大陸的均衡方略。西方中心主義不是邱吉爾獨有，整個西方世界將「一戰」、「二戰」定義為世界大戰，就是典型的西方中心主義敘事。這兩次的大戰本質上是西方的戰爭，因西方殖民擴張而起；主要由西方國家參戰，最終由西方國家決定了戰爭的結局，其他國家只是受波及被捲入戰爭的受害者。

而與「一戰」特別是「二戰」同時並行的東方世界大戰，先是中國北洋政權與蘇聯扶持的革命力量之間展開戰爭，孫中山聯俄聯共，並不是為了扶助農工，而是為了北伐北洋政權，一統中國；後又有了蘇聯、共產國際扶持的中華蘇維埃與中華民國之間的戰爭。中國戰場上所發生的東方世界戰爭，其複雜性在於，這是場先是因為日本入侵，後又引起了美國捲入的東亞戰爭。

中國的政府與人民實際上正同時在打兩場世界大戰，一是與共產國際的戰爭，另一場戰爭才是與美國聯盟反法西斯的戰爭。當美國聯蘇甚

至聯（中）共以對付日本時，選擇了漠視甚至反中華民國政府進行的反共產主義戰爭——這是因為美國在國際社會中聯蘇，而在中國卻容共並幻想聯共以達到自己的利益最大化。

美國左右逢源，一方面是羅斯福左傾，聯蘇俄容（中）共打擊日本，獲得了勝利。「二戰」後派出的馬歇爾在中國的調解行為，實質上幫助了中共與蘇聯贏得了時間，在中國擴展了空間，正是這一點不幸導致了中華民國政權被顛覆。

當馬歇爾在中國的調停失敗後，美國在邱吉爾的鼓動下右轉，跟在邱吉爾後面成為國族主義者，即美國利益與英語民族利益至上主義，制定並推行了標榜史冊的「馬歇爾計劃」，保衛的是西方世界、英語民族的利益，也最大程度上符合了英國的歐洲大陸均衡政策。作為西方世界的日不落帝國，誰是歐洲大陸最強大者，英國就會聯合其他力量對其進行遏制。

「二戰」後的英國選擇聯合美國，拋出的是英語民族共同體概念，但東方民族因此蒙受苦難。邱吉爾與西方主流社會完全漠視東方世界的利益，甚至是故意向東方洩洪，任由蘇聯在東方擴張空間、釋放能量。邱吉爾在哈佛的鐵幕演說，號召整個美國保衛西方英語民族。而在此同時，中華民國軍隊在抗日戰爭中浴血奮戰，付出了巨大犧牲，換來的卻是美國政要的冷血回報。

更為複雜的局面是，日本因為在清末的日俄戰爭中獲得了勝利，所以中日俄在中國東北形成了戰略平衡。日本是阻止蘇俄向東方擴張的重要力量，無論是出於國家利益還是對共產主義的仇視，日本在東亞有決定性的影響。

日本戰敗之後，三國關係失衡，整個中國陷入到蘇聯共產主義勢力

的洪流之中，而這次洪水開閘的源頭則是羅斯福與史達林的密約。杜魯門特使馬歇爾在中國遏制國民政府的行動造成了不可逆轉的事實，美國政府與主流社會的罪責，這一點責無旁貸。

杜魯門曾與馬歇爾談及失去中國的責任，杜魯門說，自己是第一責任人，馬歇爾只是其次。其實，他們倆人都有不可推卸的重大責任，除了對中共的認知缺陷、遭受中共欺騙等因素外，杜魯門的個人傾向也必須正視。

1941 年 6 月 23 日，即納粹德國進攻蘇聯的第二天，當時的參議員杜魯門說：「假如德國比蘇聯強，我們應該幫助蘇聯一方；但如果占優勢的是蘇聯，那我們便應該幫助德國，而且要盡量讓他們大開殺戒，儘管我一直不願看到希特勒在任何情況下取得勝利。」[178]

杜魯門的這段冷血言論，對自由主義者和保守主義者來說都無法接受，他也只好見機收回。但他權衡算計的內心卻已昭然若揭，他的言語充滿叢林血腥的社會達爾文主義傾向，缺乏價值判斷與正義立場。

他在任美國總統時決絕地對中國國民政府實施了武器禁運，在重要的歷史時刻遏制了國民政府對反政府恐怖組織的重拳打擊。依據他的邏輯，也可以說，儘管他不願意看到蘇聯支持的共產黨取得勝利，但仍要盡量讓國共兵戎相向。如果不是朝鮮入侵南韓，杜魯門很可能是會聽任中共占領台灣的，他完全沒能洞察台灣在亞太地區對美國的重大戰略意義。

2. 美國先左後右，禍害了中國

歐洲方面，邱吉爾與蘇聯綏靖，與史達林密約可以適度在東歐放水：1944 年 10 月兩人碰面，邱吉爾建議英國和蘇聯在東南歐各國劃定勢力範圍，因此羅馬尼亞、保加利亞、希臘、匈牙利、南斯拉夫等國家成為

了他們密會瓜分的盤中飧。這就是史上所謂的「百分比協議（Percentages Agreement）」。這樁見不得人的交易以邱吉爾一紙手寫的便條紙劃上百分比遞給史達林，對方回以鉛筆打了一個大勾，此舉正意味著二戰後蘇聯對歐洲的侵略依據源自於此。

如出一轍的是，羅斯福總統在 1945 年的雅爾達會議上鼓動蘇聯向中國東北出兵掃蕩日本關東軍，也是以出賣中國東北的利益為代價對蘇聯綏靖。美國為了自身的利益，犧牲了盟友中國應得的正義，因此中國東北也淪落為蘇聯的勢力範圍。

儘管戰後美國有支持蔣介石收復整個東北的意願，但並未在實質上展現出強大政治意志與軍事支持。而國共雙方都知道，如不能動用國際政治與國家力量來維護中國東北的歸屬，東北失則華北不保，華北不保則整個中國淪陷。

雅爾達會議之後，史達林開始透過中共布局東北，並促使中共實質性地放棄了重慶談判。也就是說，史達林與中共在積極備戰，而美國派出的特使馬歇爾則積極地抑制蔣介石應戰。蔣的被迫應戰在馬歇爾眼中卻成了「挑起」戰爭，不遵守停戰協定，還祭出美國不支持中國內戰、停止美援甚至武器禁運等等殺手鐧。

美國基於國家利益的實用主義，對中共的妥協和對蘇聯綏靖致命地傷害了蔣介石對共產主義陣營的國際性戰爭。

1946 年史達林在「二月演說」中強調，「二戰」的勝利是蘇維埃社會制度的勝利；蘇維埃社會制度在戰爭火焰中經受了考驗，證明了它是有充分生命力的。史達林還認為，戰爭之源是資本主義世界內部有不可克服的矛盾，因此世界大戰還會爆發。對於史達林來說，他要應對的是即將發生的資本主義世界大戰，但他的這一番談話西方世界卻解讀為

——史達林悍然宣布了第三次世界大戰即將開始。

1946 年 3 月 5 日，退出首相大位的邱吉爾由美國總統杜魯門陪同，在美國富爾頓城的威斯敏斯特學院（Westminster College）發表了反蘇聯、反共產主義演說：「*從波羅的海邊的斯德丁（Stettin）到亞得里亞海邊的里雅斯特（Trieste），一幅橫貫歐洲大陸的鐵幕已經拉下。*」

「鐵幕」一詞意指蘇聯和東歐社會主義國家被「用鐵幕籠罩起來」，因此，此演說也被稱為「鐵幕演說」。「鐵幕演說」正式拉開了美蘇冷戰的序幕。邱吉爾早就提出應恢復德國的實力，共同抵禦共產主義在歐洲的擴散，這也是馬歇爾計劃的背景與源頭。

邱吉爾有兩大發明，一是用鐵幕一詞揭示了蘇聯即將成為資本主義世界，特別是西方世界第一敵人的形象，將西方與蘇聯在「二戰」過程中形成的合作與曖昧關係完全撕裂，迫使史達林做出強烈回應，由此也形成了壓力反應鏈。

二是發明了英語民族共同體的概念。他呼籲英語系子民之間要有「兄弟聯盟之情」，此合作乃基於英聯邦、大英帝國和美國之間的特殊關係。邱吉爾堅稱，這一關係不僅仰賴於同語言特殊的親和性，他還談到了軍事合作、通用武器、共享基地乃至於共同的公民身份等。

史達林指責邱吉爾的演說無異於是「向蘇聯宣戰」。他表示：「*邱吉爾企圖證明英語系國家才是唯一有價值的民族，應當統治世界上的其餘民族。*」他還形容這是一種基於語言的「種族主義理論」，這點很容易就會讓人想起希特勒及其同黨。[179]

在美國，邱吉爾的言論引出了杜魯門主義（Truman Doctrine）。杜魯門 1947 年於 3 月 12 日發表《國情咨文》時主張：「*自由人民正在抵*

抗少數武裝份子或外來勢力的征服意圖，美國政策必須支持他們。」

因此他要求國會為援助土耳其和希臘政府撥款四億美元以抵抗共產黨的侵略。有人認為杜魯門主義的成型是冷戰的開始，奠定了戰後世界的基本格局，但很少人去分析，為什麼杜魯門主義的反共卻排除了中國，使中國成為了例外？

史達林的演說激發了杜魯門的敵意，後又有凱南（George Frost Kennan）的「長電報」[180] 針對蘇聯共產主義刨根究底，使整個西方世界同仇敵愾地形成了對抗蘇聯共產主義制度的共識。令人遺憾的是，對抗蘇聯共產主義守護的只有西方世界，因為在這個時間點上，西方主流社會尚未形成世界觀，未將東方考慮在世界的範圍之內。

當世界大戰發生時，國民政府隸屬於全世界反法西斯戰爭的一員，而到了當需要全世界共同對抗共產主義所發動的國際戰爭時，西方主流社會眼裡卻只有西方，只自私的看到英語民族的國家利益與安全。

1947 年 5 月至 1948 年末，凱南協助馬歇爾落實了長電報中所提出的觀點，即「美國必須以經濟手段援助西歐，以防共產主義意識形態進一步擴散」。

凱南在一年半內具體制定了一系列的援歐政策，也就是眾所周知的「馬歇爾計劃（The Marshall Plan）」，官方名稱為歐洲復興計劃（European Recovery Program）」，以馬歇爾 1947 年 6 月著名的哈佛大學演講（講稿亦由凱南撰寫）作為系列政策的啟動標誌。凱南的長電報是「馬歇爾計劃」的直接誘因，凱南本人又是「馬歇爾計劃」的具體起草者，居功厥偉。

然而此時，馬歇爾仍身處國務卿高位，其實還有機會逆轉他在中國

所造成的傷害，但是他卻沒有作為。此時的他已完全清楚知道共產主義擴張將帶來的災難，但他只選擇守護了西方世界，完全放棄了東亞。

今天我們回顧歷史，反思當時的美國政府與主流社會，將與塔利班性質相同的反中國政府的恐怖組織視為正常的政黨，在中國親共容共，甚至有聯共的幻想，做出了極其錯誤的決策。雖然早期的赫爾利與戰後的魏德邁都曾提出正確的方案，但均被主流政權漠視擱置，直到凱南的長電報之後，美國與西方主流社會才充分認知到共產主義的危害與擴張之態，但美國政府也沒有做出正確的選擇，而是出於國家利益考量，傾全力保護與振興英語民族國家，對東方失明，棄中國與東亞不顧，聽任共產主義洪害大舉肆虐。

儘管美國政府曾在 20 世紀 50 年代初期有過沈痛的反思，並對共產黨勢力進行了清理，但美國對中國與東亞受共產主義禍害的人民並未鄭重道歉。共產主義受難紀念碑前，應該有一組跪像群雕，讓當年那些親中共的西方政要與精英們的長跪於此，以示後人並永久謝罪。

（感謝馮崇義、陳萬龍對編輯整理此文的貢獻）

注釋

106. 正式名稱為《美國與中國的關係：注重 1944 年至 1949 年間》（*United States Relations with China: With Special Reference to the Period 1944-1949*），1949 年 8 月 5 日由美國國務院正式發表。
107. 鄒讜著，王寧、周先進譯：《美國在中國的失敗》，上海人民出版社 1997 年版，第 30 頁。
108. 陶涵：《蔣介石與現代中國》北京：中信出版社，2012 年版，第 209 頁。
109. 埃利奧特·羅斯福：《如他所見》（*As He Saw It*）。紐約：Duell、Sloan 和 Peace 出版，1946 年，第 142 頁。
110. 陶涵：《蔣介石與現代中國》，北京：中信出版社 2012 版，第 213 頁。
111. 約翰·斯圖爾特·謝思著，王益、王昭明譯：《美國對華政策（1944-1945）：〈美亞文件〉和美中關係史上的若干問題》，第 133 頁。

112. 裘克安編：《斯諾在中國》，北京：三聯書店 1982 年版，第 172 頁。

113. 美國國務院編：《美國對外關係：外交論文》，1943 年，中國，第 317 頁。

114. 美國國務院編：《美國對外關係：外交論文》，1943 年，中國，第 315–318 頁。

115. 小約翰・佩頓・戴維斯（John Paton Davies Jr.）：《中國通：自傳》(China Hand：An Autobiography)，賓州大學出版社，2012 年，第 213 頁。

116. 陶涵：《蔣介石與現代中國》，第 200-201 頁。

117. 張家康：〈史迪威在中國〉，《人物》雜誌 2002 年第 9 期。

118. 美國國務院主編：《美國對外關係：外交論文》，1942 年，中國，第 308 頁。

119. 劉月：〈1940-1943 年周恩來在重慶的對美外交工作〉，2020 年 8 月 5 日。來源：人民網-中國共產黨新聞網 http://zhouenlai.people.cn/n1/2020/0805/c409117-31811698.html

120. 陶涵：《蔣介石與現代中國》，第 190 頁。

121. 美國國務院編：《美國對外關係：外交論文》，1942 年，中國，第 213 頁。

122. 美國國務院編：《美國對外關係：外交論文》，1943 年，中國，第 279-280 頁。

123. 陶涵：《蔣介石與現代中國》，第 197-198 頁。

124. 巴巴拉・塔奇曼著，陸增平譯：《史迪威與美國在華經驗》下冊，商務印書館 1985 年版，第 702 頁、729 頁。

125. 美國國務院編：《美國對外關係：外交論文》，1943 年，中國，第 193-198 頁。

126. 美國國務院編：《美國對外關係：外交論文》，1944 年，中國，第 434 頁。

127. 伊・卡恩（Ely Jacques Kahn Jr.）著，陳亮、隋麗君、林楚平譯：《中國通：美國一代外交官的悲劇》，新華出版社 1980 年版，第 129 頁。

128. 唐德剛：〈李士群因為通共悲傷的種種瓜葛〉，《傳記文學》第 67 卷第 5 期，1995 年 12 月。

129. 楊奎松：《毛澤東與莫斯科的恩恩怨怨》，南昌：江西人民出版社 1999 年版，第 178 頁。

130. 徐世強，李銳：〈「迪克西使團」的延安之行〉，來源：團結網，2018-04-19http://www.tuanjiewang.cn/2018-04/19/content_140231.htm

131. 陶涵：《蔣介石與現代中國》，第 256 頁。

132. 約翰・什維斯（John Service）1944 年 7 月 28 日致美國陸軍第一軍前線司令部司令第一號報告。Ech.,USAF-CBI,APO 879。〈陝北共產黨根據地的第一印象〉。State Department, NARA, RG 59, pp.1-4。白禮博（Richard Bernstein）著作《中國 1945》(China 1945)中把戴維斯和謝偉思兩人稱為「聰明敬業的公僕」，說他們太「天真」，才會被共產黨「弄得頭暈目眩」。因為美國人的普遍「天真」，所以遭受中共的愚弄欺騙，這不僅造成了一種慣性思維，也因此出現了一股親共勢力，而他們的親共、容共甚至意圖聯共，是在美國國家利益與國家戰略的大前提下堂而皇之進行的。

133. 《黨史通訊》，1984 年第 7 期，第 49 頁。

134. 中共中央文獻研究室編：《毛澤東年譜》（1893～1949），北京：人民出版社，1993 年版，第 2 卷，第 574 頁。

135. 孔華潤（Warren I.Cohen）著，張靜爾譯：《美國對中國的反應：中美關係的歷史剖析》，復旦大學出版社 1997 年出版，第 153-154 頁。

136. 約翰・斯圖爾特・謝偉思著，王益、王昭明譯：《美國對華政策（1944-1945）：〈美亞文件〉和美中關係史上的若干問題》，第 124 頁。

137. 邁克・沙勒（M. Schaller）著，郭濟祖譯：《美國十字軍在中國（1938-1945）》，第 205 頁。

138. 陶涵：《蔣介石與現代中國》，第 263 頁。

139. 何長工，《何長工回憶錄》，北京：解放軍出版社，1987 年版，第 403-430 頁。

140. 盛慕真（Michael M. Sheng）：《與西方帝國主義作鬥爭：毛澤東、史達林和美國》，普林斯頓：普林斯頓大學出版社，1997 年，第 106 頁。

141. 赫伯特・費斯 (Herbert Feis)：《中國糾結：從珍珠港到馬歇爾使團期間美國在中國的努力》，普林斯頓大學出版社，2015 年，第 380-381 頁。

142. 楊奎松：〈抗戰勝利後中共奪取東北的戰略與蘇聯〉，《中共黨史研究》，1991 年增刊，pp.60-71。蘇聯應該有保障，如果蔣介石政府在東北發動攻勢，蘇聯紅軍會直接支持中共

143. 盛慕真（Michael M. Sheng）：《與西方帝國主義作鬥爭：毛澤東、史達林和美國》，普林斯頓：普林斯頓大學出版社，1997 年，第 106–108 頁。

144. 《蔣氏日記》，出自胡佛研究所圖書館和檔案館（Hoover Institution）藏，1945 年 9 月 13 日，第 44 箱，文件夾 11：文藝節慶－中國動亂，第 382 頁。

145. 轉引自余英時：〈費正清與中國〉，載《中國文化的重建》，北京：中信出版社，2011 年版，第 133 頁。

146. 轉引自余英時：〈費正清與中國〉，載《中國文化的重建》，北京：中信出版社，2011 年版，第 135-136 頁。

147. 賴瑞・布蘭德（Larry I. Bland）和雪倫・里特納・史蒂文森（Sharon Ritenour Stevens）編：《喬治卡特利特馬歇爾的論文》，巴爾的摩：約翰霍普金斯大學出版社，2003 年，第 5 卷，第 634-637 頁。

148. 馬若孟（Ramon Myers）：《挫折、堅韌和友誼：蔣介石對 C. 馬歇爾將軍訪華的反應》，1945 年 12 月 21 日至 1947 年 1 月 8 日，賴瑞・布蘭德（Larry I. Bland）編：《喬治・C・馬歇爾 (George C. Marshall) 的中國之行》：1945 年 12 月至 1947 年 1 月，維吉尼亞州萊辛頓：喬治 C 馬歇爾基金會出版，1998 年，第 159 頁、第 302 頁。

149. 約翰・羅賓遜・畢爾（John Robinson Beal）：《馬歇爾在中國》，紐約：Doubleday & Co., Inc. 出版，1970 年，第 176-177 頁。

150. 盛慕真（Michael M. Sheng）：《與西方帝國主義作鬥爭：毛澤東、史達林和美國》，普林斯頓：普林斯頓大學出版社，1997 年，第 120 頁。

151. 桃樂西・博格（Dorothy Borg）和沃爾多・海因里希斯（Waldo Heinrichs）編：《不確定的歲月：中美關係》（Uncertain Years: Chinese-American Relations），1947-1950，紐約：哥倫比亞大學出版社，1980 年，第 280 頁。

152. 陶涵：《蔣介石與現代中國》，第 281 頁。

153. 波格（Forrest C. Pogue）：《喬治・馬歇爾：磨難與希望》，紐約：Viking 出版，1966 年，第 367 頁；陶涵：《蔣介石與現代中國》，第 285 頁。

154. 賴瑞・布蘭德（Larry I. Bland）編：《喬治・C・馬歇爾 (George C. Marshall) 的中國之行》：1945 年 12 月至 1947 年 1 月，維吉尼亞州萊辛頓：喬治 C 馬歇爾基金會出版，1998 年，第 203 頁。

155. 布蘭德（Bland）：《馬歇爾調解團》（Marchalls Mediation Mission），第 215–218 頁

156. 岡察洛夫（Sergei N.Goncharov）、約翰・W・路易斯（John W. Lewis）和薛理泰（Xue Litai）：《不確定的伙伴：史達林、毛澤東和朝鮮戰爭》（Uncertain Partners : Stalin, Mao, and the Korean War），史丹佛大學出版，第 11 頁。

157. 中共中央文獻研究室編，《毛澤東年譜》，北京：人民出版社，1993 年版，第 3 冊，第 42–43 頁。

158. 賴瑞・布蘭德（Larry I. Bland）和雪倫・里特納・史蒂文森（Sharon Ritenour Stevens）編：《喬治卡特利特馬歇爾的論文》，巴爾的摩：約翰霍普金斯大學出版社，2003 年，第 5 卷，第 528 頁。

159. 陶涵：《蔣介石與現代中國》，第 311–312 頁。

160. 約翰・羅賓遜・畢爾（John Robinson Beal）：《馬歇爾在中國》，紐約：Doubleday & Co., Inc. 出版，1970 年，第 34 頁。

161. 《中美關係白皮書》（The China White Paper）。華盛頓：美國政府發布。1949 年，第 156–157 頁。

162. 賴瑞・布蘭德（Larry I. Bland）和雪倫・里特納・史蒂文森（Sharon Ritenour Stevens）編：《喬治卡特利馬歇爾的論文》，巴爾的摩：約翰霍普金斯大學出版社，2003 年，第 5 卷，第 578 頁。

163. 蔣中正：〈蘇俄在中國〉，載秦孝儀主編：《先總統蔣公思想言論總集》卷九，台北：國民黨中央黨史委員會 1984 年版，第 147 頁。

164. 白先勇：〈養虎遺患——父親的憾恨〉，連載於《當代》，台北：合志文化事業股份有限公司。

165. 賴瑞・布蘭德（Larry I. Bland）和雪倫・里特納・史蒂文森（Sharon Ritenour Stevens）編：《喬治卡特利特馬歇爾的論文》，巴爾的摩：約翰霍普金斯大學出版社，2003 年，第 5 卷，第 420 頁。

166. 二人轉為中國東北地區的走唱類曲藝，以演員兩人，一旦一丑的方式扮演傳統劇目。

167. 廖耀湘、杜建時：〈我們知道的關於美蔣勾結的情況〉，《文史資料選輯》合訂本第 9 卷（第 29—30 輯），北京：中國文史出版社 2011 年版，第 59 頁。

168. 布蘭德（Bland）：《馬歇爾調解團》（Marshalls Mediation Mission），第 229 頁。引述陶涵：《蔣介石與現代中國》，第 230 頁。

169. 同上。

170. 賴瑞・布蘭德（Larry I. Bland）和雪倫・里特納・史蒂文森（Sharon Ritenour Stevens）編：《喬治卡特利特馬歇爾的論文》，巴爾的摩：約翰霍普金斯大學出版社，2003 年，第 5 卷，第 664 頁。

171. 陶涵：《蔣介石與現代中國》，第 309 頁。

172. 愛德華・德萊耶（Edward L. Dreyer）：《戰爭中的中國，1901-1949》，紐約：Routledge 出版，1995 年，第 330–331 頁；阿爾伯特・魏德邁 (Albert Coady Wedemeyer)：《魏德邁報告！》(Wedemeyer Reports!)，紐約：H. Holt and Co. 出版，1958 年，第 382 頁。

173. 阿爾伯特・魏德邁 (Albert Coady Wedemeyer)：《魏德邁報告！》(Wedemeyer Reports!)，紐約：H. Holt and Co. 出版，1958 年，第 397-398 頁；《中美關係白皮書》（The China White Paper）。華盛頓：美國政府發布。1949 年，第 260 頁。

174. 《中美關係白皮書》（The China White Paper）。華盛頓：美國政府發布。1949 年，第 324 頁。

175. 文安立 (Odd Arne Westad)：《決戰》（Decisive Encounters），史丹佛大學出版社，2003 年，第 186 頁。

176. 《蔣氏日記》，出自胡佛研究所圖書館和檔案館（Hoover Institution）藏，1947 年 8 月 19 日，第 46 箱，文件夾 11。

177. 盛慕真（Michael M. Sheng）：《與西方帝國主義作鬥爭：毛澤東、史達林和美國》，普林斯頓：普林斯頓大學出版社，1997 年，第 103–104 頁。

178. 載於《紐約時報》，1941 年 6 月 24 日。

179. 大衛·雷諾茲（David Reynolds）：〈溫斯頓·邱吉爾的「鐵幕」演說是如何被誤解的〉，《新政治家》，2021 年 3 月 5 日，https://www.newstatesman.com/world/2021/03/how-winston-churchill-s-iron 鐵幕演說被誤解了。

180 .1946 年 2 月 22 日，任美國駐蘇聯使館副館長的喬治·凱南向美國國務院發了一封長達數千字的電報，對蘇聯的內部社會和對外政策進行了深入分析，提出了最終為美國政府採納的對蘇長期戰略，也就是圍堵政策，這對 20 世紀後半葉的世界政治局勢產生了重大影響。

第四篇：美國對中國極權統治的錯誤認知
周曉

前言

1963 年 8 月 28 日是一個炎熱、陽光明媚的日子。多達 25 萬人，其中四分之三是黑人，聚集在美國首都華盛頓，參加「為了工作與自由：向華盛頓進軍」的大遊行。人們從華盛頓紀念碑出發，步行到林肯紀念堂。

當時美國最優秀的一些黑人和白人演藝人士到場表演，包括瑪哈莉雅・傑克森（Mahalia Jackson）、瑪麗安・安德森（Marian Anderson）、歐蒂塔（Odetta），以及巴布狄倫（Bob Dylan）。瓊・拜亞（Joan Baez）將在講台上帶領遊行群眾合唱〈我們一定會勝利〉（"We Shall Overcome"）；彼得、保羅和瑪麗將翻唱迪倫的名曲〈答案在風中飄蕩〉（"Blowin' in the Wind."）。

到場發表演講的有不少民權運動的標竿人士，例如年輕的約翰・路易斯（John Robert Lewis）和更資深的羅伊・威爾金斯（Rhoys Barrie Wiggins）和菲利普・倫道夫（Asa Philip Randolph）。然而永遠存留在集會群眾的腦海與心靈中，並於廣播和電視上反覆播放、從此在各式媒體中永久流傳的，是馬丁・路德・金恩博士（Dr. Martin Luther King）在現場發表的演講：

「一百年前，一位偉大的美國人簽署了《解放黑奴宣言》，今天我們就是在他的雕像前集會。這一莊嚴宣言猶如燈塔的光芒，給千百萬在那摧殘生命的不義之火中飽受煎熬的黑奴帶來了希望……然而一百年後的今天，美國的黑人還是沒有得到自由。一百年後的今天，在種族隔離的鐐銬和種族歧視的枷鎖下，黑人的生活舉步維艱；一百年後的今天，

黑人仍生活在物質充裕的海洋中一個窮困的孤島上；一百年後的今天，黑人仍然瑟縮在美國社會的角落裡，並且，意識到自己是故土家園中的流亡者。今天我們在這裡集會，就是要把這種駭人聽聞的情況公諸於眾。

就某種意義而言，今天我們是為了要求兌現諾言而匯集到我們國家首府。我們共和國的締造者草擬憲法和獨立宣言時，曾以氣壯山河的豪語向每一個美國人許下了諾言，他們承諾給予所有人，包括白人和黑人，不可剝奪的生存、自由和追求幸福的權利 …… 一旦黑人得不到公民權，美國就不可能有安寧或平靜；正義的光明一天不來，叛亂的旋風就將繼續動搖這個國家的基礎 …… 只要我們在外奔波而疲乏的身軀不能在公路旁的汽車旅館和城裡的旅館找到住宿之地，我們就絕不滿足。只要黑人的基本活動範圍只是從少數民族聚居的小貧民區轉移到大貧民區，我們就不會滿足。只要密西西比仍然有一個黑人不能參加選舉，只要紐約有一個黑人認為他的投票無濟於事，我們就絕不滿足 ……

讓我們回到密西西比去，回到阿拉巴馬去，回到南卡羅來納去，回到喬治亞去，回到路易西安那去，回到我們北方城市中的貧民區和少數民族居住區去，要心中有數，這種狀況是能夠也必將改變的。我們不要陷入絕望而不可自拔 ……

我仍有一個夢。這個夢想是深深紮根於美國的夢想中的。我夢想有一天，這個國家會站起來，真正實現其信條的真諦：

『我們認為這些真理是不言而喻的 —— 人人生而平等。』

我夢想有一天，在喬治亞的紅山上，昔日奴隸的兒子將能夠和主人的兒子坐在一起，共敘兄弟情誼。我夢想有一天，甚至連密西西比州這個正義匿跡，壓迫成風的地方，也將變成自由和正義的綠洲。我夢想有一天，我的四個孩子將在一個不是以他們的膚色，而是以他們的品格優

劣來評價他們的國度裡生活。」[181]

金恩博士的夢想是美國改革者的合理夢想。他和無數男女發起參與的美國民權運動，打動了美國的良心。1964 年一項民權法案通過將工作及公共場所或明或暗的種族與性別歧視為非法。1965 年的一項選舉權法案通過要求聯邦政府須確保少數民族有其投票地點，特別是在那些一貫剝奪黑人投票機會的南部各州。

在那個漫長的一天中，所有到場的名人和演說者中，最後出場的金恩博士其演說為一個名為史蒂芬的年輕人帶來了深刻的震撼，並改變了他的一生。

過去與現今的美國都還不是個完善的聯邦，但美國向來總是致力成為一個「更完善的聯邦國度」。[182] 這與美國立國基礎與西方啟蒙運動的價值觀兩相吻合。儘管美國在建國之初和人類歷史中的其他國家文化一樣，曾接納奴隸制。

我們的開國之父們認知到美國《獨立宣言》中啟蒙主義的價值觀和以奴隸為私有財產的理念是相悖的，希望能限制並終結奴隸制，在朝向這個方向取得了一些進步後，最終仍得不得不經由一場血腥的內戰將其終結，為捍衛啟蒙主義的價值觀付出代價。之後我們允許《吉姆·克勞法》（Jim Crow laws，允許 1876–1965 年美國南部各州對有色人種實行種族隔離）存在，並為此備受譴責，而美國再次以捍衛我們文明價值觀的方式作出了回應。

儘管也曾犯錯和倒退，來自各種族文化的人們仍然渴望成為美國人，這是值得我們思考的。人們明白，一個始終致力成為「更完善的聯邦」，並且為所有心懷夢想和願意付出努力的人提供機會實現夢想的國家，必有其不凡之處。

美國不提供結果平等，卻提供受法律保障的平等，保護每個自由的個體在其資源、才華和努力所及之處，追求自己心目中的快樂生活。當個體或某個群體遭遇不公，我們會提請公眾注意並實施救濟，正如多年前馬丁·路德·金恩博士和民權運動所做的那樣。

美國社會中有些人卻在破壞我們這個「更完善的聯邦」。他們視美國為邪惡國家，只關注美國的瑕疵，對其成就視而不見。他們將美國與某個從未出現過、也不可能存在的烏托邦做比較，或者更糟糕的是，將美國與其他社會相較，認為美國不好。

上世紀 60 年代，學生們穿著印有切·格瓦拉（Che Guevara）頭像的 T 恤在校園裡遊行，背誦毛澤東《毛主席語錄》裡的句子。當時的一個流行的口號是：「嘿嘿呵呵，西方文明快滾蛋！」（Hey, hey, ho, ho, western civ has got to go!）

這簡直難以想像，如果沒有了西方啟蒙運動的哲學價值觀，我們將身處何方？因為西方價值觀恰巧正是全球各地廢除奴隸制度的最重要推手啊！

時至今日，很多知識分子告訴我們，現今社會上存在著兩個對立的階級，不是無產階級和資產階級代表的被壓迫者與壓迫者，而是基於種族、生理性別和社會性別範疇重新定義的受迫者和壓迫者。重要的不再是品格的優劣，而是不能改變的種族和性別特徵（根據生理定義，而非社會學定義，即所有的種族和性別區分都是社會建構的）。

法律保障的平等被公平取代，即讓受迫者和壓迫者享有對等的結果。這無非是通過另一條路徑實現馬克思主義，必將導致極權，正如我們在那些擁抱相似意識形態的國家裡看到的 ── 「壓迫者階層」成了社會的代罪羔羊。這種非自由主義與我們「不完善的聯邦」、金恩博士的

夢想、和建立一個生機勃勃、千姿百態的社會是背道而馳的。

想知道這樣的思潮會將我們帶往何處，我們只需回顧毛澤東治下的中國所經歷的慘禍。當上個世紀 60 年代的年輕人將他視為英雄膜拜，他們只看到了毛澤東反資本家的一個面向，卻不了解共產主義極權道路上的腥風血雨。今天我們如果也貿然地選擇了這條道路，相信結果不會有太大區別。

本文以中國為例，清楚揭露共產主義極權道路的真相。我們希望藉由本文警惕那些想帶我們偏離「更完善聯邦」的人們。當中共在 2021 年 7 月 23 日慶祝自己建黨 100 年之際，西方世界，尤其是美國，卻始終拒絕正視這些罪行。我們選擇在此公開中國共產黨所犯下的種種罪行，供眾人借鑑。

最新研究顯示，毛澤東的「大躍進」總共導致了 1958 到 1961 年間 3500–5000 萬人的死亡，死亡人數超過第二次世界大戰的兩倍。然而時至今日，中共仍然以極權統治著 10 多億人口，並違背國際法，奴役中國境內少數民族的維吾爾人。黨治下的中國不接受法治，沒收窮人的土地，偷竊先進開發民主國家的智慧財產權。

有越來越多的證據顯示，該政權對新冠病毒自武漢實驗室的洩露負有責任，並因初期對疫情的掩蓋導致病毒在全世界傳播蔓延。值得注意的是，弗里德里希（C.J.Friedrich）和布里辛斯基（Z.K.Brezinski）在其經典著作《極權主義專制與獨裁》中所描述的極權主義，現今的中國正具備了所有的要素。[183]

一、國際形勢導致中共掌權

1930 年代，美國大多數精英大學的知識分子都同情蘇聯和毛澤東

在中國的共產主義革命。他們主張在土地分配、勞工待遇和公民權利等問題上進行社會變革，並對資本主義進行批判，這影響了中國的大多數知識分子。

就這樣，左派意識形態幫助毛澤東在 1946 年內戰爆發前贏得了部分人心。西方媒體（當時主要是私營的）和中國知識分子經常貶低蔣介石和國民黨。他們將蔣描述為一個腐敗無能的統治者，指責他在「二戰」期間得到了美國的大量援助卻消極抗日，並且因為狹隘低能而將中國輸給了毛澤東。[184]

加上 20 世紀 30 年代左派對文化的支配，知識分子的這種描繪成功地塑造了蔣過度負面的形象，影響了「二戰」期間與中國打交道的美國記者、國務院外交人員，以及整個美國政府。

戰爭期間美國在華軍事指揮官、陸軍中將約瑟夫・史迪威 （Joseph W. Stilwell）以腐敗無能的指控為基礎，對蔣產生了個人敵意。史迪威對媒體和外交官公開表示對蔣的蔑視，甚至將蔣貶為「Peanut（花生米）」。[185]

於此同時，一些美國記者和知識分子對毛澤東及其延安同黨則讚不絕口。《時代》雜誌的白修德（Theodore H. White）在他 1978 年的回憶錄《尋找歷史：個人冒險》中寫道，毛澤東與魅力非凡的未來總理周恩來之間的「友誼像美酒一樣流淌」，同時將蔣描述為「道德僵化 ……禽獸般無義、軍閥般殘暴和對現代國家要求的不可言喻的無知。」[186]

白修德的這些說辭，顯然是對中共宣傳機構所編造的謊言照單全收。透過這些說辭，也可以看到這群美國人在精神上已被中共所俘虜。他們盲目相信中共的直接後果就導致了美國對國民黨政府的物質軍事支持減弱。中華民國總統蔣介石在民族主義者心中的聲望下降了，共產黨

擴大了他們在中國的控制範圍，最終導致共產主義在 1949 年於中國境內取得勝利。

最諷刺的是，白修德對蔣的言辭批評其實更適用於毛和周。毛所建立的國家絕對不是一種進步。公民社會被毀滅、千百萬人喪生，在文化大革命中野蠻地迫害無辜 …… 這正顯示毛所統治的中國距離現代化的國家有多麼遙遠。

中共在集中營、大躍進饑荒和無產階級文化大革命等種種運動中殘害的無辜中國百姓人數比任何戰爭中都多得多。更嚴重的是，羅斯福為了牽制日本，竟同意讓蘇聯在中國東北擁有勢力，就是這點直接導致了毛澤東的勝利。

1945 年 8 月 8 日，也就是二戰納粹德國投降的三個月後，在美國對廣島和長崎進行原子彈轟炸的那周（8 月 6 日和 9 日），蘇聯對滿洲發動了大規模的軍事行動，投入兵力高達 150 萬，所到之處所向披靡。

當時日本首相向天皇提出的投降請求已得到廣泛支持，駐紮滿洲的 100 萬日本部隊軍心動搖、潰不成軍，70 萬人主動投降。蘇聯將日本關東軍的精良武器轉給中共，在國共內戰中發揮了重要作用。

為了獲取蘇聯的支持，毛澤東不僅放棄索回中國對 1929 年被蘇聯占領的大烏蘇里島（又稱黑瞎子島），甚至放棄了 19 世紀以來俄國沙皇占領所有滿洲以北的領土。史達林也利用了中蘇同盟，重新要回在 1905 年日俄戰爭期間失去的權益。

反觀蔣，他的缺點無疑被批評者們誇大了。有鑒於他掌權時中國社會的混亂狀態，其實在他統治之下，中國在建立現代民族國家的角

度上取得了重大進展。他的專制與共產黨後來的暴行相比顯得微不足道。媒體描述蔣不願為抗日戰鬥，但羅伯特・D・卡普蘭（Robert David Kaplan）引用最近的研究寫道：

「雖然受史迪威影響的美國記者和官員認為蔣想避免與日本人作戰，以便儲存武器以備日後與共產主義者作戰，但在 1941-1942 年的緬甸戰役中，蔣的軍隊遭受了 80,000 人的傷亡。直到與日本 14 年的戰爭結束時，中國傷亡將士人數高達 300 萬，其中 90% 是蔣的軍隊。那些對蔣的指責，恰恰是毛澤東的共產黨人在當時的真實寫照：避免與日本人交鋒以積蓄力量，以備日後與國民黨作戰。」[187]

正是在這種背景之下，美國民眾開始提出質疑：「究竟是誰害美國失去了中國？」這個問題的答案矛頭直指民主黨的戰時領導人。

在 1950 年代初期，參議員約瑟夫・麥卡錫（Joseph Raymond "Joe" McCarthy）想從美國國務院找出那些與中國共產黨私下合作的人並將他們清除。確實，美國國務院中有人暗地幫助了毛澤東和中國共產黨，但是，麥卡錫所發起的聯邦政府調查很快就將範圍擴大到了好萊塢（一些左傾電影確實對中國共產主義革命感到同情）及其他部門。調查的擴大化引發了公眾的反感，他們無法接受包括亞瑟・米勒（Arthur Miller）等享有崇高威望的公眾人物之名譽受到損害。

我們必須看清，左傾思想對美國青年和普羅大眾造成了影響和禍害，今天對這種影響和禍害，以及對當年麥卡錫發起的調查進行反思其實是很有必要的。但在當時，對「麥卡錫主義」的反擊使得這些必要的反思與調查中途便夭折了。

麥卡錫的對手們抓住了調查擴大化的失誤，成功地將他所發起的整個調查計劃誣陷為反應過度的獵巫行動。媒體和左翼知識界趁機全力反

攻，將「麥卡錫主義」變成一個魔咒，封殺了對共產主義政權及紅色意識形態的批判。

1960 年代，反越戰浪潮席捲美國校園、媒體和好萊塢，抵抗共產主義威脅的努力被進一步邊緣化。這些左派勢力要求美國從越南撤軍，幫助共產主義在越南獲勝。幸好有鑒於大多數美國知識分子對毛在中國的大屠殺了然於胸，倒是沒人能為支持毛澤東和中國共產黨的這項罪錯開脫。

二、階級仇恨「教育」和以屠殺為手段的土地改革

一旦在中國掌權，中國共產黨就開始試圖將人劃入不同的階級來煽動民眾對「國家敵人」的仇恨。

原本廣大的農村村民是以宗族、家庭和村莊來樹立身份認同的。深諳馬克思主義的毛澤東發起「土地改革」（1947–1952），要求根據每個家庭的經濟狀況進行社會階級的劃分。他提出了六種階級：地主、富農、上中農、中農、下中農、貧農。地主和富農被視為邪惡人群，貧下中農則被視為道德高尚的階層。

政府招募忠於共產黨的人做領導。這些人舉行暴力血腥的批鬥大會，製造家庭成員之間的矛盾，砍斷社會關係，為大規模屠殺做準備。仇恨教育在全國境內展開。

妻子站出來揭發丈夫的「罪過」，兒子也跳出來揭發父親。本文作者周曉的母親雷永（音譯）是一個店鋪老闆的第三位妻子。共產黨動員她在當地針對富人的批鬥大會上公開要求與丈夫離婚，她也從此成為此類批鬥大會上的活躍分子，並獲得了前往武漢上大學的獎學金。然而這樣的機會卻要求她將自己的兩個孩子留在家鄉，破壞了她原將自己三個

孩子都帶離家鄉遠離政治迫害的本意。[188]

一旦人們覺得揭發和攻擊「國家的敵人」是在實施社會公義和愛國之舉，群眾暴力變得廣泛蔓延，不受制約。對黨忠心是有實際報酬的，許多投身階級鬥爭的貧困農民因此獲得了土地。湖北京山的小環（音譯）原是一個地主的第二任妻子，被重新分配給了祖麻子作老婆。此人是同溪（音譯）一個貧困的積極分子，他常說：「*黨和毛主席把縣裡最漂亮的女人給我作老婆，我要永遠忠於他們。*」[189]通過許諾「耕者有其田」，國家動員窮人打倒富人，摧毀了傳統精英階層的經濟權力和社會權力基礎。

中國政府最有效的宣傳手段就是利用電影、歌曲、喜劇和流行俗語全方位重現階級剝削的可怕。上世紀 40 年代末，政府宣傳部門推出了《白毛女》、《半夜雞叫》、《劉胡蘭》，以及後來的《收租院》等劇，大幅度激發民眾對富裕地主階層的怒火。這些電影和故事在對公眾實施仇恨教育方面起了關鍵作用，引發了中國全境對地主的毆打和殺害。

透過鼓動大量平民百姓參與謀殺黨和國家認定的「反革命分子」，共產黨鞏固了對社會秩序的控制，同時鏟除了潛在的競爭者。這套手法被稱之為「殺雞儆猴」。

民眾在中共「血腥手段」中所產生的集體負罪感，使他們成為忠心的順民。然而最終，地主和貧苦的農民統統都成了受害者。儘管使用了暴力，中共的改革並沒有賦予窮人土地權。

他們沒收了所有階級的土地。國家將土地分配給農民使用，但並不給予土地的所有權和控制權。儘管在共產主義到來之前，許多農民因為無地，只能租地勉強度日，但當時至少還有 60% 的農村人口是相對獨立的小土地所有者。

　　許多農村人口既有租地又有耕地；一些人尋租，另一些人出租，包括中等農民，甚至一些貧農。這種情況因地區而異，中國南部和中部地區的農地租賃率較高，北部的租賃率較低（但雇傭勞動力的比例較高）。[190]

　　毛澤東的改革將土地從獨立所有者（其中大多數是窮人）轉移到集體（即地方國家組織）。毛以土改為墊腳石，鞏固黨對農村的控制，為後來的集體化鋪平了道路。

　　毛澤東的社會主義革命已被鮮血浸透。毛和世界各地的左翼知識分子認為，中共及其工作人員知道什麼是建設烏托邦的正確和必要條件。毛的願景是用階級鬥爭消滅敵人。對左派知識分子來說，對前地主和前政府官員的過度殺戮是建設新中國的必要條件。

　　那些執行毛澤東「土地改革運動」的人在中國以外的地方被描述為「純粹的農業改革者」。毛鼓吹的平等主義不僅在中國，而且在全世界都被用來吸引文化精英的成員，在 1940 年代後期向農民推廣毛的土地計劃，並在 1950 年代推廣他的的土地改革。

　　美國作家韓丁（William H. Hinton）寫了幾本讚美中國共產黨土地改革的書，包括《翻身》。韓丁的母親卡米利特・辛頓在佛蒙特州創立了普特尼學校（Putney High School），這是一所獨立的進步主義學校。

　　辛頓的姑姑艾捷爾・麗蓮・伏尼契（Voynich，E・L・）是《牛虻》（The Gadfly）的作者，這本書鼓勵年輕人在革命事業中對抗宗教和父母之命，在革命的俄羅斯和中國很受歡迎。韓丁的妹妹瓊在叛逃到中國成為毛的信徒之前曾經參與美國的「曼哈頓計劃」。

　　《翻身（解放）── 中國一個村莊的革命紀實》（*Fanshen「Liberation」: A Documentary of Revolution in a Chinese Village*）頌揚了

中國內戰期間毛澤東的土地改革。1948 年春夏，韓丁住在張莊，親眼目睹了土改中的暴行。[191]

隨著他的書成為西方人的標準教科書，韓丁粉飾了中共土地改革中的暴行。各地的左翼知識分子都對毛澤東土地改革中的暴力視而不見。

根據中國共產黨自己的文件，「土地改革」和「鎮壓反革命運動」導致至少造成了 260 萬人被捕、130 萬人入獄，至少 71.2 萬人被處決（學者和研究人員的死亡比例更高）。[192]

由於地方政府沒有記錄這些事件的數據，中共提供的數據肯定低於實際情況。因此我們可以推測，在超過 45 年的時間裡，黨國以遊行合併階級鬥爭的方式執行的死刑，令許多人生活在恐懼之中，也讓另外一些人興奮無比。

據張戎的《毛澤東傳記》記載，1952 年光僅在北京，就有大約三萬場集會，有超過 300 萬人參加。在一次這樣的集會上，約有 200 人被遊街並處決，他們的鮮血噴濺在旁觀者的身上，卡車載運著沾滿血跡的屍體穿過街道。

土地改革還向中國各地的各種宗教發起進攻。宗教領袖被迫放棄信仰或面臨迫害。一名基督徒難民設法逃到日本並告訴大眾，中共對宗教人士的攻擊是身體和精神雙方面的。在某些情況下，脅迫者施以極刑，將筷子插入基督徒的雙耳之中 —— 直到兩隻筷子在頭部中間相遇。[193]

周曉的叔叔周德倫是一位天主教的神父，他在國際天主教會的幫助下於湖南保靖為農村學生建立了一所學校。周曉的父親曾在那讀書、學習英語。共產黨上台後，當地中共領導人召集了所有的縣教區居民，用槍指著周神父，要脅他必須放棄上帝的信仰，否則將面臨處決。

　　周神父笑道：「你們不了解我們信徒。我們死後，將在天堂看到我們的上帝，所以我不怕死。」隨後幾聲槍響，周神父當即死亡。該地區的整個天主教會都遇到這樣的逼迫。

　　徐作凱先生在 2004 年回顧了當時的情景：「周村當時聚集了大約 100 人。沒人相信中共真的會殺死一位善良的、幫助我們地區很多貧困兒童的天主教神父。鮮血濺到好幾個人的臉上，包括兇手的臉。沒人敢哭。政府的士兵一離開，大人們就盡力把他埋在了一個隱蔽的地方，以免政府回來，像對待我們鄰縣的死者那樣，把他的屍體也扔進河裡。」[194]

　　中共一上台，中國就變成了一個全面發展的警察國家，開始恐嚇中國人民。朝鮮戰爭的爆發為該政權的鎮壓反革命運動提供了便利，因為與外部帝國主義作戰是鎮壓國內「敵人」的絕佳機會。

　　至於為什麼朝鮮戰爭有助於中共鎮壓國內的反革命，中共副主席劉少奇是這麼說的：

　　「一旦抗美援朝的鑼鼓聲震耳欲聾地響起來，土改和鎮壓反革命的鑼鼓聲就幾乎聽不見了，而後者也就更容易實施了。沒有抗美援朝的喧囂，土改（和鎮反）的喧囂聲就會很刺耳。這裡殺了一個地主，那裡打了一個地主，到處都有人大驚小怪。事情就不好辦了。」[195]

　　楊教授認為「鎮壓反革命運動」是在中國參加朝鮮戰爭的時候同時發起的，目的是透過宣揚愛國主義和鎮壓反對勢力在中國民眾中建立中共的政治合法性。

　　中國軍隊於 1950 年 10 月進入北朝鮮，中共則在同年 10 月 10 日發起了「鎮壓反革命運動」。重覆不斷的政治運動導致許多中左翼人士加入了中共陣營，既是出於害怕自己成為攻擊目標，也有出於被毛澤東所

謂的軍事勝利激發起來的民族主義的自豪感。

三、政治運動和思想改造

政治運動是中共深入滲透中國社會、消滅潛在政治對手和招募積極分子的最有效方式。中共在整個 1950 年代的管理風格就是反反覆覆搞運動。

正如負責司法系統的彭真所說：
「共產黨靠搞運動吃飯，不搞運動不正常。」[196]

土改和鎮壓反革命運動鞏固了中共的權力，消滅了所有潛在的反對力量。與政治運動相關的是黨國對城市居民工作分配的控制。當黨國成為唯一的工作提供者時，那些與舊政權有聯繫的人便失去了工作和尊嚴。

「思想改造」實際上就是洗腦，以鞏固中共對社會的控制，特別是對受過教育的人的控制。任何試圖表達異議的人都成為國家的目標。中共利用黨的宣傳，用官方認可的思想取代個體的思想內容。控制手段包括：

· 大鍋飯：有國家保障的工作
· 檔案：全民秘密檔案
· 高待遇：文化精英的物質特權
· 單位：城市中所有的政府工作部門
· 運動：政治運動
· 恐怖手段：集中營和階級鬥爭會議

政治運動是創建新中國的基本方法。由於大多數教師和知識分子接

受過傳統教育，中共政權要求他們接受再教育。毛澤東派艾思奇負責對中國所有教師實施一整年的共產主義教育。他負責將馬克思的辯證唯物主義介紹到中國。

艾思奇對毛澤東思想和馬克思主義的不懈推動，對 1950 年代初期的中國知識界產生了重大影響。他和陳伯達一起撰寫了《毛主席思想》。在新中國，所有的價值觀都必須重新審視，破舊立新 —— 黨國控制所有的教科書。

所有教師都被迫接受中共洗腦，200 萬名教師必須接受每周 7 天、每天 10 小時的「再教育」一年，才被允許恢復教學工作。所有社會科學都被禁止，只允許馬克思主義和毛澤東思想在各個層面被傳授。黨改寫了歷史。洗腦方式與戰俘營中使用的技術沒有什麼不同——口糧不足、身體和語言虐待、無休止的審訊、強迫製造假口供、獎勵好行為和懲罰不聽話的。

儘管國家深入控制中小學教師，但其主要目標是大約 10 萬名受過大學教育的精英。毛澤東和中共利用著名知識分子開始了一項公開自我批評的計劃。這些供詞發表在最重要的全國性報紙《人民日報》上。

1949 年 10 月，毛澤東終於在中國革命中取得了勝利。此後不久，中國著名哲學家和藝術評論家朱光潛教授於 11 月在《人民日報》上發表了第一次自我批評。他譴責自己過去的學術成就是無用的垃圾，因為它沒有反映工人生活的現實。他為擔任武漢大學校長時加入國民黨而道歉。[197]

到 1952 年 3 月，朱極盡所能的自卑自賤，終於從黨那裡獲得了及格分數。經過「思想改造」洗腦後，朱教授成為馬克思主義藝術批評家。他的馬克思主義主客觀統一理論指出，美必須基於客觀事物。在這些看

似抽象的理論背後，我們感受到的是每個時代人類精神的脈搏，這與毛澤東「人可以戰勝上帝」（人定勝天）的思想是吻合的。1963 年，經中共批准，朱的作品成為中國大學生的標準教科書。

北京大學的馮友蘭教授在 1949 年前是上世紀最傑出的中國哲學家之一。然而他放棄了原有的思想，並在 1949 年公開宣布他皈依了毛澤東思想。作為儒家思想的頂級學者，馮教授聲稱儒家經典充滿了謬誤，只有脫胎於馬克思列寧主義的毛澤東思想才適合發生在農業社會中的社會主義革命。

精英藝術家們也順應了思想改造的大浪潮，讚美試圖複製蘇聯模式的毛主席領導下的新中國。中國現代劇作家曹禺在 1950 年批評自己的名劇，自稱出身不好，在寫作中沒有遵循毛澤東的革命思想。實際上，曹禺的戲劇帶有左翼女權主義色彩，但對於新的共產主義中國來說，在政治上還是不夠正確。[198]

1980 年代中期後，曹禺對曾經支持中共的「思想改造」表示後悔，承認「思想改造」摧毀了他的藝術創造力。

中國共產主義革命嚇壞了知識分子，迫使他們放棄自己最好的作品，破壞了他們的創造力，並將他們之中願意與黨國合作的人變成了黨國的歌頌者。

四、「胡風反革命集團」案

胡風在日本留學期間成為一名馬克思主義者，1933 年返回中國。作為一名傑出的左派知識分子，他在藝術、文學、出版和教育領域頗有建樹。在那個時代，幾乎所有從日本和歐美留學歸國的中國知識分子都是左派人士。

然而胡風並不支持思想改造運動，他試圖促進專業化。他甚至敢於批評國家停滯不前的知識分子的創作生活，譴責毛澤東提出的作家只能關注工人、農民和士兵的生活這一指示。1954 年 3 月，他起草了 30 萬字的《關於解放以來的文藝實踐情況的報告》，批評政府的文化政策。

毛澤東親自幫助發起了一場反對「胡風主義」的運動，該運動在全國範圍內展開，強調每個人的意志都必須服從黨國的意志。在毛澤東的領導下，1954 至 1955 年間發起了全國性的反胡風運動。在運動的壓力下，大多數知識分子加入了全國對胡風「集團」成員的獵巫行動。

1980 年，周曉在武漢認識了胡風朋友的兒子胡建（非胡風親屬），胡建談到他的左翼父親，武漢一所精英高中的校長，是如何成為獵巫的受害者。和其他數千名知識分子一樣，這位朋友在 1960 年代被牽連、逮捕並死在勞改營中。全家人都因他與胡風的友情而遭難。[199]

胡風夫婦半夜被帶走時，三個年幼的孩子還在睡夢中 —— 妻子被關押了 70 個月，丈夫被關押了 10 年半。20 多年來，他始終拒絕認罪。1967 年他妻子去看他時，他後悔自己錯信了中共。到了 70 年代初，他的身心都被摧毀，連橘子都不敢吃：「我要是吃了，他們會罵我的。」他會在半夜突然引起人們的注意，稱自己是兇手、間諜和叛徒，變得越來越精神分裂。

唯一預見到胡風悲劇命運的人是胡適，他試圖幫助胡風離開北京前往台灣。胡適說：「蔣政府和毛政府的區別在於，前者會限制自由，但在毛手下，就完全沒有自由了。」

但胡風不聽，選擇了追隨毛澤東。

五、「反右運動」

1957 年，毛澤東、鄧小平、彭真發起「反右運動」，希望讓知識分子永遠沈默。右派的定義並不總是一致的，有時包括批評任何級別中共官員的人。據政府統計，政治迫害至少傷害了 55 萬受過教育的精英，包括在法律機構工作的人。算上他們的家人，至少有 500 萬人受到迫害。

「反右」運動後，知識分子被打上資產階級反動派的標籤，是繼地主、富農、反動派和壞分子之後的第五個敵對階級。對這一新「國家敵人」的仇恨導致了舉報信、批鬥會和自我批評。數以百萬計的中國文化精英遭受逮捕、處決和臨時殺戮、恐怖和強迫勞動。這些新階級敵人的親屬遭受社會排斥、日常服務糧食配給的被剝奪、公然羞辱和歧視。家人和朋友的背叛對他們來說是最後的打擊。許多人自殺了，活著的大多數則認為自己一定做錯了什麼，才招致全社會的敵對。

1991 年，著名作家劉賓雁先生對周曉說：「*當時大家都認為我是右派，所以我努力尋找自己的錯誤。我一定是做錯了什麼。*」1957 年，劉先生寫了一些批評中共官僚主義的文章，因此被貼上了右派的標籤。

另一位黨內傑出知識分子王若望 1957 年也被打成「右派」。政府還逮捕了他的兩個弟弟。其中一個弟弟被迫從海軍退役。王的第一任妻子李明是資深共產黨員，自 1938 年以來一直追隨毛澤東，仍受到王的牽連並被逼瘋。幾年後當她去世時才 46 歲。王的第二任妻子羊子等了他十年才最終結婚，而他的孩子則遭受了 20 多年的歧視和羞辱。

大專生沈元因為翻譯了赫魯雪夫（Никита Сергеевич Хрущёв）〈有關史達林〉的秘密演說發布於北京大學，而被打成了「右派」，並因此一罪行於 1970 年遭到殺害。

大多數右派分子被送往中國各地被稱之為「中國的古拉格群島」的勞改教育營 —— 在那裡遭受饑荒凌虐。最為悲慘的是甘肅酒泉的夾邊溝勞改農場。自 1957 年以來，有近 3,000 人被拘留在此，但到了 1960 年底，只有大約 700 人從苦難和虐待中倖存下來。[200] 那是一個充滿痛苦、饑餓和死亡的地方。

鑒於中共為一部分文化精英提供經濟保障，許多人選擇在胡風事件中揭發他人，以表達對黨國的忠誠，以求自保，獲取利益。許多曾經親密的朋友、家人、同事和同學在此時無情地批鬥、揭露，甚至試圖陷害他人。

例如，另一位著名的中國知識分子羅隆基[201] 被打成「中國第二大右派」。羅隆基的隕落與他最親近的三個人有關：和他一起生活了十年的浦熙修，他的機要秘書邵慈云，還有他的辦公室副主任趙文碧。然而這些揭發他人的背叛者並不見得能擁有好下場，很可能在下一次的政治運動中，又遭到受害者的朋友背叛。

鄧小平估計，中國的總人口中，有 10% 是右派，換句話說，就是每一百人之中就有 10 人在密謀反政府。鄧小平實際上製造了大約 317 萬的「右派」和「中右派」。儘管胡耀邦等領導人後來主張全面平反右派，但鄧小平仍堅持「反右」運動是必要和正確的。

20 多年來，鄧小平至死未向 300 萬右派分子及其家屬所遭受的非必要困苦和折磨表示任何歉意。而鄧在 1989 年「天安門事件」後實施的武力鎮壓正是他選擇以暴力對抗任何潛在社會威脅的另一例證。

六、與中國極權主義勾結的國際勢力

在整個 1950 年代，總部位於華盛頓特區的「世界銀行」一直支持

著毛澤東的「大躍進」政策，其中涉及的項目包括數百萬人在農村挖灌溉水渠這樣的公共工程建設，雖然這些工程並未曾徵求專業工程師的意見。1958 年初，毛澤東在聽取江蘇水利彙報時說：

「吳芝圃聲稱 他能治水 300 億立方米，我看得死 3 萬人。曾希聖說他要治水 2000 萬立方米，我看得死 2 萬人。他們那是虛誇。江渭清承諾 3 億立方米，可以一個人不死。」[202]

「世界銀行」還積極評價了作為「大躍進」的一部分、由去中心化的中共資助和推動之小規模工業，謂之「大煉鋼鐵」，結果這場全國性運動卻生產不出可堪使用的產品，後院煉鋼爐慘敗告終。

這些國際「專家」們從來沒有告訴極權主義中國，經濟發展的最大障礙是國家對毫無權利的窮人施加不受約束的權力。

新聞報導將注意力集中在「大躍進」提倡的所謂科學解決方案上，卻無視於中共政府在現實生活中侵犯人權的行為，造成了人為的饑荒（因為整個國家的資源從農業轉移到注定失敗的工業上），數以千萬計的人口死亡，這是場未被承認的道德悲劇。

在「大躍進」的饑荒之後，許多西方著名學者仍繼續在讚美毛澤東。費正清教授無視於大饑荒的制度性原因，盲目支持中共的土地改革。直到 1950 年代後期，土改導致了全面集體化 —— 成為政府控制農業生產分配的最佳途徑。[203]

喬安‧羅賓遜（Joan Violet Robinson）教授也對「大躍進」表示贊同。她認為這將創建自給自足的當地社區，可以養活當地的人民，同時為國家創造社會盈餘。她譴責那些「為饑荒流下鱷魚眼淚」的造謠「批評者」，甚至寫下這樣的批判：

「敵對的觀察者，包括許多專業的中國觀察者，喜歡詆毀去中國訪問的人發回的報導，認為他們一定是被政府帶著四處參觀的。蘇聯和西方都非常不願意相信那些同情中國的參觀者發回來的報導。如果不壓榨農民，還能搞工業化嗎？在一個工人可以自由批評老闆的工廠裡，怎麼還會有紀律？如何在消滅不平等的情況下激勵工作熱情？怎麼能夠既有基層民主，也有社會主義？一個落後的國家，沒有外援和外國專家，如何靠自己的力量發展起來？然而，有一些重大的事實是我們無法否認的。對崩潰、饑荒和混亂的頻繁預測已被證明是錯誤的。」[204]

在對「大躍進」或中國制度的描述中，不存在任何現實成分。羅賓遜讚揚毛澤東時代的中國和朝鮮，她尤其認為，中國可以提出一條沿實用路線修正的馬克思理論方法。本人並非漢學家的羅賓遜深受二戰時期美國財政部駐華代表所羅門・阿德勒（Solomon Adler）的影響。然而我們要知道，阿德勒可是蘇聯的間諜啊！他不但同情毛澤東思想，並幫助中共獲得美國資助。

1957 年 10 月 1 日，在「反右運動」的高峰期，羅賓遜教授在天安門國慶慶典上與毛澤東並肩而立，她可是毛澤東的座上賓。他們一同觀看了工人、農民、兒童、舞者和軍隊的盛大遊行。可想而知，這兩人沒有討論後續「反右」獵巫運動在中國社會所導致的持續暴力。

瑞典激進左翼分子揚・米達爾（Jan Myrdal）應邀訪問中國，探視毛澤東領導下共產黨首都延安附近的一個農村。1962 年，米達爾和他的妻子在中國農村待了一個月，對當地居民進行了四個星期的採訪後，米達爾出版了一本重要著作：《來自一個中國鄉村的報告》，文中以同情的口吻描述了中國的「大躍進」。

「我試圖盡可能準確地再現，」米達爾先生寫道，「這些村民男女如何描繪他們他們自己認知的現實；他們記得的經歷以及他們認為自己在這

場當代世上最大的社會政治動盪 —— 中國革命中所扮演的角色。」[205]

　　這本書在西方普遍受到好評，是西方最早對中共統治下的中國農村生活進行深入報導的作品之一。在這本書和 1984 年的續集《重返中國鄉村》中，儘管已有廣泛的目擊者報告和學者對 1949 年至 1976 年期間發生的饑荒、死亡、迫害和屠殺等研究，但米達爾先生對毛澤東的「文化大革命」幾乎從未表達過質疑。

　　作為瑞典左翼知識分子的領袖，米達爾反對他看到的所謂美國帝國主義文化，並公開反對越南戰爭。他對西方入侵已開發國家進行譴責，同時不齒西方所帶入的社會經濟影響，這些都進一步強化了他所持有的歐美霸權損害世界的觀點。

　　1970 年代後期，米達爾訪問了柬埔寨，並與紅色高棉領導人波布（Pŏl Pôt）共進晚餐，後者策劃了針對其 700 萬同胞中三分之一人口的大屠殺。當米達爾先生從殺戮國度返美時，他告訴《紐約時報》，他在柬埔寨「並未看到恐怖場面」。[206] 由於他的貢獻，米達爾獲得了紐澤西烏普薩拉學院（Upsala College）的榮譽博士學位和中國天津南開大學的榮譽哲學博士學位。

　　米達爾先生和西方似乎並不知道中共一直在為他的鄉村訪問研究裝點門面。中國經濟學家、商人鄭潔夫先生在 1982 年回憶說：

　　「我來自延安地區，我們喜歡高官和外國人來參觀，因為我們必須為他們裝樣子。我媽媽告訴我，1962 年外國人來參觀的時候，當地政府官員給她家提供了一個月的新衣服和小麥，甚至還有肉，裝給外國人看。但外國人一走，就把所有的東西都收走了。我媽說她唯一的一條褲子也被拿走了，她哭了，因為當時她一家五口人共用一條褲子。」[207]

在當時的農村，一家人共用一條褲子是很普遍的事情。甚至到了 1977 年，萬里副總理調研時還能發現安徽農村的三姐妹在共用一條褲子。1975 年至 1978 年間，周曉在武漢的一家工廠工作時，若有外國遊客安排來訪，政府同樣會命令工人們清理廠房環境並穿上更好的衣服。

然而實際情況是，在 20 世紀七十年代，有多達 2 億的人每天收入不足 2 毛錢，2.71 億人每天收入 1.64 毛錢，另外還有 1.9 億人和 1.2 億人，每天只收入 0.14 和 0.11 毛。新華社記者曾到農村做過實地考察：一家三口擠一張木板床，床的對面還拴著一隻山羊；90 歲的老太太一整個冬天都躺在床上，因為沒有衣服所以不敢下床；飯後不讓洗碗，因為餓的時候還可以聞一聞碗裡的飯香 ⋯⋯。[208]

這些左翼國際學者和觀察家都認為，毛澤東所構築的偉大願景一定比中國貧民自由創造發展出來的國家問題解決方案更好。然而在大多數情況下，證據顯示專制下的發展遠不如自由發展的結果更優越。即將討論的中國農民「包產到戶」運動便能證明這一點。西方學者和記者可能對毛澤東口頭上表達對中國窮人的善意印象深刻，他們雖有關懷民眾的熱心，卻助長了不受約束的中共權力，造成了數以千萬計的人權侵犯及迫害，更間接導致了數以千萬計的死亡。

七、尼克森訪華

1970 年，毛澤東向親中的記者愛德加・史諾表示願意改善與美國的關係。1971 年 4 月，中國邀請美國乒乓球隊訪華。幾個月後，尼克森（Richard Milhous Nixon）總統的國家安全顧問亨利・季辛吉（Henry Alfred Kissinger）秘密訪問了北京，中國藉此向尼克森總統發出了邀請。尼克森 1972 的訪華觸發了一系列事件，最終促成中美在 1979 年建立了正式外交關係。

尼克森按計劃登長城的前一天突然下了大雪，他的代表團以為長城出訪將被迫延遲。但是中國政府為確保這種狀況不會發生，在他參觀長城的前一晚，下令成千上萬的北京居民與軍隊人員清理街道，以便美國人仍能開車前往長城。這件事給美國人留下了深刻的印象，但北京居民顯然並不開心。

當時只有十幾歲的羅女士回憶道：「凡是年滿 15 歲的人都得報到，為美帝國主義者掃雪。我哥哥不肯去，卻被當地警察毆打。最後我的父親和兄弟共無償工作了 10 個小時來清理積雪。」[209]

甚至在長城上，中共也為美國代表團做了一場戲：「在他必經之處的長城上，巧妙地擺放了一群『典型』遊客，他們碰巧可以面對照相機鏡頭熱情地打招呼，一位衣著光鮮的年輕女性伸出特別的歡迎之手。」[210]

尼克森的代表團不知道的是，為了這次訪問，中共還圍捕了「犯罪」嫌疑分子，軟禁或監控了一些「階級敵人」。

中共一向知道怎麼給外國人做戲。在許多情況下，政治可靠的人被選中來參加活動。這些演員必須假裝快樂滿足。當被問及尖銳、回答有難度的問題時，這些人就跟你裝傻。

1971 年，毛澤東和周恩來親自會見紐約州立大學石溪分校的華裔物理學家楊振寧。楊振寧全面肯定了毛澤東的無產階級文化大革命的「成就」，他說：

「文化大革命的三大原則是：
一、教育群眾為眾為全中國人民服務，而不是訓練特殊階級為爲他們自私的目的而工作；
二、理論與實踐相結合，三番四次申明哲學的新方法是廢除舊傳統

　　的刻板的教育方式；

三、學生決不能用蛀書蟲方法學習，而提倡用一種有創造性的與最實際的方法來學習。」[211]

　　楊振寧最有興趣的是「農業學大寨」。他吹捧說：「那是中共自力更生的精神表現，也是毛主席思想的正確領導。」就因為正確，所以大陸糧食供應充足；水果蔬菜極多；學生、工人及農民吃得很好。

　　他說：「我曾經與大學生一起吃飯，在上海還在柴油機廠與工人一起吃飯，我覺得那裡的伙食比我們這裡（指石溪分校）學生食堂的伙食好一些。」

　　楊振寧肯定「大躍進運動」，也以四次訪問大陸的經驗向日本人證實中國大陸的「文革是必要的」，他說：「文革使中國的社會、科學家出現了根本的變革，避開了向修正主義的脫逸，願意為理想主義真理下出現的中國貢獻一切。」[212]

　　楊對中共的全面支持最終得到了回報。楊在 85 歲娶了 28 歲的嬌妻翁帆。在中國大陸，他在經濟和學術上都得到了最高待遇。楊振寧先生也最終選擇放棄美國國籍，重新加入中國國籍。

　　美國銀行家和慈善家大衛·洛克斐勒（David Rockefeller）於 1972 年隨尼克森訪華。他無視中共全面控制社會的跡象，盛讚中國的一黨極權主義：

　　「一種民族和諧感立刻給人們留下了深刻的印象……無論中國革命的代價如何，它顯然已經成功……培養了高昂的士氣和社區目標。總體社會和經濟的進步也同樣令人印象深刻……中國的巨大社會進步得益於意識形態和目的的單一性……毛主席領導下的中國社會實驗是

歷史上最重要和最成功的社會實驗之一。」[213]

如果你還記得商業界對希特勒和墨索里尼（Benito Amilcare Andrea Mussolini）的極權主義噩夢之讚譽，你可能會以為洛克斐勒只是對外國領導人表達客氣 —— 然而在他 1973 發表在《紐約時報》上的〈我的中國之旅〉中，他似乎真正的相信了這一切。

洛克斐勒的文章還強調了聯合國報告中提出的目標，例如「全球治理委員會」，倡導了聯合國教科文組織的「我們的創意多樣性」。這些旁徵博引專注於一些崇高的理念，例如人類共享「地球村」中的和平、和諧和團結。他相信這一願景要求以絕對控制和普遍參與的手段推動小團體的建立，即共產主義國家的「蘇維埃」或委員會的等級制度為模型。

在毛澤東 1976 年 9 月去世時，左傾的《紐約時報》甚至還刊登了一篇充滿敬意的悼文：

> 「毛澤東生為一個默默無聞的農民，去世時已是歷史上最偉大的革命人物之一 …… 生在中國內亂、赤貧、被外國勢力侵犯的時代，他活著完成了年少時的夢想，恢復了中國作為一個偉大國家的傳統地位 …… 他以驚人的毅力和完美的戰略，利用農民的不滿和民族主義力量，將一小撮農民變成了百萬大軍，經過 20 年的奮鬥，最終於 1949 年取得了全國性的勝利。」[214]

八、毛之權力巔峰 —— 偉大的無產階級文化大革命

「偉大的無產階級文化大革命」（簡稱：文革）是毛澤東 1966 年發起，直到他 1976 年去世才結束的一場充滿暴力的社會清洗運動。他的初衷是想把三年大饑荒之後質疑「大躍進」政策的中共領導人從黨內清除出去。

　　由於他犯下的錯誤，在 1961 年黨的會議上，毛被「架空」，國家日常的經濟管理工作交給了劉少奇。

　　但在毛自己看來，毛將「文革」視為是基於 1871 年「巴黎公社」概念的一種具有戰略性的平等主義手段，是重新實施他激進的烏托邦社會主義實驗。

　　儘管他的政權已經建立了精英等級制度，但他要求精英和工人領相同的工資。毛對鏟除等級制度的號召引起了公眾的興趣，尤其是那些因為家庭背景惡劣、不能享受平等教育和工作機會的人。

　　劉少奇等黨的領導人希望將「文革」整肅的目標從黨的精英領導人轉移到五種壞階級的「慣犯」：地主、富農、反動派、壞分子和資產階級知識分子。

　　學校和大學中的「反革命分子」受到特別關注，黨並派出專門的工作組對付他們。因此，在「文革」之初，針對這些「黑階級」和其家人的暴力行為激增。紅衛兵抄家的時候不僅破壞家庭財產，還對人進行毆打。

　　「文革」的第一波任務是破舊立新。這與我們今天在美國開始看到的情況非常相似。政治正確和社交媒體審查嚴格控制著社會上能被容許的表達範疇。

　　今天網上盛行的「取消文化」（cancel culture）透過騷擾和物質利益的損失來懲罰當事人「錯誤的想法」，進而在社會上強制推行「正確的想法」。和中國的「文革」一樣，美國今天的「安提法（Antifa））」[215] 和「黑人的命也是命」活動者組織都認為必須先摧毀他們眼中的腐敗秩序，才能創建新秩序。這些組織的活躍分子在主要城市實施燒毀和搶劫，並對

無辜之人使用暴力。

和「文革」中的叛亂分子一樣,「安提法」和「黑人的命也是命」組織既參加非暴力活動,也參與暴力行動。他們在示威活動中攻擊路人和警察,並「占領」公共和私人建築物。他們無視法律,隨機燒毀商業和民用建築,放火燒警車,洗劫商店。[216] 與「文革」不同的是,他們還沒有像紅衛兵那樣在體育館、公園等公共場所舉行遊街示眾的階級鬥爭大會。

活動的其他相似之處還包括拆除舊雕像和重新命名學校和道路。在 20 世紀六七十年代的中國,普通人的姓名、商店、道路和學校的名稱都被改為政治正確的名稱。例如當時很多女孩取名「紅英」(紅色英雄),最受歡迎的男孩名字則是鐵軍(鋼鐵般的軍隊)。

在筆者周曉當年居住的武漢,城市主幹道被更名為「解放路」;在北京,「反修路」這個名稱被頻繁採用。周曉就讀的高中新名字是「抗日學校」,因為學校及教科書都想強調中共在 1945 年日本戰敗中發揮了主要作用。

如出一轍的是,美國目前也正在狂熱地變更機構名稱。更名提案首先涉及美國內戰時期南方的一些將領人物,現在更是已經擴展到傑佛遜(Thomas Jefferson)、華盛頓、林肯和格蘭特(Ulysses S. Grant)這樣的美國英雄。[217]

1966 年夏天,筆者周曉的父親,一位大學教授,被貼上了「資產階級知識分子」的標籤,關在學校臨時搭建的監獄裡。

城市裡的工作單位被建造成臨時監獄,不允許外人與囚犯接觸,這在當時是很常見的。這些「罪犯」被稱為「牛鬼蛇神」(牛、鬼、蛇、

魔）。海報上大字寫著「打倒周明琛！」並描述了他所謂的劣性活動。這些大字報覆蓋了周曉家的公寓所在的校園。紅衛兵還用一張海報把公寓的門封起來，留下一個只夠爬行的小洞作為出入口。

一天晚上，紅衛兵帶著周明琛的密友張秋麗女士來到周曉的房間。要求周曉和她 11 歲的姊姊周萍交代父親的政治罪行。周曉知道，為了救姊姊和自己，她不得不編出一些父親的罪證：

> 「我討厭我的父母，因為他們太自私了，從不學習如何與我和姊姊相處。他們從來沒想過我們，只考慮他們自己。」

這些某種程度上也是她的真實感受，而且這些話確實幫助她和自己的姊姊擺脫了午夜的審訊。更多年幼的孩子為了自保被迫編造虛假的故事來攻擊他們的父母。在一次公開的批鬥會上，後來成為重慶市委書記、國家商務部部長的薄熙來打斷了父親薄一波的三塊鎖骨 —— 他的父親是 1950 年代的商務部長。正是這種罔顧人倫的「仇恨教育」破壞了家庭關係的連結 —— 中國最重要的文化傳統之一。

後來，周曉和周萍逃到了她們在武漢的母親家中。兩天後，母親所在高中的紅衛兵把她的頭髮剃掉了一半（俗稱陰陽頭），讓她看起來形象滑稽、不男不女。她被打成了「資產階級知識分子」。被逼著在武漢將近攝氏 40 度的大熱天裡，穿著毛皮大衣赤腳行走 20 多公里。

警察來到她家是因為發現了一些郵票收藏品，包括一些外國郵票，於是家裡所有的物品都在後院被燒毀。紅衛兵砸爛家具，挖穿地板，試圖尋找「資產階級寶藏」。他們還把一套無價的瓷器收藏扔到牆上摔碎。巨大的噪音與暴力毀滅性的奪去了周曉右耳一年多的聽力。即便如此，周曉的母親在被送進監獄之前，還對女兒們說：「請相信黨和毛主席。你媽媽是無辜的。」

周曉和姊姊試圖逃離暴力，但卻無處可去。沒有人敢再和她們說話，包括她們的親戚。許多個夜晚，她們窩在火車站的長凳上頂著寒風相擁。她們無人照料，無家可歸。

毛在《人民日報》上發了一張大字報，指責政府工作隊傷害了無辜的人。但事實上，毛是想藉此除掉黨組織內部的「走資派」。文革期間，以張春橋、姚文元為首的毛派每天寫文章引導輿論，毛的妻子江青則要求全國人民觀看或收聽八部革命劇（樣板戲）。所有的中國人都在跳「毛舞」（忠字舞）。除毛澤東著作和馬克思主義經典著作以外的所有書籍都成了禁書。

任何被視為美麗和值錢的東西都被拋在一邊。不論男女都穿著中性樣式的軍服或中山裝。街上只有黑灰藍幾種顏色。毛澤東的妻子江青在「文革」初期擔任毛的重要使者，1966 年，她被任命為中央文革小組副組長。她還以毛澤東本人為模型，塑造了毛澤東風格的中性造型，推廣至全體國民。她讓十億中國人穿著一模一樣的單調制服，揮舞著印有毛語錄的小紅書。作為曾經的電影明星，江青成了把政治與時尚相結合的名人。

當中國人，尤其是中國女性遭受苦難之際，西方左翼女權主義者卻被毛澤東思想指導下的社會實驗工程深深吸引。男女皆宜的服裝風潮甚至啟發了許多西方反資本主義的左翼分子。

夏偉（Orville Schell）就非常崇拜中國強制執行的著裝方式。他在《人民的共和國》一書中稱讚這種「像長袍一樣的寬鬆制服」。夏偉對外貌屬性在親密關係中退居二線感到興奮。他寫道：

「中國人透過簡單地用一些革命屬性代替在西方求愛中發揮重要作用的外貌屬性，成功地、從根本上改變了兩性的吸引力概念。」夏偉還

讚許地指出：「為了贏得某人的愛而『欲擒故縱』或加劇嫉妒（在這裡）好像並不常見。」[218]

好萊塢明星莎莉・麥克琳（Shirley MacLaine）也對中國極權主義統治下的清教徒主義表示由衷的讚賞。和所有左派一樣，她將美國社會中任何對女性著裝或性衝動的限制視為是「資本主義壓迫」，但中國社會對不受管束的愛和性的全面壓制，在她眼中倒成了一件偉大的事情。在她所著的《你能從這到達那裡（*You can get there from here*）》一書中寫道：

「我親眼看到，在中國你可以忘記性。這裡沒有為了銷售肥皂、香水、軟性飲料或汽車而對性進行的商業剝削。男女通用的中性制服也淡化了性慾，有趣的是，這使你更關注中國人的個性，不管他或她有沒有物質資產，或者有多少物質資產，…… 女性幾乎不需要，也不渴望打褶滾邊的衣服和化妝品之類的膚淺東西。孩子們喜歡工作並且自力更生。人際關係中似乎沒有嫉妒和不忠，因為一夫一妻制是這片土地上的法律，幾乎沒有人會誤入歧途 …… 這是邁向未來的一次巨大飛躍。」
[219]

莎莉不知道的是，國家強加的無性形象在心理上傷害了女性，導致了社會衝突，而這種傷害有時是永久性的。被洗腦的年輕女孩變得如此癡迷於絕對平等，以至於她們試圖表現得比年輕男性更為暴力。

1966 年 8 月 5 日，北京師範大學女子附中的女校長成為第一個被女紅衛兵毆打致死的案例。在那場災難性運動的第一個月內，光在北京，就有 1,700 多名教師和學校行政人員被謀殺。毛澤東最重要的代理人江青在「文革」期間煽動年輕人，尤其是年輕女性，成為反對「國家敵人」的恐怖分子。

江的僵化教條實際上是反女性化的。數以百萬計的年輕女孩用布纏裹自己的乳房，就像幾代人以前的中國婦女用布裹住自己的雙腳一樣。不知道莎莉會如何看待女孩們為了不暴露自己的女性氣質而壓制自己的乳房？

「文革」期間女性美的標準是去除女性化：沒有化妝品，不要粉紅色，把乳房壓平。女性的髮型也一定要短。紅衛兵會拿著剪刀準備為街上遇到的任何人剪去長髮。反抗者會被毆打、羞辱，被迫在脖子上掛上「我是毒蛇」、「我是反動怪物」這樣的大標語。

這與毛澤東思想在本質上屬於是男性化和反女性是分不開的。而毛式女權主義惡毒、抱怨、狙擊、令人疲倦的諷刺模式更是限制了中國女性的自由和選擇。吊詭的是，江青卻被描繪成女權主義的社會主義偶像。

而這一「女權」主義偶像的形象是一位為革命事業獻身的「男性」士兵。許多西方女權主義者，尤其是美國女權主義者，竟然認為這種形象是進步的。．

1991 年，筆者見到了羅格斯大學「女性全球領導力中心」（Rutgers. University, Center for Women's Global Leadership）的創校董事兼高級學者夏洛特・邦奇（Charlotte Bunch）。她說，毛澤東的「文革」在她的女權主義覺醒中發揮了關鍵作用。

「毛澤東的『婦女能頂半邊天』這句話仍然激勵著我為世界各地的婦女權利而鬥爭。」

女紅衛兵的形象更是激勵了許多像邦奇教授這樣的人，受到片面信息的蠱惑卻成為女權主義和人權運動中的積極分子、作家和組織者。

現在是時候揭露毛澤東的厭女症了。真相是，他不斷剝削婦女和女孩，包括北京幾個 13 歲的舞蹈學生。在他的醫生李志綏出版《毛主席的私生活》（1994）之前，還沒有女性敢於站出來揭發他對年輕人實施的性虐待。

毛的第四任妻子江青則大加利用毛的專斷權力來替他統治國家 —— 只要她能忍受毛與其他年輕女人的婚外情，就能坐穩第一夫人的位置，打著建立一個偉大、平等、共產主義中國的旗號，下令殺死昔日的富人和掌權者。

在「文革」期間，她公開叫囂用暴力對付國家的敵人。按照毛的話：「寧可錯殺一萬，也不讓一人漏網。」江是對數千名知識分子和平民百姓實施酷刑和謀殺的幕後推手。

江青於 1976 年 10 月在毛去世後被捕，並被要求對毛的所有罪行負責。

「文革」期間，鄧小平心愛的兒子鄧樸方在北京大學被人從六樓的窗戶扔下，從此癱瘓。但當時的鄧小平還不敢指責毛，只好指責江。

中共黨內提出的指控明確指出，「四人幫」對 727,420 名中國人的迫害和 34,800 人的殺害負有責任，其中包括「黨和國家領導人 38 人」，「中央委員和候補委員 93 人」。當然，政府公布的數據遠遠低於實際的受害人數。

在庭審中，江說：「我是毛的走狗。毛要我咬誰，我就咬誰。」

儘管她出於自保，倒是正確地指出了：中共試圖為毛掩飾，並將文化大革命造成的破壞及其大部分責任歸咎於他的妻子及他所在的四人

幫。江最初被判處死刑，但在 1983 年被減為無期徒刑。1991 年 5 月，江青在保外就醫期間自殺身亡，大概是因為她看不到中國重返毛時代的希望。她從沒有後悔自己的罪行，死時仍是毛澤東最忠實的代理人。

她的遺言是：「毛主席領導人民經過二十多年打倒國民黨反動派，取得革命勝利。現在被鄧小平、彭真、楊尚昆一夥反革命修正主義吞併了領導權。主席除劉未除鄧，後患無窮，國禍民殃。主席，你的學生和戰友來見你了！」[220]

西方女權主義者，以及一些毛派知識分子不但無視毛對婦女的性剝削，對於法國左翼分子克勞迪·布羅耶爾（Claudie Broyelle）來說，毛澤東思想革命的主要成就之一乃是取消了「愛情私有化」。在《中國婦女的解放》[221] 一書中，她興高采烈地強調，在中國，愛不是透過個人和自私的資本主義途徑來表達的，而只能通過「革命承諾」來表達。

是的，毛澤東幾乎能夠做到這一點，因為他有一項真正限制愛的政策。在毛澤東時代，中共的政策是將受過教育的夫婦分開，一年只准他們見面兩周的時間，這給數百萬人帶來了家庭問題。

布羅耶爾滿意地注意到，漂亮的外表對中國女性來說不再重要。因為與她看到的西方廣告中女性的性感形象不同，她起勁的鼓吹中國出現的新女性形象：

「......在海報上、報紙上、舞台上，無處不在。這是一張工人或農民的照片，神情堅定，穿著非常樸素......你可以看到她在工作、學習或者參加示威活動。」

美國的大學教授也用毛澤東的無性女性形象作為中國女性沒有被資本家剝削的標誌。口紅被認為是骯髒和腐敗的。這種洗腦浸透了女

性的意識。

當然，夏偉、麥克琳和布羅耶爾從來沒有說出殘酷的真相。她們不敢問：在一個沒有隱私的社會裡，怎麼可能輕易地產生愛和嫉妒，或者對配偶不忠？假如有人膽敢不忠，輕則被關進集中營，重則被處決。就連當時中共第三把手朱德的兒子，也因情人無數的所謂作風問題而被處死。

筆者的姊姊僅僅因為在冬天戴了一條粉色圍巾，被咒罵為妓女，還有人編造了關於她的愛情故事。

還有女人因為沒有穿毛式制服，且被抓到和一個男人約會，就眾叛親離。在發現自己懷孕後，她試圖去領結婚證。但居委會不批准——因為她未經允許就談戀愛。在大家都在鬧革命的時候，一個十八歲的少女卻只想著戀愛，真是「自私」啊！她被遊街，脖子上掛著一雙破鞋（在中國，妓女被稱為「破鞋」）。她被迫墮胎之後就病倒了，曾經兩度企圖自殺。

左翼女權主義者應該聽聽這些真實的呼聲，並且讀讀許多從未獲釋的女性囚犯的日記，寫寫她們的故事。

至於安提法和「黑人的命也是命」的成員們，不知道他們是否意識到這些婦女的苦難正是成員當中很多人崇拜的毛澤東思想造成的？

2020 年 5 月，美國因喬治·佛洛伊德之死而爆發的抗議活動迅速蔓延到全國後不久，商業品牌紛紛發表聲明表示支持、提供捐款，並出售文化衫，其上印製如：「結束種族主義」、「沈默就是幫助壓迫者」、「用種族主義者換難民」，「真正的警察行使正義，不實施謀殺」等標語。

　　就像在「文革」中高喊的階級鬥爭一樣，反種族主義的聲音一直響亮而清晰。然而示威者並不是切實改革警察系統的程序，而是「撤銷警察資金」；不是更妥善地促進「不以膚色論人」的美國理念，而是強制推行一個具有種族意識的社會。

　　這些訊息透過類似毛澤東文化大革命的「思想改造」和政治暴力策略來傳遞——而這些策略竟得到了美國精英機構的默許。令人震驚的是，這些策略在美國也正在被人們更廣泛地接受。

　　美國甚至已經通過相關的法律，企業也被鼓勵向少數族裔提供專門的福利。（但這種「反向歧視」顯然違反了 1964 年的《民權法案》，而且直接作為政府政策也可能是違憲的。例如，最近一項僅惠及少數族裔農民的聯邦福利在司法上被禁止。[222]）

　　「平權行動」也影響到了大學的錄取申請，越來越多人傾向認為使用針對不同種族設置不同的標準是合理的，以致某些大學開始完全放棄使用 SAT 分數作為選拔標準。雖然很難證明 SAT 的設計本身存在種族歧視，但新出爐的觀點是，「成績」這個概念本身就是白人至上主義的。

　　學校越來越將學術卓越的概念與種族主義相關聯。雖然美國的中小學人均教育支出在經濟合作組織國家中名列前茅，但與其他經合組織國家相比，美國學生在標準化學科測試中的表現卻位列中下。[223]

　　學術卓越並不是衡量一個國家成功與否的唯一標準，但美國在這個領域的滑坡，加之政府和非政府機構對思想自由的違背，甚至主動用壓迫者階級和被壓迫階級之間的馬克思主義「社會正義公平」概念取代對不可剝奪的個人權利和法律規定的平等的尊重——所有這些加在一起，如果不加以警醒和逆轉，終將破壞而非促進美國成為「更完美聯邦」的初衷。

類似的這種反智主義和「社會正義」在上世紀中國的「文化大革命」期間曾經是很普遍的。人們扔掉小提琴和吉他，遠離「西方資產階級文化」。大學關閉了三年，重新開放後，只招收工農兵（指工人、農民跟士兵），當然，信譽好的政府官員的孩子仍然可以參加，不做任何形式的考試。直到 1978 年，鄧小平上台後才重新恢復高考制度，儘管科考是一項已經在中國延續了 2000 年的傳統制度。

在毛澤東時代的中國，儘管左翼分子表現出對極權清教徒主義的嚮往，但這並不意味著這些左翼分子是無性的。相反地，他們中的許多人性慾很強，毫無顧忌地性濫交 —— 甚至是性濫交的推動者。

真正的問題是「為什麼目的服務」。

例如，如果女性的「性自覺」能夠讓她們向自己母國的民主資本主義社會開戰，那麼她們的「性自覺」就會得到左翼人士的堅決支持。如果一個極權社會普遍地扼殺婦女的權利，那麼左派往往也會支持這種壓迫，並歡迎它對自己的母國社會構成威脅 —— 左派通常憎恨自己的母國文化並希望摧毀它。

因此，我們開始能夠理解，正如對極權清教徒主義的忠誠是左派人士支持毛式中國和其他迫害自己人民的共產主義極權國家的主要原因，它也是左派女權主義寬容伊斯蘭教壓迫女性的核心理由。

我們甚至可以看到，毛澤東要求的男女通用的服裝規則與伊斯蘭教對寬大衣袍的要求相似 —— 全面抹殺性別區分，而且對女性的穿著要求通常要極端得多。一方面，集體「制服」被用來象徵著反帝國主義和反資本主義運動，另一方面，在這些國家，男性和女性都可能因同性戀問題而被處決。

在「文革」時期，也有一些真正的中國自由戰士。幾位勇敢的青年男女曾向中共發起挑戰。例如，1968 年，高中生楊曦光（即後來的楊小凱）著文《中國往何處去》，批判中共的官僚特權，呼籲建立一個沒有巴黎公社那種官僚特權的平等社會。楊是第一個敢於要求中共遵守中國憲法規定的規則和理念的中國人。

挑戰毛派階級劃分這一封建思想的最重要的英雄是遇羅克。作為所謂「資產階級」的兒子，雖然遇是全國高考第一名，但還是沒有資格上大學。他在 1966 年寫作的〈出身論〉一文批評了毛派在 1949 年前以祖父母經濟狀況為基礎的階級劃分方法和政府推出的新階級劃分法。[224]

反對當代社會以家庭的「階級背景」來決定一個人的階級的政策。就政治命運而言，遇家的每個人都就此永遠被列入黑名單監管。在美國很多人從來沒有聽說過這個中國的馬丁金·路德·金恩，與美國的與馬丁·路德·金恩一樣，遇羅克主張以品格而非出身來判斷一個人。他呼籲中共擺脫封建思想，主張身份平等，要求所有人，不論家庭背景，都享有平等的政治和社會待遇。

1967 年，以毛澤東夫人江青為首的中共中央文革小組判定遇的文章是「毒草」。1970 年，27 歲的遇在公開審判中被判處死刑。周恩來下令將他定罪後立即處決。

《社會意識》的作者權家國也批評過中共和毛澤東的「唯階級觀點」和階級鬥爭路線。《反特權》的作者許水良和《論特權》的作者陳爾金發表達對社會主義國家中普遍存在的特權的批判，並提出研究西方政府的自由民主，以消除特權和保護人權。[225]

身為天主教徒的林昭，因批評毛澤東的政策而被中共關押後處決。這位著名的異議人士被廣泛認為是中國人和基督徒的烈士和榜樣。1961

年，她遇到了剛從勞教所歸來的黃崢，並說服他幫助自己為「中國自由青年戰鬥聯盟」起草一個政治綱領。

該聯盟主張建立一個由年輕的右翼知識分子和民主活動家組成的未來聯盟，團結在非暴力的旗幟下，為「人類的自由復興」而戰。她試圖透過一個名叫阿諾德·紐曼（Arnold Newman）的無國籍外國攝影師將她的一些作品走私出境，與世界分享。此人很快被當局逮捕，林昭也被當局跟蹤。

她還給當時的北大校長盧平寫了一封信，懇求他釋放 800 名被送往勞改營的學生。但林昭不知道的是，北大那批右派學生中，僅 1960 一年，就有 300 多名在北京清河勞改營餓死。而林昭本人則於 1968 年 4 月 29 日被槍殺。[226] 直到 1968 年 5 月 1 日，一名中共官員找到她的母親，代表政府為殺死她的那枚子彈收取 5 分錢的子彈費時，她的家人才知道她死了。[227]

除了這些為數不多的、選擇為自由而戰的青年人，大部分高中生和大學生被政府提出的「人人平等」新想法所吸引，其中一些人創建了自己的小社團，例如「第三總部」和「叛軍」。「文革」爆發後，為紅色口號所蠱惑起來的年輕人相信，以前從來沒有一個政府聲稱代表普通民眾的利益，他們覺得只要忠實地追隨著毛澤東的革命，就必將重建巴黎公社，在遭到關閉的政府辦公室裡重新決定中國的未來。

因此，在革命爆發後短短幾個月的時間裡，隨著普通民眾開始與掌權的當地精英進行鬥爭，暴力事件爆發了。1967 年 1 月起，工廠、銀行、發電廠在全國範圍內被查封，紅衛兵和軍隊追查、恐嚇或乾脆殺光了偏離政治綱領的「叛徒」。由於感受到來自黨內精英的壓力，毛澤東又改變了主意，派軍隊去學校平息暴力。一些舊的精英領袖重新回到他們的權勢地位，開始懲罰那些造他們反的人。

趁此機會，毛澤東利用包括紅衛兵在內的各種造反組織將政治對手劉少奇等人送進監獄。利用完學生後，毛下令把所有青年學生都送去農村學習艱苦的生活。這些年輕人中的大多數都失去了受教育和在城市生活的機會，最終成為生活在底層的中國人。

「文革」期間，一句著名的口號成為家喻戶曉的詞，即所謂「狠鬥私字一閃念」。至此，所有隱私被取締；祖母們負責挨家挨戶檢查鄰居的安全，尋找潛在的「國家敵人」。這種激進的毛澤東思想實踐出自當時的副總理張春橋。張宣揚毛澤東思想，並呼籲消滅私有財產，甚至私有思想。在「文革」期間，每個人都被要求在個人主義或自我意識出現的那一刻就將其消滅。[228] 許多小男孩用皮帶鞭打自己入睡，以免睡著了做不好的夢。

張還從上海帶來了筆桿子姚文元。姚以他的「金筆」為榮，透過文字為武器，以毛滿意的方式打擊所有資產階級個人主義者和「右傾主義者」。他負責黨的宣傳工作，策畫發布所有充滿仇恨的文章、提前安排好的「自由辯論」、「大字報」、橫幅和漫畫。

1971 年 9 月 13 日，毛澤東親自挑選的繼承人、國家副主席林彪企圖搭乘飛機逃離中國，在蒙古墜毀，這個事件給了毛一個沈重的打擊，並且削弱了他的威信。許多人，尤其是年輕人，開始從個人崇拜的狂熱中清醒過來，質疑毛提出的中國需要持續搞文化大革命的觀點。

這時，毛轉而開始用共產國家柬埔寨的紅色高棉來重振他的「文化大革命」。姚文元繼續衝鋒陷陣，試圖用 1971 年紅色高棉的勝利來證明文化大革命的重要性。顯而易見地，無論是毛還是波布，都信奉「殺人就跟踩死一隻螞蟻一樣容易」的格言。

在思想上，張春橋、姚文元協助波布效仿毛澤東的「大躍進」。在

這種指導下，波布透過建立集中營來強制執行毛主義意識形態；這些集中營成了殺戮場。就像毛澤東的「大躍進」一樣，波布的農業政策也造成了全國範圍的饑荒。在柬埔寨殺戮場進行的種族滅絕和災難性的農業政策，導致了 150 萬至 200 萬人死亡，占了柬埔寨 1975 年人口的近四分之一。[229]

毛澤東夫人江青當然也在 1970 年代支持毛澤東的柬埔寨政策；這些政策與毛澤東的國內政策和政治需要沒有什麼區別。因此說中共手上沾滿了柬埔寨大屠殺殺戮戰場的鮮血並不為過。

在極端意識形態的指揮下，數以百萬計被視為反革命的人受到迫害，因為激進左派在「文革」期間達到了極致，導致了荒謬和極不人道的做法，其中包括同類相食。

根據廣西政府內部文件，毛的紅衛兵在某些高中搞吃人肉的活動，學生在學校院子裡殺死校長，然後煮熟並吃掉屍體，以慶祝他們戰勝了反革命。據說政府經營的自助餐廳展示著懸掛在肉鉤上的屍體，為員工提供人肉。

鄭毅先生說：「吃人肉的方式有很多，包括：殺人之後把屍體做成晚飯；切肉，然後開個大派對；把屍體肢解，每人帶一大塊肉回家煮；燒人肝入藥；等等。」

1960 年代後期，廣西省至少有 137 人（真實的數字可能是數百人）被吃掉。鑒於當時很多人都吃過，所以食人者的真實數字可能高達數千人。在「文革」期間，吃人事件發生在全國很多不同的地方。譚合成調查了「文革」期間，湖南道縣大約有 9000 人因此被屠殺。

民眾還被邀請出席針對「反革命分子」的公開審判大會。他們被

以相似的方式判處死刑。人們聚集到刑場觀看行刑，高喊著：「殺！殺！」，還圍著被分配去肢解屍體的紅衛兵起哄。這些紅衛兵要嘛割下死者的身體部位自己吃掉，要嘛強迫死者家屬在還活著的受刑人員面前表演吃死人肉。每個人都被邀請參加食人大會，在那裡他們分發被殺死的「反革命」分子的心和肝，還有演講者向站在一排柱子前的人們講話，柱子頂部是被刺穿的新砍下來的人頭。[230]

這就是左派忙於兜售的政治和階級仇恨最終可能導致的結局。

應該指出的是，據信即使在今天，中國仍在摘取囚犯身體器官，並且以醫療用途出售。同類相食和強行摘取人體器官的做法是中共一貫的策略性施虐行為。

毛澤東曾經說過：「*馬克思主義的關鍵是社會造反有理。*」他認為暴力是實現理想的馬克思主義社會所必需的。所以毛澤東和中共大規模地策劃和實施暴力。據漢學家馬若德（Roderick MacFarquhar）和沈邁克（Michael Schoenhals）估計，僅在中國農村，就有 75 萬至 150 萬人在「文化大革命」的暴力中喪生。[231]

如今，半個多世紀過去，毛主義儼然又成為美國的一種新時尚。毛的造反遺產和馬克思主義的階級論遺產讓人聯想到模仿毛式「文革」的安提法和「黑人的命也是命」運動。

一個例子是，藝術家在張宏圖的〈毛主席萬歲第 29 系列〉中，桂格（Quaker）的燕麥罐被用做一種藝術表達並強化了種種聯想 —— 因為張用一點壓克力顏料將罐頭上的桂格 logo 的老紳士變成了毛主席。

這是一個美國超市日常與中國文化大革命產生碰撞的時刻。張的桂格燕麥罐成了倫敦薩奇藝廊（The Saatchi Gallery）的收藏品之一；西方

年輕人也該藉此好好了解一下中國的「文革」。

因為只有更深入地了解中國「文化大革命」的基本原理和由此產生的人倫悲劇，才有可能降低美國公眾，尤其是年輕人對類似想法的支持。

人們需要記住，在「文革」前三年的動亂中，有 100 萬人喪生，一億多人受到迫害，無數個人財產被毀。如果中國的社會環境更自由一些，如果中國公民能夠充分講述自己的故事，用親身經歷還原「文革」的恐怖，那勢必會讓否認「文革」、忠於黨的人感到羞愧不安。但可惜的是，即使在今天，習近平領導下的中國仍在日益收緊對中國社交媒體的控制，只允許黨的思想在社會上傳播。這種「政治正確」聽起來是不是跟美國最近的一些趨勢很相似？

1976 年 6 月，距離毛澤東去世前的最後三個月，毛告訴他的親密夥伴華國鋒、王洪文、張春橋和汪東興：

「我這輩子做了兩件事。一是打敗蔣介石，把他趕到台灣，打敗日本帝國主義，把他們趕出中國；另一件就是成功地進行了『無產階級文化大革命』。」

躺在陵墓中的毛可能對中共目前的方向並不完全滿意，但對中共領導下的中國極權主義繼續存在以及「文化大革命」來到美國可能會感到相當高興。

歐巴馬政府的幕僚安妮塔・鄧恩（Anita Dunn）稱讚中國共產黨領導人毛澤東的政治哲學：「第三個教訓和竅門實際上來自我最喜歡的兩位政治哲學家：毛澤東和德蕾莎修女。」[232]

諷刺的是，藝術、電影、學院和新聞界中的反資本主義運動都得到了自由市場支持。中國和美國的文化精英都利用全球市場來攻擊資本主義，同時卻從資本主義的實踐中獲取物質利益。

九、後毛澤東時代自下而上的經濟改革

「文革」的混亂讓中共的一些領導人開始意識到，深化史達林的極權制度然後嫁接到中國的封建專制上，反覆進行政治運動力圖完全控制社會，壟斷媒體和經濟，不准公民社會成型，可能並不是管理國家和使自己獲利的最佳方式。毛死後「四人幫」被捕，留下了某種程度的權力真空，導致北京出現了權力鬥爭。但無論哪個個人或團體接任領導職務，都必須做出某些改變，以應對困擾國家的那些令人不滿意的狀況，因為這些狀況會威脅到中共作為執政黨的未來。

中共從 1949 年到 1978 年採取的控制手段是中央計劃、新聞審查、非政府組織合並以及透過階級分配來進行人口分層。中共政權在城市地區的控制工具是單位（工作單位）、戶口（和食品配給券捆綁的戶籍）、檔案（公民的秘密檔案）和政治運動。在農村，控制工具是公社、糧食配給、戶籍登記和政治運動。

中國民權的進化

1. 政府的控制手段（1949-1978）：中央計劃 → 媒體審查 → 非政府組織合併 → 人民階層化
2. 政府對城市的控制工具：單位、糧食票證、秘密檔案、政治運動；政府對農村控制工具：人民公社、口糧分配制、戶口制度、政治運動
3. 管治崩塌（1978-1982）：毛澤東去世 → 改革派 → 農村改革和開放的政策

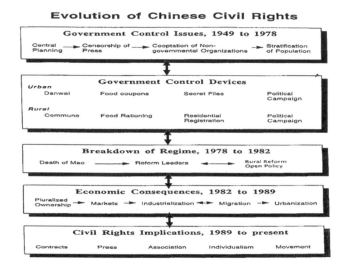

4. 經濟後果（1982–1989）：所有制多樣化 → 市場 → 工業化 → 人口遷徙 → 城市化
5. 對民權的影響（1989– 現在）：合約、出版業、協會、個人主義、運動

　　按照中共自己的說法，中國在毛時代之後取得經濟上的成功，是因為黨內改革者的明智領導 —— 他們選擇了逐步經濟自由化的政策，同時保留了中共的政治壟斷。在拒絕天安門廣場民主呼聲的同時，謹慎地引導著數十年來的經濟改革進程。

　　但與流行的傳說相反，在鄧小平重新掌權的 1978 年的八屆三中全會上，鄧其支持者並沒有就改革方案達成一致。一位中國改革派官員鮑彤 [233] 後來也承認了這一點：「實際上，這次會議沒有討論改革。改革既沒有被列入議程，也沒有在工作報告中被提及。」

真正的改革，無論是自上而下還是自下而上，都需要有群眾支持。

就中國而言，很大部分的人口還沒有從毛澤東時代的諸多災難中復原。尤其是農村居民，親身經歷了大躍進的混亂，親眼目睹了他們的父母和孩子在 1958 年到 1961 年的饑荒中餓死。他們已經懂得了照顧好自己的必要性。

1976 年毛澤東去世後，當北京的政治精英開始爭奪權力，農民們看到了追求家庭自治的機會。由於從過去的嘗試中吸取了慘痛的教訓，他們沒有試圖組織起來或者提出訴求，而是透過與個別幹部進行交易而取得成功。

在中國，農民的收成必須要給國家和地方幹部上繳一定的比例，當時人們熟知的一個說法是：「上交了國家和集體的，剩下的就是自己的。」給集體的比例是由幹部直接控制的，所以如果農民肯給幹部超出預期的份額，這對他們很有吸引力。雖然一些幹部拒絕做交易，但大多數人不拒絕，這種「討價還價」的策略導致了家庭農業的回歸。

中共記錄顯示，1978 年 11 月的一晚，安徽省小崗村的 18 名中國農民秘密地將公家的土地分給個體農民耕種，在上交國家要求的份額後，他們得以保留剩餘的土地收成。這一舉動在當時是違法的，而且非常危險，但農民們覺得值得冒這個險。

這個時機很重要，因為這些農民是在所謂的中共「改革」大會宣布前一個月時開始了此一行動。

於是，靜悄悄地，在沒什麼宣傳的情況下，經濟改革就這樣自下而上地開始了。農民自發分地的舉動很快蔓延到其他村莊，包產到戶的方式迅速傳遍了中國農村。就像一位農戶所說：「一戶家的雞染上病蟲害，

全村人就都染上。一個村染上了，全縣都被感染。」

值得注意的是，那些遭受過毛澤東「大躍進」饑荒最嚴重的地方是最先開始去集體化的。

這個現象是一種特殊的社會運動的產物。它形成了一個自發的、無組織的、無領導的、非意識形態的、非政治的運動[234]。它具備掃除一切障礙的潛能。它給中國注入了新的能量。因為這次改變中國的是農民，不是領導，不是官僚，不是幹部，不是知識分子 —— 而是農民，是他們自己。

於此同時，鄧小平也意識到，若不採取措施改善經濟狀況，共產黨政權和中國國家的未來將處於危險之中。隨著時間的推移，他逐漸認識到包產到戶給農業生產帶來的改善。他決定首先允許它存在，然後把它合法化，並最終修改《土地法》以促進私人農耕。然而必須看到的是，鄧不過是中國農民駕駛的經濟改革大巴上的乘客。他的角色只是不給這輛車設置障礙，並享受這趟旅程。

「包產到戶」之後，農業生產力的提高給了農民尋找其他就業崗位的機會，但這需要他們非法繞過戶籍制度。農民因為戶口問題，不需要用配給券來購買食物，所以在城市郊區設立的市場上很容易買到食物。只要一個家庭向國家和地方幹部上繳了糧食配額，幹部就無法控制農民的流動。農民工自稱「自流人」或「解放的人」（脫離了封建集體），他們得以為自己創造就業機會，或者從事城市居民不願從事的工作。

雖然有少數富裕農民購買了城市戶口，成為了合法的「城裡人」。但更多的是數百萬貧困農民工從計劃體系的漏洞中不斷滲入，匯集湧入中國的城市。到 1992 年，農民工人數達到 1 億，雖然這些人當中永久遷居的人很少。這個數字至今還在保持快速增長。

中國主流文獻認為，中國經濟改革的起源主要集中在三個驅動力上：一、精英，尤其是鄧小平；二、「文化大革命」的影響；三、機構的作用。這三個驅動力都集中在改革是以國家為中心的觀點。

西方大多數人則認為鄧小平是農村改革的總設計師。為此《時代》雜誌兩次將他評為「年度人物」（分別為 1979 年和 1986 年）。中國人尊稱他為經濟改革的「總建築師」（偉大的建築師）。實際上，直到 1982 年，鄧小平才停止反對這種新的、使生產力得以快速提高的「包產到戶」改革。

對精英（尤其是鄧小平）的關注支配了大多數觀察者的思維，包括中國人和外國人。《中國季刊》推出了鄧小平專刊，其中有這樣的句子：

> 「然而不可否認的是，鄧主導了全世界五分之一人口的巨大轉變，將中國從社會主義沈睡中喚醒，創造了一個前所未有的未來……因此，1992 年，鄧重新啟動了激進的經濟改革。結果確實令人印象深刻：1992 年的國民生產總值增長了 12.8%。外資以前所未有的水平湧入中國。」[235]

但 1992 年並非起點，與 20 世紀八十年代就已經開始的農村工業增長率（超過 20%）相比，中國 GDP1992 年 12.8% 的增長率相對較小。實際上，從 1978 年起，中國幾乎所有的增長都來自農業和農村工業的增長。[236]

許多人還將鄧小平比作柴契爾夫人（Margaret Thatcher）和美國前總統雷根（Ronald Reagan）那樣的自由市場擁護者。這種誇張的信念其實只是大眾的一廂情願。正如白魯恂（Lucian Pye）所報導的那樣，鄧小平本人從未刻意展現自己的領袖魅力：

　　「中國非凡而戲劇性的變化似乎需要一位具備超凡魅力的領袖 —— 魔術師，他用自己的個性吸引所有人的想像力。但請不要忘記這個令人吃驚的事實：鄧小平很少公開露面，並且幾乎從不單獨登上大眾傳媒。」[237]

　　真正的鄧小平從未放棄「社會主義四項基本原則」：
　　一、堅持社會主義
　　二、堅持人民專政
　　三、堅持馬克思列寧主義和毛澤東思想
　　四、堅持共產黨的領導

　　直到 1992 年，鄧小平才提出社會主義意味著提高人民的物質生活水平，而這種緩慢的經濟成長並非社會主義所致。

　　但到了 1992 年，中國還有誰信奉社會主義？湖北同溪村農民祖平 1978 年說得好：「幹部講路線；農民講兌現。」（即只有幹部才關注政治路線，農民只對結果感興趣。）[238]

　　是無組織的農民真正改變了中國的基本社會結構。在這個過程中，他們也在改變自己，改變城市裡的中國人，甚至改變他們的威權政府。

　　1989 年的天安門大屠殺是一個轉折點，令西方外交政策制定者和學者重新審視他們對中國改革的看法。中共對學生的鎮壓，以及為了確保權力寧願承受經濟制裁後果的選擇，令許多人開始質疑中共所形塑出來的溫和改革、睿智、自上而下解放中國經濟的形象是否為其真實面貌。

　　6 月 4 日的鎮壓曝露了中共的本質，也使中共領導階層瘋狂追逐物質利益，幾乎不顧及腐敗真相會被曝光的行為受到關注。最高層的腐敗和勒索伴隨經濟改革進程變得正規化。不僅黨自身改變了，它與社會的關系也發生了變化。馬克思主義的階級意識被翻轉，黨員身份成為中

國持黨證的資產階級獲得物質成功的入場券。繼任者江澤民的「三個代表」明確規定：「黨要始終代表中國先進生產力的發展、中國先進文化的方向、和最廣大中國人民的根本利益。」

中共開始奉行一項激進的新政策，通過倡導「一切向錢看」，拉攏中國不斷壯大的中產階級。

十、中國和中共進入世界市場

隨著中國大陸的國家資本主義開始迅速發展，台灣商界人士找到了一個機會，即同為華人，他們能將中國經濟從國家計劃的孤立經濟轉變為市場驅動的、依賴貿易的經濟轉型中發揮其關鍵優勢，這樣的轉變對世界產品市場帶來了重大影響。

台灣貿易商開發出一套招標模式，由貿易公司訂定產品規格，向生產的中國工廠提出供貨需求。在各家廠商競爭之下，質量好、價格低的工廠勝出，這樣的合作模式促進了大陸低成本製造體制的興起。[239]

香港和台灣企業家共同對這個訂單製造業驅動的全球化體制興起貢獻了力量。這些企業家在全球業務、產品設計和銷售市場拓展上擁有豐富經驗，透過充當中間人，居中協助中國製造商面對眾多挑戰。其中許多挑戰都發生在中國內部，例如不友善的監管環境、國家的出口促進政策、中國內部的激烈競爭以及中國各省之間區域貿易壁壘的零和博弈。

當西方商界精英也不願意錯過這一盛宴，目睹著中共的敵人與中共精英們忙著賺錢時，他們也爭先恐後地湧入了新興的中國市場。全球化成為政府官員和中國百姓的實踐課堂，他們逐漸放棄了反帝民族主義的口號，在全世界尋求更務實的機會。

　　儘管是一眾農民率先帶頭推動了中國民營化的經濟發展，包括農業及民營農村企業的發展，這些模式真正證明了其近乎神奇的經濟成長潛力，鄧小平和黨國開始鼓勵精英子弟效仿農民創造的自由市場經濟。

　　中國著名經濟學家吳敬璉將這種結果稱之為「權貴資本主義」，即資本被政治要人操縱。美國媒體學者紀思道（Nicholas Donabet Kristof）稱這種制度為「市場列寧主義」。

　　所謂「具中國特色的社會主義」，就是「中國共產黨領導的資本主義」。然而，共產黨和資本主義本質上是不相容的。原本共產的目的就是消滅資本主義，但共產黨和資本主義卻在中國共存。這種現象合乎邏輯的解釋是，如果共產黨是真的，資本主義就是假的。或者，如果資本主義是真的，那麼共產黨一定是假的。

　　實際的情況卻比這個邏輯更為複雜。中國共產黨政權和資本主義經濟的混合使這兩種可能性都只對了一半。

　　從私有財產債權的確立、市場交易的常態化、競爭企業的利潤最大化來看，中國的資本主義的確是真的。但是鑒於政治控制著資源配置，並且企業生存和發展要依賴官員，從這些角度來看，則中國的資本主義是假的。

　　從一黨專政、壟斷權力、剝奪基本人權來看，中共是名副其實的共產黨。然而中共並沒有堅決追隨代表工業無產階級利益、消滅私有制和資本主義等共產主義社會理想，因此從這個角度看，中共是一個失去共產主義價值觀的偽共產主義政黨。

　　吊詭的是，正是中共領導集團對共產主義目的的背叛，即中共虛假的一面，為中國經濟發展創造了空間，創造了中國國民生產總值在很長一段時間內十位數成長的「經濟奇跡」。然而對經濟成長的狀況是在政

治不自由的情況下發生的，因此也沒有政治問責。導致的結果是伴隨經濟增長出現的令人震驚的社會弊病，包括腐敗、兩極分化、欺詐、浪費和廣泛的環境破壞。

此外，經濟成長帶來的經濟效益並未得到公平的分配。由於缺乏任何一種自由的政治機制，中國的極權主義黨國幾乎毫無可能解決這些問題。

鄧小平將列寧主義的黨國視為世俗的神明，但他也最終意識到，如果不採用資本主義市場體系的某種威權變體，中國經濟將繼續停滯不前，日益貧困的中國人民最終可能會推翻他的中共政權。因此他的戰略是一面「改革開放」，一面「堅持四項基本原則」。

1980–1986 年間擔任總理、1987–1989 年間擔任中共主席的趙紫陽向彌爾頓・傅利曼（Milton Friedman）等外國經濟學家尋求建議，並不顧保守派的反對，將專家的建議付諸實踐。

中國和中共於 2001 年 12 月 11 日加入世界貿易組織。這得到了美國的支持，部分原因是因為這將進一步使中國融入全球經濟，實現進一步的經濟自由化，而經濟自由化的副產品，亦有助於推動中國的政治自由化。

這個「愉快的談話」本身有兩個問題。

首先，那些相信黨國不會以某種方式控制世貿要求的經濟自由化或在實施過程中忽視世貿要求的人，需要對中共的整個歷史及其與外國經濟利益的糾葛視而不見，才能這麼天真。

其次，那些沒有從中共的悠久歷史和「天安門事件」的種種畫面中

了看懂中國政治自由化之可能性的人，一定是非常緩慢的學習者。對中共來說，這一次與以往也並無不同，正如我們最近看到中共在香港對法治的破壞，反映出中國各地對人權的踐踏。

當今中國最大的罪惡之一是眼睜睜地看著地方政府以出售土地作為主要收入來源，公開沒收私人財產並摧毀私人住宅，卻不向被逼遷的公民提供合理補償 —— 在這個沒有法治的社會裡，這些公民得不到真正的法律救助。

一旦中國獲得了市場力量，黨國有了外匯，中共就急不可待地向世界展示自己的存在。

中共花錢請一家全球媒體公司投放正面廣告，將中國經濟的崛起與中共串聯起來。中共還在美國各地的大學校園開設了 150 多所孔子學院。僅在 2009 年，中共就在一項媒體計劃上花費了 66 億美元，以增強中國的國際話語權。

估測在 100 億美元的年度預算支持下，中國媒體正在擴大其全球影響力，以響應中國國家主席習近平「講好中國故事」[240] 的號召。其中一件是 2016 年夏天在紐約時代廣場播放的一段影片，展示了中國在南海的立場。

2016 年春季，中國官方英文報紙《中國日報》（China Daily）與澳大利亞費爾法克斯傳媒（Fairfax Media）達成協議，將《中國日報》製作的 8 頁增刊發布在費爾法克斯報紙上，每月刊登一次。2016 年初，中國國家廣播公司中央電視台（CCTV）將其國際網絡和數字業務更名為中國環球電視網（CGTN），以鞏固其全球影響力。但是，為中共發聲的最強音還是來自西方著名學者、記者、商人和政客。

對中共的眾多罪行缺乏曝光，不僅是因為校園和其他地方對社會主義的信仰越來越堅定，還有政府和企業界對中國的大力支持。曾教授認為，美國企業有動力就與中國相關的貿易問題進行遊說，以保持供貨來源或市場暢通無阻。

從中國採購的美國公司和具有垂直生產結構的跨國公司有強烈的動機遊說和「表達」他們的政策偏好，因為它們的「沈沒成本」更高，因此「退出」的成本也更高。[241]

華爾街和遊說集團 2020 年向民主黨捐贈的資金比以往更多，這在很大程度上是因為川普（Donald John Trump）總統與中國的貿易戰。美國前財政部長亨利‧鮑爾森（Henry M. Paulson）將中國的經濟成長與全球經濟串聯起來：

要將美中關係理順，需要中國實施其承諾的改革；須按照與中國在全球經濟中扮演的角色相符的時間表進行改革，這對中國未來經濟的成長和穩定至關重要。中國的經濟成長和穩定是全球經濟的重要課題。[242]

1978 年，中國貿易占世界經濟的比重不足 1%，對外貿易總額只有 206 億美元。如今中國是世界第三大貿易國，2006 年占全球貿易總量的 6%，並且一直在快速增長。

美國企業進入中國市場要比中國企業進入美國市場困難得多。此外，國際企業必須服從中共才能在中國賺錢。因此，他們拒絕看到中共實施的侵犯人權行為。大眾汽車在上海經營多年，卻聲稱對集中營「不知情」。

結論

中國具備弗雷德里希（Caspar David Friedrich）和布熱津斯基（Brzezinski）所描述的極權主義的所有要素：

1. 極權主義意識形態，一黨專政並忠於這種意識形態，通常在領導人的專制下運作
2. 完善的恐怖主義警察隊伍
3. 對大眾媒體的壟斷
4. 對武器的壟斷
5. 壟斷控制一切社會組織
6. 社會主義的中央計劃經濟

更糟糕的是，中共利用思想改造、反右運動、大躍進（饑荒）、文化大革命、洗腦技術、監視和社交媒體控制來奴役中國人民的思想。

中國是世界上最不平等的社會之一，前 5% 的中共精英占據了 85% 以上的財富，並享受著政府提供的優質醫療和其他服務。

然而，絕大多數美國學者對中共和其他馬克思主義政權的恐怖採取了不可知論和文化相對主義的態度。太多西方知識分子對毛澤東表示欽佩，這種態度在冷戰期間幫助鞏固了中共在中國的控制權。全球對毛澤東主義的熱情為自由民主模式創造了一種烏托邦式的替代方案，這似乎為中共在中國實施的大屠殺和其他地方發生的共產主義大屠殺提供了合法性。

在美國，對毛澤東和中共的制度接受已經達到了危機水平。這一切始於大學。周曉描述了夏威夷大學教授奧利弗‧李的案例，他稱自己是「毛澤東的真正學生，始終與美帝國主義作鬥爭，支持世界各地的農民

共產主義革命。」

在越南戰爭期間，李是反戰組織「學生黨派聯盟」的教員顧問，該組織提倡男性參軍，在軍中鼓勵逃兵、銷毀武器、洩漏機密訊息——甚至在戰爭中「清除長官和底層軍官」。

1968 年，李因發表著作不足沒有獲得終身教職，結果導致了令校園癱瘓的示威活動。美國大學教授協會威脅要審查該大學對他的侵權行為。李最終獲得了終身教職，而一再支持不授予他終身教職的夏威夷大學校長被迫辭職。李的經歷證明了毛澤東主義、美國反越抗議以及學術界對世界各地共產主義政權的同情之間的關聯。

這種「同情」已經從校園轉往他處。美國商界加入了洛克斐勒對中國威權主義的熱情讚美。總部設在美國的跨國公司毫無顧慮地將生產任務交給剝削勞工、甚至奴役勞工的中國工廠去完成。[243]

為了做生意，技術被迫贈與中國，或被中國竊取。[244] 好萊塢主動自我審查，以免冒犯中國政府。[245] 社交媒體配合中國的審查和監視要求。[246] 張口就以道德為由攻擊自己國家的 NBA 球員，因為擔心失去來自中國的收入，批評一位敢於評論中國以強硬手段鎮壓違反香港自治的教練。[247]

也許其中最危險的，是我們發現各大學院校與政府實驗室正在和中國同行開展聯合研究項目。[248] 毫無疑問，這些中國實驗室都在中共和解放軍的控制之下。

我們剛剛發現佛奇博士和美國國家衛生研究院參與了武漢實驗室危險的效能研究，而該實驗室很可能是新冠病毒的產地。為何美國會參與和中共的聯合研究項目？這一點實在令人費解。

　　不論在中國還是美國，過去和現在都沒有對中國犯下的人權罪行進行清點。犯案人和知識界的煽動者從未被追究責任。在此僅舉一個例子，曾因參與毆打包括校長等 7 名教師致死而被 7 個家庭指控的宋彬彬女士在美國生活多年，沒有遇到任何法律麻煩。

　　中共最高領導層透過股票和合作業務在美國投資。他們的孩子就讀於美國和英國的精英大學。許多中共兇手的孩子已成為美國公民。我們從未放棄尋找納粹戰俘營守衛，將他們繩之以法，這本是我們應該做的。但我們卻讓與納粹並列的中共暢行無阻，這是什麼道理？

　　中共花費時間和金錢滲透西方媒體、社交媒體平台（Facebook、Twitter、YouTube）、西方體育、教育機構、科學機構和政治機構，為的是描繪出中共統治下的黨國榮耀。所有這些努力對美國及其他很多國家（包括中國本身）的影響正逐漸顯露出來。

　　由於毛澤東的許多罪行仍未曝光，他的中共革命仍然令許多人心馳神往。在中國，以毛為主題的餐廳無處不在。2004 年，「毛澤東亞洲餐廳」在丹佛開業。記者麥特・鄧恩 (Matt Dunn) 前往參訪：「走進『毛澤東』餐廳，你會看見兩幅巨大的毛主席畫像、一個訂製的毛澤東半身雕塑，以及仿照《毛語錄》設計的精美菜單。菜單封底上一篇聖徒傳記般的文章淨化了這位共黨領導人的血腥遺產。」

　　就像對切・格瓦拉一樣，媒體和藝術界利用毛來美化共產主義趨勢，將毛的肖像、毛的毛語錄、毛式制服（高領）和種族滅絕的熱情推廣成高級時尚。

　　2021 年 1 月，前田納西州眾議員彼得・達布羅斯卡（Peter D'Abrosca）以毛澤東肖像為背景出現在福斯新聞頻道，引發了網路風暴。前共和黨參議員凱利・洛夫勒（Kelly Lynn Loeffler）按說是一個憎

恨共產主義的人，但她家中自豪地掛著毛澤東的畫像。現任中共領導人習近平已開始穿毛式制服，並要求年輕學生穿著紅軍軍裝。

在周曉的家鄉武漢，毛在東湖的小屋已成為最昂貴的酒店和餐廳之一。全球藝術界對毛澤東和其文化大革命的熱愛與當前中國政權將自己推銷為任何人都能愛上的威權力量之努力完美契合。

所有這些都對我們身處的美國社會產生了腐敗影響。對社交媒體的單向審查、政治正確和取消文化包含了中國「思想改造」的元素，包括對「錯誤思想」的懲罰。大學已經變成只允許左派觀點一家獨大的場所，所以學生們被教導該思考什麼，而不是如何思考。

你的道德價值取決於你在身份譜系上的位置，而不是你的品格好壞。你的權利是社會分配的，而不是不可剝奪的。安提法和「黑人的命也是命」運動的政治暴力與中國「文化大革命」期間紅衛兵的政治暴力相似，特別是在左派媒體、學術界的鼓勵和兩黨之一的默默（有時是積極的）支持上，更是相似。

這一切都必須畫下休止符。

這完全不是朝向「更完美的聯邦」繼續前進的道路，反而是背道而馳。

這不但不符合美國的建國價值觀，也不尊重金恩博士的夢想。這將導致我們走上相互仇恨、分裂、經濟崩潰與專制統治之路。這將使我們遠離美國。

能將真相傳與後世才是有幫助的。我們都知道希特勒之惡，也該知道毛澤東及其繼任者的邪惡所在。

是時候收藏將藝術創新與反極權主義串聯起來的藝術品了。中國的藝術家們已經發現，藝術在極權和威權國家難以繁榮。

是時候讓的年輕人明白「紅衛兵」並不時髦，而是一群被操弄的可悲年輕恐怖分子，摧毀了別人的生活。

切·格瓦拉不是英雄。他是一個惡毒的殺人犯，對同性戀者絕不容忍。

毛在中共獲得了他的領導地位，因為他是個比周遭兇手更心狠手辣的反社會狂人。他屢屢失敗的經濟政策往往犧牲了許多人寶貴的性命代價。他透過政治運動製造的恐怖掌權。中共從不想以自由公正的選舉來檢驗自己受歡迎的程度是其來有自的。

正因西方青年未曾接觸過共產主義的危險、暴行與失敗，不少千禧世代更喜歡社會主義，而非資本主義，25% 的人對列寧抱持正面看法。四分之一的美國人認為小布希（Bush Junior）殺死的人比約瑟夫·史達林還多，69% 的千禧世代會投票支持社會主義者競選總統。

我們必須在世界各地揭露共產主義的罪行，不要天真的以為「這次會與以往不同。」

我們應學習猶太人不容許任何人挑戰希特勒對猶太人實施種族大屠殺的事實，那些助長中共犯下危害人類罪的罪犯，我們一定要追查到底。

在美國海軍學院任教並擔任川普總統顧問的余茂春呼籲世界，像對待其他族裔的人一樣對待中國人，因為多數中國人都擁有現代的普世價值觀。余呼籲美國在外交政策上，像對待前蘇聯一樣的對待中國。

　　是時候追究中共的責任了。是時候教育我們的國家，讓人們了解極權主義政權，尤其是毛澤東治下的中國和其繼任者的政權。

　　是時候重新恢復實現美國建國理念與金恩博士夢想中的美國價值觀了。

　　是時候提醒我們的年輕人，那些聲稱美國是無可救藥邪惡國家的人，必須回答為什麼世上仍然有那麼多人渴望移民到這 —— 他們必須更深入地探究原因。

　　現在，是時候摒棄我們希望並期望只是暫時存在的腐敗，擁抱美國和世界的未來 —— 一個「更完善的聯邦」。

注釋

181. 馬丁・路德・金恩博士，1963 年 8 月 28 日，〈我有一個夢想〉，選自《美國修辭：最偉大的 100 篇演說》。英文連結：https://www.americanrhetoric.com/speeches/mlkihaveadream.htm
182. 《美國憲法》的序言陳述了設立該憲法的目的：「我們合眾國人民，為建立更完善的聯邦……」
183. 卡爾・弗里德里希（Carl J. Friedrich）和布里辛斯基（Zbigniew K Brzezinski）：《極權主義專制與獨裁》（*Totalitarian Dictatorship and Autocracy*），紐約：普拉格 Praeger，1965 年。參考漢娜・阿倫特（Hannah Arendt）所著《極權主義的起源》（*The Origins of Totalitarianism*），紐約：哈克特，布瑞思 & 沃爾德（Harcourt, Brace & World），1951 年。
184. 喬納森・芬比（Jonathan Fenby）：《蔣介石：中國的大元帥和他失去的民族》（*Chiang Kai-shek: China's Generalissimo and the Nation He Lost*），台灣：自由出版社，2003。
185. 傑伊・泰勒（Taylor Jay）：《蔣介石為現代中國之爭》（*The generalissimo : Chiang Kai-shek and the struggle for modern China*），劍橋：哈佛大學出版社，2011。https://worldcat.org/zh-tw/title/844961973
186. 白修德（Theodore H. White）：《尋找歷史：個人冒險》（*In Search of History: A Personal Adventure*），紐約：哈潑柯林斯，1978.
187. 羅伯特・D・卡普蘭：〈毛澤東贏得了對蔣的軍事戰爭，蔣介石贏得了抗日戰爭〉，載《外交政策》，2014-03-24。https://foreignpolicy.com/2014/03/24/mao-won-the-battle-chiang-kai-shek-won-the-war/

188. 周曉的媽媽雷永告訴子女她愛的其實是前夫（陳），前夫也對她很好。但當時陳有三個妻子。共產黨只准他留下一位妻子。雷永對政治因素導致的離婚並被迫丟下兩個兒子感到愧疚。1952 年，她返回湖南，試圖要回兩個兒子，然而當地的共黨領導只准她帶走三歲的小兒子雷濤（音譯），把五歲的長子留給前夫。從那以後，她的長子便終生飽受抑鬱與迫害之苦。

189. 1968 至 1971 年間，周曉和家人被迫從湖北的大城市武漢搬去京山同溪（音譯）。周和擔任生產隊幹部的祖麻子一家七口住在一起。祖對他的妻子很好。

190. 陳建遠：《中國社會：原型與演化》，瀋陽，遼寧人民出版社，1988 年，第 142 頁；周曉：《農民怎樣改變了中國》，1996 年，第 5 頁。

191. 威廉‧辛頓（William Hinton），漢名韓丁，是佛蒙特州的一個農民和美國左派的傳奇人物，寫了很多有關後革命時代中國的著作，包括《透過墨鏡》（Through a Glass Darkly）、《鐵牛》（Iron Oxen）、《大逆轉》（The Great Reversal）、《百日武鬥》（Hundred Day War）、《翻身》（Shenfan）和《中國轉折點》（Turning Point in China）。《翻身（解放）—— 中國一個村莊的革命紀實》，紐約：每月評論出版社，1966 年。

192. 黃鐘：〈第一次鎮反運動考察〉（含注釋）
https://web.archive.org/web/20200921074244/http://www.yhcqw.com/36/9703.html
《炎黃春秋》（中文版），2020 年 9 月 21 日歸檔，2020 年 7 月 19 日取得。〈新中國成立初期大鎮反：亂世用重典 (8) 〉，人民網（中文版），2011 年 1 月 4 日。

193. 吉恩‧皮埃爾‧萊曼（Jean-Pierre Lehmann）：《我生命中的中國：1950 年代的個人之旅》（China in My Life — A Personal Journey: The 1950s.），2017 年 12 月 8 日。
https://www.theglobalist.com/china-in-my-life-a-personal-journey-the-1950s/

194. 2004 年 7 月 9 日，筆者在湖南保靖對徐作凱先生所做的個人採訪。徐是當地的一名中學教師，在土改運動中因被污衊性侵一名女學生，被政府送去勞改了十年。直到他 2010 年過世，都沒有恢復他的工資和退休待遇。

195. 楊奎松（2008 年 3 月）〈重新反思鎮壓反革命運動〉，《中國季刊》，2008 年 3 月，193：102-121

196. 高華香港科大講座：《50 年代中國史》https://youtu.be/tNnbXr5pGzo〈不搞運動不正常，共產黨靠搞運動吃飯（彭真）〉。白霖（Lynn T. White III）：《雜亂無章的政策：導致中國「文化大革命」期間出現暴力行為的組織架構原因》，紐澤西州，普林斯頓大學出版社，1989 年。

197. 五明子的日記（新編增訂本《朱光潛全集》令人失望）（轉貼）2013 年 9 月 6 日，14：11：50。https://www.douban.com/note/300395614/

198. 曹禺：《雷雨》，1934 年；《日出》，1936 年；《原野》，1937 年。

199. 胡建是筆者父親以前的學生，他在 1975 年曾經邊哭邊對周曉說：「不知道他們把我父親的屍首扔在哪裡了，我也不敢問。」

200. 楊繼繩：《墓碑 —— 中國六十年代大饑荒紀實》，香港天地圖書有限公司 2009 年版.

201. 羅隆基和胡適合作研究並推動中國的人權，因此成為中國最早、最多產的自由主義者。汪榮祖：〈自由主義在革命中國的命運：儲安平和他的小集團，1946-1950〉，《現代中國》第 19 卷，第四刊，1993 年 10 月，第 457–490 頁。

202. 馮克（Frank Dikotter）：《毛澤東的大饑荒：中國最具破壞性的災難史，1958–1962 年》（Mao's Great Famine: The History of China's Most Devastating Catastrophe, 1958—1962），倫敦和紐約：Bloomsbury 出版，2010 年，第 33 頁。

203. 費正清（John King Fairbank），《偉大的中國革命，1800-1985》（*The Great Chinese Revolution, 1800-1985*），紐約：哈潑與羅出版公司，1986 年。

204. 喬安‧羅賓遜（Joan Robinson，陸譯：瓊‧羅賓遜），朱利安‧施溫格（Julian Seymour Schwinger），《不可能的夥伴關係：中國改革者，西方經濟學家，和全球性中國的締造》（*Unlikely Partners: Chinese Reformers, Western Economists, and the Making of Global China*），哈佛大學出版社，2017 年。

205. 揚‧米達爾（Jan Myrdal），《來自一個中國鄉村的報告》（*Report from a Chinese Village*），1965 年。

206. 華納‧韋斯卡里（Werner Wiskari）：〈瑞典作家參觀波爾伯特控制下的柬埔寨〉（"*Swedish Author Tours PolPot's Area of Cambodia.*"），《紐約時報》，1979 年 10 月 14 日。https://www.nytimes.com/1979/10/14/archives/swedish-author-tours-pol-pots-area-of-cambodia-no-horror-stories.html

207. 資料源自 1982 年 10 月筆者周曉和鄭在武漢的私人交流。

208. 玉壺青衫：《突然有人懷念鄧小平》，2021 年 9 月 12 日。https://mp.weixin.qq.com/s/JuHjKdjNvaYqKBHKyWAMvg

209. 資料源自筆者於 2019 年 12 月 4 日在北京對嬸姨（隱去真名）的個人採訪。

210. 麥克斯‧弗蘭克爾（Max Frankel），《紐約時報》，1972. https://www.pulitzer.org/winners/max-frankel

211. 楊振寧有關新中國的在美國演講：〈為有犧牲多壯志，敢叫日月換新天 —— 楊振寧先生講中華人民共和國之行印象〉，1971. 李昕：〈翁帆筆下的楊振寧〉，載於《南方周末》，2021 年 9 月 22 日。https://finance.sina.com.cn/tech/2021-09-22/doc-iktzscyx5721719.shtml

212. 李鉞：《從楊振寧反共到親共的立場變化看中共騙術》，2004 年 12 月 24 日。見《人民報》網，https://m.renminbao.com/rmb/articles/2004/12/24/33746m.html

213. 大衛‧洛克斐勒：〈我的中國之旅〉（*From a China Traveler*），《紐約時報》，1973 年 8 月 10 日。https://www.nytimes.com/1973/08/10/archives/from-a-china-traveler.html

214. 1976 年 9 月，《紐約時報》

215. 安提法 Antifa 是反法西斯主義（anti-fascist）的縮寫，是一個左翼政治運動，聲稱是反法西斯主義和反種族主義者。

216. 2020 年春夏美國主要城市因非裔警察喬治‧佛洛伊德（George Perry Floyd）之死產生的騷亂期間，被大多數商業媒體描述為「基本和平」的騷亂導致了廣泛的財產損失、嚴重的人身傷害甚至一些人喪命。為經濟教育基金會（Foundation for Economic Education）撰稿的布拉德‧波倫博 (Brad Polumbo) 報告說：「數十人在暴力騷亂中喪生或受傷，數千家企業和財產，遭到搶劫、焚燒或破壞，其中許多為少數族裔所有 …… 根據 Axios 的最新報告，喬治‧佛洛伊德之死騷亂期間發生的保險財產損失總額將將打破歷史記錄的達到 10 億至 20 億美元 ……。而保險並不是解決騷亂帶來的社會弊病的靈丹妙藥。事實上，75% 的企業保險不足，大約 40% 的小企業根本沒有保險 …… 而且保險並不賠付騷亂造成的個人痛苦和精神苦難，這一切甚至也沒有考慮騷亂對社區的長期影響。」2020 年 9 月 16 日。https://fee.org/articles/george-floyd-riots-caused-record-setting-2-billion-in-damage-new-report-says-here-s-why-the-true-cost-is-even-higher/

217. 山姆‧多爾曼（Sam Dorman），2021 年 2 月 3 日，〈這是那些被進步派取消的美國

總統名單〉（Here's a List of American Presidents Canceled by Progressive），福斯新聞網：https://www.foxnews.com/politics/list-of-american-presidents-canceled-by-progressives

218. 夏偉：《人民的共和國：一個美國人在中國生活和工作的親身見聞》（*In the People's Republic: An American's first-hand view of living and working in China*），復古書籍出版社，1078 頁。

219. 莎莉‧麥克琳：《你能夠從此處到達那裡》（*You Can Get There From Here*），紐約，1975 年。

220. 美國作家羅斯‧特里爾（Ross Terrill）：《江青全傳》，1994 年 5 月 1 日，河北人民出版社。

221. 法國作家克勞迪‧布羅耶爾（Claudie Broyelle）：《中國婦女的解放》（*Women's Liberation in China*, 人文出版社, 1977 年。）

222. 政府計劃撥出 40 億美元，用於覆蓋按種族被定義為「社會弱勢群體」的農民和牧場主高達 120% 的債務減免。針對「威斯康辛州法律與自由研究所」（Wisconsin Institute for Law and Liberty）代表八個州的白人農民提起的反歧視訴訟，聯邦法官威廉‧格里斯巴克（William Griesback) 簽發了一個臨時限制令。該限制令顯示，白人農民很可能會勝訴，因為他們「因種族原因被排除在該計劃之外，所以受到了來自政府的歧視。」見 Valerie Richardson 的文章，2021 年 6 月 12 日，華盛頓時報。

223. 在 35 個經濟合作組織成員國國家中，美國的中小學學生人均支出排名第四（僅低於盧森堡、奧地利和挪威）。在教育表現方面，美國在經合組織的 PISA 測試中的表現則差強人意，通常有十個或更多國家的分數高於美國。

224. 階級分類檔案也與戶籍一起被記錄在當地派出所，而「階級成分」不好的，及其家庭成員將成為警察和工作單位監管的對象。當地警察和各種各樣的黨員積極分子甚至可能會在凌晨進行突擊檢查，尤其是在假日期間。

225. 謝淑麗（Susan L. Shirk）《中國精英主義的衰落》，威廉‧沃森編：《革命後中國的階級和社會分層》，劍橋大學出版社，1984 年。

226. 部分事實參考胡傑影片《尋找林昭的靈魂》，參見 https://www.youtube.com/watch?v=O6y2x1Zo3tQ

227. 羅伯特‧馬昆德（Robert Marquand）：〈天安門紀念日：被處決詩人的記憶共鳴〉（*Tiananmen Anniversary: Memory of executed poet resonates*），《基督教科學箴言報》，2009 年 5 月，2014 年 6 月 25 日檢索。

228. 金鐘（2004）：〈尋找林昭的靈魂〉（PDF），《中國權利論壇》，2012 年 7 月 20 日取自「原版」。

229. 休維林‧派翠克（Heuveline Patrick）：《死亡率危機的人口統計學分析：以柬埔寨為例，1970-1979《*The Demographic Analysis of Mortality Crises: The Case of Cambodia, 1970-1979*》，《強迫遷移和死亡率》（*Forced Migration & Mortality*），2001，（Washington. D.C.: National Academies Press (US)，第 102-105 頁。

230. 鄭義（T. P. Sym, Ross Terrill）：〈血色紀念：現代中國的人吃人事件〉，《紅色紀念碑》（*Scarlet Memorial: Tales of Cannibalism in Modern China*），華視文化，1993 年。

231. 譚合成：《殺人風：中國一個縣在文革中陷入瘋狂》（*The Killing Wind: A Chinese County's Descent into Madness during the Cultural Revolution*），翻譯：史黛西‧莫瑟和郭建（Stacy Mosher and Jian Guo）。紐約：牛津大學出版社，2017。《共產主義的黑歷史》（希臘文版），雅典，2006。摘自第四版 504 頁，505 頁。尼古拉斯‧克里斯托夫（Nicholas D. Kristof）：《紅衛兵和食人族的故事》（*A Tale of*

Red Guards and Cannibals），《紐約時報》，1993 年 1 月 6 日。https://www.nytimes.com/1993/01/06/world/a-tale-of-red-guards-and-cannibals.html

232. 歐巴馬政府因讚揚毛澤東而被迫離開，安妮塔‧鄧恩重返白宮。《華盛頓自由燈塔》，2021 年 1 月 15 日。https://freebeacon.com/politics/forced-from-obama-admin-for-praising-mao-anita-dunn-to-return-to-white-house/

233. 鮑彤，趙紫陽的前政治祕書，1989 年天安門學運反對武力鎮壓，儘管 1996 年刑滿出獄，但鮑彤仍被軟禁於北京、長年處於監視之下，直到晚年離世。著有《鮑彤文集——二十一世紀編》，2012 年 7 月 17 日。鮑彤：〈中國的關鍵時刻〉（A Pivotal Moment for China）《自由亞洲電台》（Redio Free Asia），2008 年 12 月 29 日。https://www.rfa.org/english/news/china/thirdplenum-12272008165259.html

234. 周曉（Kate Xiao Zhou）：《農民是怎樣改變中國的》（How The Farmers Changed China：Power Of The People），Routledge，1996 年。

235. 沈大偉（David Shambaugh）：〈引言：評估鄧小平的遺產〉（Introduction: Assessing Deng Xiaoping's Legacy），《中國季刊》135，1993 年，409 頁。

236. 保羅‧格里高利（Paul Gregory）、周曉：〈為何中國贏了，俄羅斯輸了〉（Why China Won and Russia Lost），《政策評論》，2010 年 1 月。http://www.hoover.org/publications/policyreview/72997307.html

237. 白魯恂（Lucian W. Pye）：〈人物介紹：鄧小平和中國的政治文化〉（An Introductory Profile: Deng Xiaoping and China's Political Culture），載於《中國季刊》135，1993 年，第 414 頁。

238. 源自 1978 年 12 月筆者周曉對湖北京山縣同溪村農民祖平（音譯）的採訪。

239. 更多有關台灣在中國全球經濟擴展中產生的作用，參考蘇珊‧博格（Suzanne Berger）和理查‧萊斯特（Richard K. Lester）的《全球的台灣：如何在新型世界經濟中打造競爭力》（Global Taiwan: Building Competitive Strengths in a New International Economy），編輯阿蒙克（Armonk），紐約：M. E. 夏普公司，2005.

240. 薇薇安‧吳和亞當‧陳，〈北京投入 450 億元打造全球媒體計劃〉，南華早報，2009 年 1 月 13 日。http://www.scmp.com/article/ 666847/beijing-45b-yuan-global-media-drive (accessed 12 Jan. 2015), http://www.scmp.com/article/666847/beijing-45b-yuan-global-media -drive（2015 年 1 月 12 日訪問，截至出版前夕連結已失效）。有關中國在 21 世紀初追求軟實力的討論，參見約書亞‧庫蘭提克的《魅力攻勢：中國的軟實力，如何改變世界》（紐黑文，2007 年）。

241. 曾卡：〈退出 vs. 聲音：全球採購，跨國生產和中國貿易遊說〉，《商業與政治》（Business and Politics），劍橋大學出版社，2021 年，1–27 頁。

242. 美國財政部 http://www.ustreas.gov/initiatives/us-china/

243. 斯米娜‧米斯特阿努（Simina Mistreanu），製造業資深記者，2020 年 3 月 2 日，〈調查顯示 Nike、愛迪達和蘋果公司與維吾爾人強制勞動有關聯〉，《福斯新聞網》。https://www.forbes.com/sites/siminamistreanu/2020/03/02/study-links-nike-adidas-and-apple-to-forced-uighur-labor/?sh=9ee37101003d

244. 有關這個問題的詳細討論，請參閱李‧布蘭斯泰特（Lee Branstetter）2018 年 5 月 31 日發表的〈中國的「強制」技術轉讓問題——以及如何應對。〉（China's 'Forced' Technology Transfer Problem—And What to Do About It）卡內基梅隆大學和彼得森國際經濟研究所（Carnegie Mellon University and Peterson Institute for International Economics）。可在網上查閱。

245. 塔蒂雅娜‧西格爾（Tatiana Siegel），2020 年 8 月 5 日，〈調查發現，好萊塢正在「日益正常化」面對中國的自我審查。〉《好萊塢記者》。
https://www.hollywoodreporter.com/movies/movie-news/hollywood-is-increasingly-normalizing-censorship-china-report-finds-1305935/

246. 法蘭克‧凡努奇歐（Frank Vernuccio）報導：「臉書在 2020 年的選舉周期中因其審查傾向性受到了大量和理所應當的批評。這家社交媒體巨頭的行為趨勢並非僅限於美國。世界各地的觀察者都對臉書提出指控，說它表現的很樂意與積極審查異見的專制政權合作。BBC 報導稱，臉書正在開發能夠滿足中國審查要求的特殊軟體。2016 年，路透社報導稱，臉書開發了一種審查工具，以求說服中國政府允許它進入中國。」法蘭克‧凡努奇歐，2021 年 2 月 5 日，「就連國際特赦組織都批評臉書的審查制度。」《富裕的投資者》。
https://affluentinvestor.com/2021/02/even-amnesty-international-is-criticizing-facebook-censorship/

247. 傑克‧貝爾（Jack Baer），2019 年 10 月 6 日，「NBA 因火箭隊總經理的推文向中國屈服而引起美國兩黨一致譴責。」雅虎新聞。「美國國家籃球協會周日展示了它在休斯頓火箭隊總經理達里爾‧莫雷的問題上的立場，以及對他現已刪除的支持香港自由的推文引發的強烈反彈的意見。協會發布了一份聲明與莫利的推文——「為自由而戰，與香港站在一起」—— 進行切割，聲稱推文『深深地冒犯』了 NBA 的中國球迷，但並不代表火箭隊或 NBA 的觀點。」
https://sports.yahoo.com/daryl-morey-nba-china-hong-kong-politicians-032946259.html?guccounter=1&guce_referrer=aHR0cHM6Ly93d3cuYmluZy5jb20

248. 當新聞報導試圖釐清美國國家衛生研究院參與武漢「功能獲得」研究的問題時，調查發現還有另一項武漢實驗室撥款是來自加州大學歐文分校撥款的分包合約。參見 Yuchiro Kakutani，2021 年 2 月 21 日，〈儘管川普打壓，武漢實驗室仍然獲得美國國家衛生研究院資金。〉《自由燈塔》，https://freebeacon.com/coronavirus/wuhan-lab-kept-nih-funding-despite-trump-crackdown/

第五篇：從丟失的中國到丟失的美國
何清漣

引言：美國對華外交是迷失之最

「蘭德報告」為何有意忽視最重要的對華關係？

2020 年美國大選之後，美國在內政外交方面均面臨「向何處去」的問題。由於當前「政治正確」壓倒性的統治地位，以及「取消文化」（Cancel Culture）的巨大影響力，美國智庫甚少著眼反思美國內政。

在外交方面，美國著名智庫蘭德公司（RAND Corporation）2020 年9 月發布了報告《美國外交政策當中「迷失的一代」：美國影響力的衰退與拯救》[249]，但是對中美關係的評估卻在這個報告裡基本缺席。

美中兩國均視彼此為最重要的外交關係，但蘭德報告卻有意略過對中美關係影響甚大的美國柯林頓（Bill Clinton）政府，以及在他之後的歷屆美國總統之對華政策評估與反思。

報告採取如下之評估標準：塑造全球規範、建立國際機構、遏制侵略、減少核衝突風險、激發全球輿論和促進廣泛的經濟成長。

按照這些標準評估，報告認為，過去二十年來美國在國際上的成就急遽下滑；當前所處的時代特徵為，外交政策的倒退多於進步；在小布希、歐巴馬到川普這三任總統任期內，所達成就遠遜於從 1945 年以來的歷屆總統。因此，這三位總統被歸納為「美國外交政策中『迷失的一代』」。

值得注意的是，對華關係本是美國從 1990 年代以來最重要的外交

關係，但在蘭德公司的報告評估中，列在「表3：從杜魯門到川普，持續外交政策成就和失敗」一節裡與中國有關的僅有三項：

1. 杜魯門總統在「1949年10月失去中國」被列為「失敗」
2. 尼克森「1972年2月向中國敞開國門」被列為「持久的成就」
3. 川普「2018年與中國開始的貿易戰」被歸於「影響尚待評估」

可以看到，上面被稱為「迷失的一代」的連續三任美國總統在近20年的中美關係政策上並無值得肯定的成就。但這不是本文論述的重點。

本文這裡想探討的是：蘭德報告為何有意避開了中美關係？儘管對華外交是自柯林頓以來的四位美國總統在任時都最為重視的，但即使是被蘭德報告肯定為擁有八項外交成就的柯林頓總統，其成就當中不包括任何對華政策。

但事實卻是：世界公認是柯林頓總統推動了原世界關稅同盟改組為世界貿易組織（WTO），他是當之無愧的「全球化第一推手」。同時，他還有另外兩項對華外交成就，一項是支持中國加入WTO，既為中國崛起提供了良機，又大大地改變了世界經濟、政治格局；另一項成就是開創了對華人權外交（中國謂之顏色革命），且這一路線被後來的小布希、歐巴馬兩位總統繼承。

值得注意的是，這兩項工作既不被蘭德報告列在其「成就」之內，也沒有顯現在表格中「失敗」與「尚待評估」之列。這種不置可否的態度本身也是一種態度。

於此同時，川普總統2018年的對華貿易戰，本質上是對柯林頓對華外交路線的一種否定。而蘭德報告認為這項行動「影響尚待評估」。

　　蘭德公司經常撰寫各類與中國有關的研究報告，該智庫有不少「中國通」。一般情況下，絕不會忽視柯林頓總統的兩項對世界、對中美兩國均影響甚鉅的外交政策。

　　如果有一種情況導致他們「忘記」列舉這些政策，那就是蘭德公司這個報告的研究者認為，目前美國政治內外皆面臨重要轉折，在前景晦暗難明之際，這兩項行動的效果難以評估，需要更長的時間才能給出答案。

美國對華戰略造就了今天的中國

　　如果說有力量在幫助中國坐大，成為世界第二大經濟體，這股力量當然來自西方國家，其中首推美國的助力。

　　這百年之中，美國政府與中共至少有過兩輪遭遇（交戰）。

　　第一輪遭遇發生於 1930 年代直至 1949 年，美國扮演「中國的拯救者」這一角色。這輪遭遇的結果是美國放棄國民黨政權、成就了中共。1949 年 8 月 5 日，美國發表了《美國對華關係白皮書》（*The China White Paper*）[250]，痛斥蔣介石政府的腐敗讓美國失去了中國，但也不承認中國共產黨政府。

　　這份白皮書大大觸怒了毛澤東與中共。8 月 12 日，新華社發表評論〈無可奈何的供狀──評美國關於中國問題的白皮書〉。從 8 月 14 日至 9 月 16 日，毛澤東親自上陣，相繼發表〈丟掉幻想，準備鬥爭〉、〈別了，司徒雷登〉、〈為什麼要討論白皮書？〉、〈「友誼」，還是侵略？〉和〈唯心歷史觀的破產〉五篇文章，嘲諷美國對華政策的徹底失敗並表達與美國徹底劃清界線的決心。

　　對該白皮書影響的爭論一直延續到 1950 年。這年 6 月 25 日，朝鮮

戰爭爆發，兩天後美國第七艦隊開入台灣海峽，中美一度混沌的關係突然變得清晰起來。杜魯門政府也出於美國的戰略需要，重新支持退守台灣的國民政府。

一年前發表的《美國對華關係白皮書》因此受到抨擊，這時表明「反共決心」成為冷戰環境下的風尚，其代表性產物則是 1952 年的美國《國會第 2050 號調查報告》[251]。

《國會第 2050 號調查報告》與《美國對華關係白皮書》最根本的不同在於，首先將失去中國大陸的罪責歸咎於美國遠東政策的改變，繼而又將這種改變的責任歸咎於「混入國務院的『太平洋學會』分子」。

在這份報告中，編纂者認定起草《白皮書》小組的成員、「太平洋學會」（Institute of Pacific Relations）的美國「頭號中國通」費正清以及英國傳教士李提摩太等是「蘇聯陰謀明顯且自願的騙子」。當時的民主黨國會議員約翰·肯尼迪就公然指責費正清、李提摩太是「共黨同路人」、「把中國大陸送給中共」，而國會報告中更將「把中國大陸送給中共」稱為「美國歷史上最悲慘的事之一」。

原因在於，當時的四名「中國通」外交官范宣德（John Carter Vincent）、謝偉思（John Stewart Service）、戴維斯（John Paton Davies）和費正清（John King Fairbank）都曾經主張在國共之間保持靈活政策，不應該無條件支持蔣介石。由於這四位名字裡都有「John」（約翰），所以被當時的美國媒體總結為「四個約翰弄丟中國」。

部分參與《白皮書》的編纂者甚至遭到美國情報部門的調查和司法訴訟，直到 20 世紀 60 年代末才告一段落。

後來隨著美國左派勢力復歸，這一輪對華政策的反思被視為「麥卡

錫主義」的一部分遭到逐步清算。新的看法在美國開始漸占上風，如：《國會第 2050 號調查報告》過高估計了「二戰」後美國在中國事務上的發言權，將中國大陸的政治、軍事走向認定為僅憑美國的取捨好惡即可決定之事，更把反對或不贊成增加對蔣軍援的國務院人士和學者統統貼上「反共」標籤，導致相當一部分「知華派」官員長時間被摒棄於國務院之外，嚴重影響了此後幾十年間美國對華政策研判。

在此種觀點的影響下，1972 年尼克森總統訪華的破冰之旅後，費正清及其學生們在美國對華政策上終於獲得了主動權。

第二輪遭遇始於 1970 年代，其時美蘇冷戰，美國出於對付蘇聯的需要選擇與中國交好。冷戰結束後，全球化進程開始。美國歡迎中國加入 WTO 與國際接軌，直到 2016 年，美國一直都在扮演著幫助中國重歸國際社會並認可其為合作夥伴這一角色。

這一時期美國對華方針基本確定為「接觸、合作、影響、改變」——可惜的是多年來只有「合作」落到實處，「影響」流於形式，所謂「改變」，即「和平演變（顏色革命）」尚無從談起。

從對華政策的結果來看，美國輸得很慘。

因為對華「顏色革命」基本失敗，而中共對美紅色滲透則遍布美國華府、州縣政治、文化學術以及社會各個層面。現在美國自身陷入了十分被動的局面。而中國靠與美國接觸，脫離了一窮二白的狀態，成長為世界第二大經濟體，擁有了挑戰美國的國力。

正值此一階段，中共不僅養成了不可小覷的實力，也開始顯露出挑戰美國的態度。這就造成了我們如今看到的這種狀態：中國幾乎敢於挑戰美國的任何底線，而美國只能不斷收縮自己的底線，採取「戰略模糊」

以虛應之。

幾十年之間乾坤倒轉，中國從一個窮弱的人口大國，變成咄咄逼人的美國挑戰者，僅僅只責備譴責中共不講國際規則，不擇手段追求自身利益，並不能解釋所發生的一切。當此之際，美國應該反求諸己，從自身尋找原因。

近 20 年來，我一直將中國問題置於國際背景中考察，得出的結論是：正是美國的戰略性錯誤為自己養出了強大的挑戰者，其中最關鍵的一步是——接納中國加入 WTO，並且在承認中美政治制度差異的前提下，自撤藩籬，讓中國各方力量長驅直入，容忍並默許中國對美採取不對等的開放（其實是半封閉），還沾沾自喜地在美國國內將這當作「影響、改變」中國的手段。

一、美國對華戰略錯誤：幫助中國成為經濟巨人

美國對華政策的失誤，首先是戰略錯誤。所謂戰略錯誤是指自柯林頓以來包括小布希、歐巴馬共三任總統的政策方向都指向，通過將中國納入世界體系並發展經濟，促成中國的民主化。

蘭德公司在其研究報告《美國外交政策當中：迷失的一代》中未列舉柯林頓的兩項對華外交政策成就，但實際上，美國政府支持中國加入 WTO、開創對華人權外交（中國謂之顏色革命），可謂影響深遠。尤其是前一項有如「芝麻開門」的符咒——中國從被拯救者的地位中解脫出來，得以在國際舞台施展拳腳，終成美國強有力的競爭對手（其實是挑戰者）。對中國來說，這是第一塊最重要的鋪路石。

對中國民主化的期望主導美國對華政策

柯林頓在競選時，曾指責老布希為「嬌生慣養的獨裁者」（coddling

dictators）。在談到老布希的國家安全顧問布倫特・斯考克羅夫特（Brent Scowcroft）的訪華之行時，柯林頓特別譴責了老布希「派遣密使與民主踐踏者乾杯」，並聲稱「將不再姑息從巴格達到北京的暴君」。但吊詭的是，等到他真正就任總統時所採取的對華政策，卻著實讓中國受益良多。[252]

美國的中國研究圈內有兩個堪稱經典的預想前提。一個是只要中國加入 WTO，就可以迅速融入國際社會，促使中國建立一個開放的市場經濟體制；第二是對中國開放西方的網際網路技術將有助於瓦解中國的言論管制。這兩個一廂情願的想像都在期待中國最終將走向民主化。

而這一看法肇始於前總統柯林頓 2001 年在霍普金斯大學的公開演講。當時為了支持中國加入 WTO，柯林頓的整篇演說意在解開美國朝野對中國的憂慮。

他從「誰失去了中國」這一話題切入，論及了美國政界、學界認識到的所有中國問題，例如中國乃是一黨專政的國家，不能容忍反對派，剝奪公民言論自由和宗教表達的基本權利，控制經濟使國民對政府形成強烈的依附性，其採取與西方截然不同的方式維護自身利益，及人們對中國市場可能崩潰的擔憂應如何因應。

年輕的柯林頓總統充滿信心地回答：「問題不在於我們是否認同中國的做法，問題是，改進這些實踐最明智的做法是什麼？」

他指出：「中國未來的道路是中國自己的選擇。我們無法控制這種選擇……我們只能影響它。我們必須認識到，我們確實可以完全控制自己的行為。我們可以努力將中國拉往正確的方向，也可以轉身而去。幾乎可以肯定的是，『轉身而去』會將中國推向錯誤的方向。」

柯林頓總統還指出了一條光明大道：「WTO 將使中國朝著正確的方

向前進，它將繼續推進美國過去 30 年來（即尼克森破冰之旅以來）在中國努力實現的目標。[253]」如果說前國務卿季辛吉奠定的對華政策基調是「接觸、合作」，柯林頓則加進了「影響、改變」這兩點，從此，美國對華政策就沿著「接觸、合作、影響、改變」這條路線向前穩步行進，從未偏移。

當然中國後來的政治變化顯示，這兩個預想並不成立，但美國政界、學界的知華派們從未承認，也不加以審視。直到 2017 年川普就任總統後公布了一個「百日計劃」，其中明確提出要「抽乾華盛頓的沼澤」（Drain the Swamp）。

川普政府開啟了系統審視對華關係的進程，與中國在美滲透活動相關的各種報告陸續公布，尤其是中共利用在美國研究型大學、科研機構工作的華人科學家公然竊取美國知識財產權的「千人計劃」參與者陸續被調查甚至逮捕後，形成了對「擁抱熊貓派」（Panda Hug，美國政界、學界對親華派的稱呼）極具壓力的氛圍，美國的中國研究圈也被迫對長達幾十年一面倒的中國研究做出檢討。

2018 年 11 月 29 日，美國史丹佛大學胡佛研究所發表《中國影響和美國利益：推動建設性警惕》（*Chinese Influence & American Interests：Promoting Constructive Vigilance*）報告中，承認美國的中國研究界對中國誤判，指出中國利用美國的開放民主加以滲透，大舉操弄美國政府、大學、智庫、媒體、企業和僑界，希望藉此阻斷美國對中國的批評、對台灣的支持[254] ——該報告所承認的「誤判」，實際上就是基於柯林頓演講所衍生出來的兩個預想。

加入 WTO，中國經濟插上翅膀

在柯林頓總統的強力主張下，2001 年 12 月中國正式加入 WTO，中國經濟從此插上翅膀，快速起飛。2001 年，中國的 GDP 總量為 1.34

萬億美元，占世界 GDP 總量的 4.0065%；18 年之後的 2019 年（2020年中國發生疫情），中國 GDP 總量為 14.28 萬億美元，占世界 GDP 總量的 16.2763%。[255] 這些數字顯示的是中國國力之增長，得益於加入 WTO 這一事實。

中國加入 WTO 對中國自身獲得的好處顯而易見，但對國際的影響卻是惡劣的。中國利用 WTO 的規則漏洞，幾乎完全改變了世界經濟格局，並且影響到國際政治。但西方各國顧忌到中國的反應，一直不敢公開批評，美國、歐盟雖然不十分承認中國的全面市場經濟地位，但在其他方面也極少批評。

2015 年中國入世 15 周年是個轉折點，那一年各國政府與智庫批評中國的「保護主義」聲浪日高，主要涉及三方面：中國的貿易保護主義；跨境投資的不對等，中國投資在歐美暢行無阻，但對外資在華投資卻有諸多限制；中國不顧及環境保護。

中國在世貿組織爭端解決

本節著力於顯示中國在 WTO 屢屢違規，但美歐等國對此卻無可奈何的此一事實。在被接納進全球體系之後，中國這個全球最大的貿易國成為 WTO 各種貿易爭端中的常客，涉及大至鋼材，中至巴西紙漿，小至美國雞爪等諸多領域。

據中國外宣刊物《中國力量》（*China Power*）自我披露，自 2002年至 2019 年，中國共參與了 65 次爭端解決——其中 21 次為申訴方，44 次為被訴方，是這段時期 WTO 爭端解決機制中第三活躍的國家。中國也不忘表白自己最初的老實狀態：在進入世衛組織後的前幾年（2002–2006 年），作為申訴方或被訴方，中國僅參與過 5 次爭端解決，數量遠低於其他金磚國家，主要扮演第三方的角色。[256] 但中國沒說明的是：入世後前五年是觀察期，WTO 成員國的資格還不穩定，中共選擇

了韜光養晦。

在中國參與過的這 65 次爭端解決中，其中 39 次是與美國，14 次是與歐盟。中國被訴的案件 52.2% 由美國發起，而中國發起的 21 次申訴中有 76% 都針對美國。中國所受到的申訴主要是針對政府給予製造業和高科技產業的扶持與補貼，還有知識財產權的相關問題。例如歐盟在 2018 年對中國發起申訴，指責中國強迫歐洲企業將技術轉移到中國公司，作為進入中國市場的條件。[257]

美國、歐盟陷入被動的原因，在於中國吃透了 WTO 的規則。作為國際組織，WTO 的規則只是軟約束，對成員國的違規行為的裁定只能是下不為例，並無懲罰措施。而在明知對方與自己存在巨大的制度文化差異時還打開大門迎客，只能說這是美國和其他西方國家自己的失誤。

美國自食苦果，只因當初配合演戲

到了 2015 年，中國已躍升為全世界 GDP 總值第二，中國海外直接投資總額首次突破萬億美元大關，投資範圍遍布全球 184 個國家和地區，成為資本淨輸出國。2019 年末，中國對外直接投資存量也達世界前列。外匯存底總額一度突破 3 萬億美元──龐大的外匯存底讓中國對外投資迅速增長。而美國一直是中國貿易順差的最大來源地，歐盟位居第二位。

中國在全球外商直接投資中的影響力不斷擴大，流量占全球比重連續 4 年超過一成，2019 年占 10.4%。[258] 在這段期間，美國一直在抱怨兩件事情，一是中國對出口企業進行補貼，使美國企業處於競爭劣勢。

值得注意的是，在中國加入 WTO 前的私有化合規考察，是美國主導的世界銀行做的。世界銀行經過考察認可了朱鎔基的「抓大放小」，通過了中國經濟私有化的合規性審查，這些政策是中共培養壟斷行業的

經濟寡頭基礎。[259]

　　同時中國透過國企混改，讓國營企業披上民營外衣，在美國投資。比如華為實質上是軍事工業企業，但直到川普擔任總統之後，華為在美才算是真正受到阻礙。[260]

　　二是中國的匯率管制，導致人民幣與美元的比率不合理。但抱怨歸抱怨，最後在中國加入國際貨幣基金組織 IMF 時（美國是 IMF 的最大出資者），卻任由該組織負責人為中國量身訂制了一套規則：IMF 聲稱，將人民幣納入 SDR（特別提款權，Special Drawing Rights）的主要目的是推進中國的經濟和金融改革。

　　本來，將一國貨幣納入 SDR 需要滿足兩個條件，一是出口位於 IMF 成員國前列，中國是世界最大出口國，符合此一條件。二是貨幣可自由兌換。為了中國，IMF 特別修改了遊戲規則，改成貨幣「可自由使用」。[261] 這是 IMF 總裁克里斯蒂娜・拉加德（Christine Lagarde）的聰明主意，但美國在 IMF 擁有一票否決權而未使用，也是不爭的事實。

世界各國對中國的經濟依賴

　　全球化 1.0 版本中，基於以下事實，中國確實一度成了中心國度：

　　第一、中國是開發中國家裡最大的外資引進國，累計設立外資企業的數量突破 100 萬家；第二、中國是世界第一大出口國和世界第二大進口國（2019 年初的數據）；第三、中國是世界資源國家的最大買方。

　　尤其是美國頁岩油改變了全球石油供應格局後，俄羅斯、中東及其他石油生產大國都爭相籠絡中國。Covid-19 新冠疫情後，石油價格大跌，中國的石油訂單更是使中國成了市場上的「大王」。

第四、2019 年末，中國海外直接投資總額高達 2.2 萬億美元，緊隨美國的 7.7 萬億美元和荷蘭的 2.6 萬億美元。[262] 中國超 2.75 萬家投資者在全球 188 個國家（地區）設立海外直接投資企業 4.4 萬家，覆蓋全球 80% 以上的國家地區，2019 年年底境外企業資產總額達 7.2 萬億美元。[263]

北京早就將多國對中國的經濟依賴，成功地轉化為政治上的服從與交易。關於這一點，中國官方宣傳樂於誇耀。2015 年 11 月，美國《福斯》雙周刊發文對中國經濟依賴度最高的前十名進行排序，在全球 200 多個國家地區中，排名前五的依次為澳大利亞、智利、韓國、巴西、日本。[264] 中國對此非常得意，幾乎年年誇耀。2019 年，國內媒體曾細數對中國有經濟依賴的國家，從東方到西方，從南半球到北半球，成績著實不小。[265] 最後的發現是：

> 經濟方面對中國依賴度最高的是澳大利亞。2017 年澳大利亞出口總額高達 2307 億美元，其中出口中國額度達 761 億美元，約占澳大利亞總出口額的 33%。澳大利亞出口中國的主要產品有礦產及貴金屬與製品和動物產品等。即便中國經歷了美國對華貿易戰的打擊，如今仍然是澳大利亞經濟成長的引擎，也是澳大利亞最大的貿易夥伴。[266]

韓國對中國的經濟依賴位居第三。2017 年，韓國出口總額達到 5737 億美元，其中出口中國的額度達 1421 億美元，約占韓國總出口額的 25%。韓國出口中國的主要產品有機電、化工和光學醫療設備等。這種依賴在中美貿易戰後有所下降。2019 年，中國、美國和越南是韓國出口排名前三位的國家，對這三國的出口額依次為 1362 億美元、733.4 億美元和 481.8 億美元，分別占韓國出口總額的 25.1%、13.5% 和 8.9%。同時，從 2009 年到 2018 年的 10 年間，中國大陸一直是韓國對外貿易最大順差的源頭。直到 2019 年受中美貿易戰的影響，對中國大陸貿易順差為 289.94 億美元，略低於對港貿易順差 301.39 億美元，降至香港之後才排名第二。[267]

　　日本對中國的經濟依賴排名第五。2017 年日本出口總額達到 6983 億美元，其中出口中國額度達 1328 億美元，約占日本總出口額的 19%。日本出口中國的主要產品有機電產品、運輸設備和賤金屬及其製品等。受中美貿易戰影響，2019 年日本對中國出口減少 7.6%，降至 14.68 萬億日元。[268]

　　從十多年前開始，中國就開始將各國對中國的經濟依賴轉化為政治要挾。2020 年開始對澳大利亞的貿易戰就是一種明目張膽的政治要挾。時至今天，歐盟的中堅力量法國、德國等在中國問題上都多次表示不追隨美國，就是出於各自經濟利益的考量。

　　基於以上分析可以看到，中國外貿順差主要來自美國，在美國柯林頓總統幫助中國進入 WTO 後，中國卻處處以美國為敵——只能說在美中關係中，中國從被拯救者成為強力競爭者，多得美國贊襄之力。

　　中國現在以位居世界第二的經濟實力，使世界上所有窮國富國競相折腰，美國終於嘗到了國際地位的失落：傳統盟國離心離德，紛紛向中國靠攏；東亞盟友選擇奉行「政治安全靠美國，經濟發展靠中國」；在聯合國和其他國際組織事務中，中國已經成功地將 WTO、聯合國人權委員會等變成為自身利益服務的工具。

　　嘗其果，溯其源，只能歸咎於美國奉行了「接觸、合作、影響、改變」這種自以為能夠不戰而勝的對華政策，最後釀成了不戰而敗。

二、對華「顏色革命」終成虛幻

　　柯林頓總統開創的人權外交模式是另一大問題。雖然中美輿論廣泛涉及這個人權外交模式，但大多數人對人權外交的了解僅限於表面，尤其是香港媒體尚有自由報導空間時，往往將其簡單概括為人質外交。狀

況似乎是當美國批評中國人權嚴厲一點，或給點什麼制裁時，中國就以釋放幾個異議人士回應，久而久之，連中國大陸人也如此理解了，然而所有人對人權外交的真實情況其實一無所知。

本節將就兩點進行分析：第一，中國公開指責美國在華「顏色革命」長達 15 年之久，那麼美國究竟做了些什麼；第二，詳細分析中國認定的美國對華「顏色革命」主要內容。尤其是柯林頓與江澤民兩位國家元首商定的合作——美國推動中國之法治建設——的成效有多大。

從毛澤東到習近平：長期警惕和平演變

美國一直希望在共產黨掌權的國家促進民主化，促進的方式就是實行「和平演變」（peaceful evolution）。1990 年代蘇聯東中歐社會主義國家垮台後，改稱為「顏色革命」（Color Revolution）。中共自毛澤東建政以來就開始防範和平演變，對來自西方的一切都視之為敵，採用體制性高度防範對策。在這種政治環境中，美國自柯林頓時代起開始嘗試在華推行「顏色革命」，雖然自始至終連門檻都沒邁過，但一直堅持投入資金人力，這個過程長達十餘年。

眾所周知，美國第 52 任國務卿杜勒斯（John Foster Dulles，1953 －1959 在任）被公認為美國「和平演變」戰略的原創者，至少是這一理論的第一個系統闡釋者。

他的名言是：「解放可以透過戰爭外的方法達成，要摧毀社會主義對自由世界的威脅，必須是而且可能是和平的方法。社會主義國家將發生一種演進性的變化。」他告誡人們要有足夠的耐心和信心，將希望「寄託在社會主義國家第三代和第四代人的身上」，並強調要用「精神和心理的力量」達到目的。[269]

毛澤東對此抱持高度警戒。杜勒斯提出的「和平演變」說，就像魔

咒一樣，被中共當局用來逼迫紅色中國的孩童從小就學習應對這個「和平演變以改變中國顏色」的命題。

1950年代的青少年們，當時都曾被灌輸過「反和平演變」的戰略思想，知道「美國的和平演變在與社會主義中國爭奪下一代」，能背誦英明領袖毛主席那段「*帝國主義說，對於我們的第一代、第二代沒有希望，第三代、第四代怎麼樣，有希望。帝國主義的話講得靈不靈？我不希望它靈，但也可能靈。*」[270]

在毛澤東1976年死後至1989年六四事件這段時間，「和平演變」這個詞匯一度從官方宣傳中消失。蘇聯崩潰、柏林圍牆倒塌以後，西方將推廣民主化的「和平演變」改稱為「顏色革命」，中國政府內部也隨之在黨內將毛澤東的「反和平演變」改稱為「防顏色革命」。

歷經十餘年，中國終於在自己「和平崛起」之後，於2005年（胡錦濤政府第一任期）公開坦言稱「外國駐華NGO是美國在華推廣顏色革命的工具」[271]。等到2012年習近平正式接任中共掌門人之後，這些「顏色革命的工具」在中國完全失去了生存空間。

近幾年，西方社會一直在討論習近平到底是繼承毛的遺產還是師法鄧小平的改革。其實，習的精神底蘊來自毛而不是鄧。一個人的社會化過程（思想、價值觀的形成過程）一般發生在14歲前這段時期，習近平正好在這個年齡全面經歷了毛的文革前與文革時期，他所在的那個高幹子弟群，即使在父輩被迫害之時，對毛的崇拜依然狂熱。改革開放伊始，他已成為中共接班人「第三梯隊」的重要成員、全國最年輕的縣委書記之一，絲毫不受挾歐風美雨的新啟蒙的影響。

從他2009年訪問墨西哥時在當地華人社團中說了那番「外國人吃飽了飯沒事幹，對中國指手劃腳」的言論開始，我就知道他仍然篤信毛

澤東時代的「紅色接班人」觀念，這一觀念的核心要素就是「防和平演變」。再比如他最喜歡用的「外部勢力」一詞，在他心中指代的就是「以美國為首的西方國家」，而且大多數時候僅指「美帝國主義」。

美國曾是中國「依法治國」的領路人

在鄧小平對外「韜光養晦」方針的指導下，中國對美國一度表面上十分尊重，這也是美國對華法律援助這一合作的大環境歷史背景。

1997 年，正是柯林頓與江澤民這兩位大國元首努力建構美中新關係之際。為了加入 WTO，中國曾接受美國柯林頓政府一個長達十年的對華法律援助計劃，並定於 2003 年開始付諸實施。當時，美國希望透過中美雙方的法律合作促進中國的法治建設，最後促成中國的民主化。此中詳情備載於柯林頓總統簽署的《2000 年美中關係法》（*United States–China Relations Act of 2000*）[272]。

中國當時是江澤民掌舵，為了達到加入 WTO 的目標，決定「委屈求全」，在黨內提出的說辭是「拿外國人的錢辦我們自己的事」。

但對這項合作當然設置了一些限定條件，比如要求這些 NGO 在中國註冊與活動，只能以政府機構、大學、研究部門為合作夥伴，其所有活動均得在國家安全部門嚴格監管之下進行。這類外國 NGO 可以在中國設立辦事處，擁有固定的辦公場所，有較熟悉的長期合作夥伴，還可以進行連續性的運作項目。

除了極少數與愛滋病有關的民間組織與外國 NGO 有合作關係外，在那十年當中，外國 NGO 帶入中國的資金（規模在 1 億至 2 億美元之間）主要用於資助上述三類機構──政府、大學、研究部門。

2005 年，中國官方開始公開宣稱「防顏色革命」之時，指稱當時

共有 7000 多家外國 NGO 在中國活動。國內媒體曾經報導，外交部、公安部和民政部召開境外非政府組織（即 NGO）座談會，主題之一便是當時已經計劃制定的《境外非政府組織管理法》。

該篇報導所附加的新聞背景中寫道：「據不完全統計，目前在我國長期活動的境外非政府組織有 1000 個左右，加上開展短期合作項目的組織數量，總數可能已達 7000 個左右。每年通過境外非政府組織流入我國的活動資金可達數億美元，其活動範圍涉及扶貧、助殘、環保、衛生、教育等 20 多個領域。」[273]

涉及從福特基金會（Ford Foundation）和樂施會（Oxfam）等知名機構，到由少數人組成致力於農村教育、自然保護和醫療保健等事業的小型組織。

這 7000 多家當中，官方視為「最危險」的應該是那些致力於人權、法律改革和法治等政治敏感問題或牽涉少數民族問題的組織。中國政府指責一些境外機構是搜集情報和激起社會動盪的先鋒，控告他們「以『維權』為名煽動民眾與政府對立，甚至支持參與策劃街頭政治、民族分裂等活動。」[274] 這些項目一開始就被納入重點監控範圍。

這麼多項目中，美國政府期望最高的就是美國對華法律援助，該項目由美國國務院民主人權和勞工局專人執行。美國對華法律援助項目的倡導者、耶魯大學法學教授葛維寶（Paul Gewirtz）曾對這段他親身參與的事件有過詳細的回憶。

耶魯法學院舉辦過一個「中國法治 2 月」活動，期間舉辦了一個「中國法律改革研討會」。當時，葛維寶教授在他那充滿期待與願景的發言中，談到過他的想法產生並說服柯林頓政府的過程。他認為，美國的外交政策應更多地關注其他國家的法律改革。因為如果其他國家的法律制

度可以得到改善，美國的一系列外交政策就可以相應提高效益——法律改革可以支持經濟發展。

　　這個想法打動了柯林頓總統的團隊，於是特別為他在國務院安排了一個職位。1997 年至 1998 年，葛維寶從耶魯法學院暫時離職，赴華盛頓的美國國務院工作，成就當然就是後來在《2000 年美中關係法》中規定的，促進中國法治建設。具體來說，就是從 2003 年正式開始的對華法律援助項目。[275]

　　葛維寶教授說這個項目改變了他的人生，從此他的專業研究方向就成了中國的法治建設。儘管這個當初被賦予極大意義、中國人也抱有極高期待的「依法治國」如今已成泡影，而且他對中國當時狀態的描繪與我生活於其中的中國相差甚遠——葛維寶對中國實現法治有太多美好想像，對自身工作的重要性也期望過高——但這篇演講透露出的真誠在感動他自己的同時，多少讓我也有點感動。

「合作」破裂，緣於北京擔憂顏色革命

　　葛維寶教授是對華法律援助項目的創建者，前美國國務院民主人權和勞工局特別顧問艾美・加茲登（Amy Gadsden）女士則是這一項目的主要執行者。她曾寫過一篇名為《對抗－合作－倒退》（From "Confrontation" to "Cooperation" and Back Again）的文章發表於中國人權網站上，概述了中美政府之間法律改革交流計劃的來龍去脈，以及這一交流在 1997 至 2008 這十年間所發生的變化。[276] 加茲登女士根據其親身經歷，將這段時期劃分為兩個階段：

　　第一階段（1997–1999）：結束「後天安門時期」（即 1989 年天安門事件後中美關係疏離）；進入雙邊關係的新階段（基調是合作而非對抗，合作重點是法治領域）。
　　1997 年美中峰會結束時，美國總統柯林頓和中國國家主席江澤民

在聯合記者會上宣布：「兩國將通過新的方式就雙方共同關心的議題進行合作。」在江澤民抵達前幾天，柯林頓發表重要談話表示：

> 「中國現正處在十字路口。中國決定往合作還是對抗方向走，將在未來數十年中深遠影響亞洲、美洲及全世界。中國以穩定、開放、法治、擁抱自由市場和政治多元化的非侵略性大國而非以閉關和對抗的姿態出現，符合美國人民的深遠利益。」

在演說中，柯林頓把峰會的主題闡述得很清楚，即「合作」而非「對抗」。這次峰會奠定了中美雙方今後十年關係的基調。[277]

1998年6月第二次美中峰會上，雙方保證進一步在實行法治方面進行合作。美國國家安全顧問桑迪・伯格（Samuel Richard Berger）在記者會上宣布：

> 「在法治領域，我們將與中方進行更強有力的項目合作，與他們的法官、律師合作，對他們進行司法體系和司法實踐方面的培訓」，並宣布1998年11月雙方將舉行重要會議，討論對人權的法律保護，包括國際人權公約、刑事程序權、對宗教自由的法律保護和其他議題。[278]

加茲登女士特別回憶道，在這一決定做出之前，從20世紀80年代開始，美中法律交流項目一直在進行，許多外國NGO和基金會已全面介入支持中國立法建設、司法培訓、法律研究和教育等方面，作者本人就是重要的參與者。那段時期，中國尚未「崛起」，中國官員需要依靠外國政府和組織資助安排「學習之旅」，到海外學習法律和法律體系。

第二階段（2000–2010）：美國資助中國的人權與法治建設。

據統計，2002至2010財政年度，美國對華法律援助項目資金總額達1.535億美元。其中2006財政年度資助金額達2300萬美元，其他年

度援助資金的金額約在 1500 萬至 1700 萬美元之間浮動。援助資金指定用於促進民主、治理、人權、獨立媒體和法治。

　　與中國政府機構進行合作的美國 NGO 和教育機構是資金的主要獲得者，NED（美國國家民主基金會，National Endowment for Democracy）則將資金提供給中國國內及國外從事人權或其他改革的小型 NGO 組織。[279]

　　據加茲登女士回憶，這一階段經歷了合作與倒退，分水嶺約在 2006 年。那一年，中國開始了一輪指認「外國 NGO 為外國勢力顛覆中國的工具」的輿論圍剿。她在文中詳細描繪了這一變化過程。

　　合作交流之初，中國政府對這類法律合作抱持歡迎的態度並予以重視，中國政府在體制內進行了大規模法律改革。國務院、全國人大、最高法院，以及民政部和司法部大量審查各自管轄範圍的法律和政策——這些機構都是美國對華法律援助項目的合作者。為了不落在美國後面，1998 年，歐洲委員會和中國政府也簽署了一項協議，幫助建立和啟動一個村民選舉地方官員的培訓中心。

　　進入 21 世紀幾年後，中國政府開始對這些合作項目踩煞車。加茲登女士分析，倒退的原因至少有兩個：一是格魯吉亞和烏克蘭發生了「顏色革命」，危機感促使中國對法治和民主項目進行內部調查，結果是與美方有合作關係的政府機構及相關組織受到越來越大的壓力，不得不中止與外國 NGO 的合作。二是中國有錢了，官員不再需要外國政府及 NGO 資助進行海外的「學習之旅」。

　　加茲登女士的感受有中國國內的同期文章互為佐證。在這一輪指認「外國 NGO 為外國勢力顛覆中國的工具」的聲討中，以中央黨校的《學習時報》於 2006 年 8 月刊發的文章〈部分外國非政府組織破壞政治穩

定〉為代表。

該文為外國在華 NGO 總結了四條作用：一是危害國家安全；二是破壞中國政治穩定；三是助長腐敗；四是在中國推行外來模式。[280] 自那以後，「依法治國」在中國官方宣傳中退位，即使提起，也是在「建設社會主義法制」，而不再提「與國際接軌」了。此後隨著周永康全面掌管政法委，中國進入「維穩」年代。

加茲登女士的這篇文章充分證明，在中共十七年的「依法治國」史上，美國這一「外部勢力」曾經擔當過相當重要的領路人角色。中美在法治領域的合作最後失敗，就是因為中國方面發現，推進法治的目標是要結束黨大於法的人治，這與中共的「核心利益」（一黨專制）相違背。

因此，對美國對華法律援助的效果評估，美中雙方持完全相反的結論。美方認為：「透過這些有關民主、人權與法治的援助，使農民工、愛滋病毒感染者和愛滋病患提高了對自身權利的認識也促進了利益以及制定地方一級環保政策等其他許多類似項目。這類活動改善了作為中國現任政權的兩個主要目標——治理和穩定，以更傳統的方式促進了中國的人權。」

但中國官方認為，這些合作是美國安放在中國的「特洛伊木馬」，目的是在中國策動「顏色革命」，結束中共的一黨專制。

美中均誇大作用的對華「顏色革命」

即使被美國視為「開放」的江澤民，其實也深受毛澤東「防範和平演變」的接班人理論影響，他曾說過：「在堅持改革開放、加強對外經濟文化交流的同時，要十分注意警惕和防範敵對勢力的滲透、顛覆活動。」[281] 這一提法被中共奉為圭臬。舉凡希望透過公益活動踐履人權理念的 NGO，一律被中國當局視為美國策動「顏色革命」的重要工具。

一些奉命文章對此有露骨的闡述，將美國 NGO 在一些國家策動「顏色革命」的活動概括為三方面：一是資助各國內部的非政府組織，開展反政府活動；二是滲入大眾媒體和社科研究機構，影響政權高層決策；三是邀請各類人員出國訪問，培養親西方的社會精英——幾乎所有非官方的文化交流都被囊括其中。但這些文章的作者們顯然沒弄清一個事實——美國的資金絕大多數都進了被中國官方允許接收外國勢力資金的三類政府機構。

香港中文大學社會學系助理教授安子傑（Anthony J. Spires）曾就此做過專項研究。他根據美國基金會中心數據庫（www.foundationcenter.org）的統計歸類分析，2002 年到 2009 年間，美國基金會對華援助約有 4 億 3 千萬美元（不含港澳台），其中捐助給學術機構、政府部門、官方 NGO 的占比分別為 44.01%、25.38%、16.62%——這三部分援助合計占到了資助總額的 86.01%，而民間草根 NGO 獲得的捐助只占 5.61%。[282] 所以中國政府實際上充分掌握著美國捐助資金的動向，讓其在被允許的範圍內流動。

但是，僅這 5% 未納入官方渠道的點綴性的資助，中國也不放心。習近平執政之後，制定了一個新的《境外非政府組織管理法》草案，嚴格限制慈善組織的活動以及中國與外部世界的教育交流。這部法律據稱是中國大陸首部針對境外 NGO 的專項法律，於 2017 年 1 月 1 日正式生效。

該法律規定，境外非政府組織，包括慈善及環保團體，在中國要向公安部門登記註冊，境外 NGO 資金來源及使用的管理須報備。警方有權調查這些機構，也可將有顛覆國家政權、分裂國家等傾向的非政府組織列入不受歡迎的名單，拒絕其在中國境內再設立代表機構。[283] 自此之後，美國在華「顏色革命」正式結束。

三類美國在華 NGO

外部輿論介紹中國打壓 7000 多家外國 NGO 時，統稱它們是幫助促進中國人權、衛生健康、婦女兒童權益事業的 NGO。但實際上，真正涉足中國官方敏感的維權、少數民族議題、介入政治活動的 NGO 數量本身極少（這類 NGO 獲得的美方資金只占 5.61%），而且行動處處受控，經常遭遇打壓。剩下的大部分都是中國政府機構監管下的 NGO，它們當然也不會做惹惱當權者的事情。

那麼這些自帶資金來中國的外國 NGO 主要是些什麼機構呢？《紐約時報》中文網於 2015 年 6 月 18 日刊發〈在華外國 NGO 擔心未來兇多吉少〉一文，用大量篇幅介紹了這類 NGO 接受採訪時的自述：

「一家著名基金會的一位美國雇員表示，該基金會專注於健康和教育領域，……但諷刺的是，這項法律威脅到的一些機構在過去 30 年裡一直支持包括交換項目和擴大貿易在內的多項有助於中國復興的政策。」

另一位在北京運作一個美國大學項目的負責人表示自家這類機構「提供的接觸機會對於中國是非常有價值的」，指出新法律草案「沒有把倡導諸如勞工權益的維權團體與埋頭做事的商業協會和學術機構加以區分」[284]，言下之意是：維權團體的工作（指那少數的 5%）才是中國政府應該針對的政治威脅，而他們的工作對中國政府不僅無害反而有益。

此外，無辜受到牽連的還有「乒乓策劃」──一家將中國當代舞蹈團體帶到歐洲，將美國戲劇引入中國劇場的非營利組織。同樣地，美國國家地理學會（National Geographic Society）、美國電影協會（Motion Picture Association of America）等的在華工作也都不涉及政治。[285] 而與人權密切相關的人道協會（Humane Society International：HSI），在中

國的活動也只能限於在廣西玉林狗肉節救狗。[286]

　　總結起來，這些機構無論存廢，都與「顏色革命」沒有半點關係。中共打擊它們，是對「顏色革命」的過度防範；美方認為它們重要，大概認為「顏色革命」無所不包，包括拯救動物、女權、LGBTQ（非異性戀者）權益（這是美國民主黨的偏好）。

　　《境外非政府組織（NGO）境內活動管理法》在 2017 年 1 月 1 日正式生效後，7000 多家 NGO 不得不陸續撤出中國，現在只剩下 130 多家 [287] 在中國公安部註冊登記的 NGO，比如福特基金會、比爾・蓋茲基金會（Bill & Melinda Gates Foundation）、美國各會計師事務所等對中共當局無害且有益的機構，它們不僅能在中國活動，有時還能受邀參加各種高層經濟合作會議。

在華美國商業性機構

　　上述《紐約時報》文章裡還提到，在中國要實行對外國 NGO 管控之前，近 40 家美國貿易類和專業協會給中國立法機關寫了一封聯名信，除了美國電影協會之外，為美國商界服務的幾大協會盡在其中，例如美國石油學會（American Petroleum Institute）和美國注冊會計師協會（American Institute of Certified Public Accountants）。美國律師協會（American Bar Association）還向中國政府機構陳述說，他們的工作與中國政府是互惠互利的。

　　在這一點上，這些協會沒有說謊，他們確實沒有任何政治目的，除了經濟目的。2003 年以後，多達 300 多家中國概念股透過反向收購在美國上市圈錢，全靠美國勤業眾信（Deloitte）、安永（Ernst & Yong）、安侯建業（KPMG）、普華永道（Pricewaterhouse Coopers）和德豪（BDO）等五大會計師事務所的中國成員公司違反證券法，在財務及公司上市資料上幫助中國企業做假。

　　「五大」早在 20 世紀 90 年代就已陸續進入中國，入境之初，它們的美國招牌（信譽）並未給它們帶來多大好運。直到 2001 年，因中國本土會計師事務所陸續捲入「銀廣夏」、「鄭百文」、「藍田股份」等會計醜聞，導致中國證監會頒布《補充審計 16 號文》，要求上市公司 IPO（股票首次公開發行）及再融資時，財務報告除國內會計師事務所進行法定審計外，還必須由國際會計師事務所進行「補充審計」，這才使這些外國公司時來運轉。[288]

　　可以說是因為中國政府當時苦於本國嚴重的會計造假，才以法規的形式賜給了外國會計師事務所這塊超大餡餅。幾年間，當 5600 多家中國本土會計師事務所不得不為每筆幾萬元甚至幾千元的業務打得頭破血流之際，「四大」（原「五大」中的安永後來自己也深陷醜聞）壟斷了中國高端會計審計業務，也壟斷了中國海外上市企業的所有審計業務。在 1400 多家 A 股上市公司審計業務中，「四大」審計的資產超過 40%。[289]

　　這一次，外國勢力並未幫助中國公司加強誠信或法制建設，反而幫助中國公司在美國上市做假。一家成立於 2010 年的渾水公司（Muddy Waters Research），專門致力於揭露這些美國會計師事務所與法律事務所幫助在美上市的中國公司之各種欺詐行為。

　　數年間，被美國證監會列入禁買名單的「中國概念股」共逾 130 多家。[290] 當美國證監會要求這些會計師事務所提供中國公司的資料時，這些公司竟然以中國法律不允許為由拒絕。

　　這些公司既對不起母國，讓母國投資者虧損；甚至也對不起給他們派餡餅的中國政府。它們帶上 NGO 非營利機構的光環，實則只是想在中國市場賺錢牟利，哪怕出賣職業操守也在所不惜。

三、美國對華外交的戰術錯誤：承認中美制度差異卻自撤藩籬

美國對華政策不僅戰略失誤，戰術上也完全放棄防守。美國設想的對華合作、影響，除了通過 WTO 的經濟牽引之外，還希望透過各種文化交流進行潛移默化的影響。

美國作為世界超級大國，有充分的制度自信，因此完全不設防，各種「交流」終於演變成以下結果：美國對中國充分開放，撤除所有藩籬，甚至對中國施加於美國 NGO、企業、媒體的種種限制採取無視與容忍之態。如果美國有人提到對等交流，還會被斥為「冷戰思維」，認為這種對等只會招致更大的報復。

戰術錯誤之一：對不履行承諾不予懲罰

中國可以在美國舉辦一切自身想辦的事情。中共稱之為「海外統戰三寶」的華文媒體、華文學校、華人社團在美設立和運行暢行無阻。他們不僅是中共組織動員美國華人的組織系統，在 2020 美國大選中，還成了介入各地選舉的重要力量。華人自身的組織能力並不強，如今竟在海外發展出這種有力且成為中共對美紅色滲透長臂的組織，都是中共長期培養的結果。

中國歷來很重視組織海外華人為國家目標服務。例如國務院僑辦2009–2010 年度課題《美國華僑華人與中國軟實力》中就說得非常明白：「華文學校是華人在美國推廣中華文化的重要平台之一。」一邊是華文媒體在傳播中華文明（實際上是中共政治文化）以及推進所在國與中國友好合作上發揮了重要作用，另一邊的華人社團百人會（Committee of 100）更是在形塑美中關係上發揮了重大作用。[291]

但反觀美國，卻無法對等地在中國開辦媒體、學校並組建社團。即

使是某些被允許的活動，也必須接受中國當局的監視。

以傳媒業為例，中國加入 WTO 時信誓旦旦地承諾五年後將陸續開放傳媒業與金融業，但從未履行承諾。新聞集團的傳媒大亨默多克（Rupert Murdoch）為了進入中國，從 1990 年代末就開始對中國進行感情投資。為了打入中國傳媒市場，甚至為自己找了一位中國妻子鄧文迪。

2005 年 9 月 20 日，美國的彭博新聞社（Bloomberg News）刊登了〈默多克說新聞集團在中國碰了壁〉（*Murdoch Says News Corp. Has Hit "Brick Wall" in China*）一文，談到在紐約一場由美國前總統柯林頓組織的會議上，默多克承認新聞集團試圖進入中國市場的計劃觸礁。[292]

此前，他與美國中美商會會長羅伯特‧柯白（Robert Kapp）一樣，是世所公認的中國政府的「好朋友」。在這兩位的嘴裡，中國被描繪成世界上最有成長潛力、值得各介商務人士不惜代價與之合作的投資寶地。至於中國媒體是否是真正的自由媒體，中國人民是否有言論自由與人權，默多克從來不談。不過在這個敏感領域，如果連他這種「好朋友」都被中國政府拒於門外，那麼顯然別人就更加別想敲開這道門。

美國作為當年力主接受中國加入 WTO 的重要國家，從來沒有要求中國履行這方面的承諾，當然也從未曾提出任何懲罰措施。

戰術錯誤之二：自廢武功，放棄對等原則

多年來，中美間長期無法對等交往，中方給出的理由是雙方體制不同；美國不光承認而且表示理解。中共政府如此要賴並不出奇，這是慣性；出奇的是美方每逢有人提出要在中美間實施對等交往原則時，就有美國政商學各界人士出面反對，即使是不對等交往的利益受損者，也會表達以下意見：如果要求對等交往，就是在恢復當初與前蘇聯的冷戰模

式，不利於中美關係。

　　仍然以傳媒業為例。中國堂而皇之、毫無限制地進入美國社會大舉從事文化宣傳工作；但對當初承諾過的入世五年後會開放中國媒體市場卻始終食言。這時美國政界終於發現，中美兩國政府的媒體從業人員進入對方國家工作的人數嚴重失衡，媒體權力明顯傾斜。

　　為求公平起見，2011 年 11 月，美國共和黨資深議員達納‧羅拉巴克（Dana Rohrabacher）等三名國會議員擬定了一份《2011 年中國媒體互惠法案》（*Chinese Media Reciprocity Act of 2011*），要求美國國務院發放給欲進入美國工作的中國國家媒體從業人員之簽證數量需等同於中國簽發給美國國家媒體人員的簽證數量。

　　羅拉巴克議員辦公室指出，2010 年度約有 650 名中國公民獲持 I 簽證（也就是國際記者簽證）進入美國工作，但同期美國只有兩名為美國國際廣播局（IBB,International Broadcasting bureau）工作的記者被允許常駐中國。該法案還要求中國國有媒體派駐美國的採訪編輯人數不得超過美國國有媒體派駐中國的採編人員數量。[293]

　　經過交涉之後，中國政府同意美國國有媒體美國之音（VOA，The Voice of America）向北京派駐記者。這輪對等談判最終達成了一個比較可笑的結果——因為羅拉巴克議員的提案忽視了一個問題，即美國媒體基本上為私人所有，政府撥款的國有媒體僅有美國之音、自由亞洲電台、自由歐洲電台等少數幾家傳播機構。而中國的情況與之完全相反，媒體全部由國家控制，並無私家經營。雙方新聞管理體制的差異決定了兩國政府媒體「簡單的人數對等」是不可能解決的實際問題。

　　迫於形勢紛紛開辦過中文網頁的美國主流媒體逐步放棄了進入中國的夢想。少數駐華記者出於新聞理想，實在不忍放棄一些十分吸引人的

新聞題材。比如《紐約時報》利用中共十八大權力鬥爭時向外放風的有意洩漏為基礎，按圖索驥追蹤採訪，寫出了一些揭露中共黑幕的文章，其中有〈總理家人的隱秘財富〉[294]、〈溫氏家族與平安崛起〉[295]等系列文章。中共當然對此發起了報復。

此後《紐約時報》的記者簽證到期之後便無法續批。《紐約時報》旗下記者儲百亮（Chris Buckley）、王霜舟（Austin Ramzy）都因簽證申請得不到批准而被迫離開了中國大陸。[296]

《紐約時報》本身也在這段時期因巨額負債而出售大樓，最後與其他幾家主流媒體走上了依附美國某一政黨與中共的道路。

2020 年 6 月美國司法部發布的一份文件顯示，中國官方媒體《中國日報》英文版自 2016 年 11 月以來，向美國媒體支付了 1900 多萬美元的印刷費和廣告費，其中向《華盛頓郵報》（*The Washington Post*）和《華爾街日報》（*The Wall Street Journal*）等美國主流媒體支付的廣告費用超過 1100 萬美元。

2021 年 4 月 12 日，美國智庫詹姆斯敦基金會（Jamestown Foundation）的《中國簡訊》刊文指出：長期以來，中共一直努力擴大其在西方社會的影響力，以便在國際社會獲得更多「話語權」（discourse power）。

該文作者約翰・多森（John Dotson）指出，中國媒體長期在《華盛頓郵報》、《華爾街日報》和《紐約時報》等美國主要報紙上放付費插頁「廣告」（實為宣傳）。如新華社通常使用「中國觀察」（China Watch）、「中國焦點」（China Focus）為標籤進行廣告宣傳。這些插頁中的文章乍一看就像主報提供的新聞和社論，實際上卻是中共在做的大外宣，因為購買這些廣告插頁需要大量費用。[297]

有意忽視美國記者在中國無採訪自由

中國媒體在美國擁有充分的採編自由，而美國媒體在中國被完全限
制。從 2010 年開始，駐華外國記者協會（Foreign Correspondents' Club
of China,FCCC）每年發布的《年度工作條件報告》（*FCCC Working
Conditions Report*），主要就是為指出在華外媒的工作環境與國際標準
相去甚遠：「處處受限、屢屢被騷擾，助手被威脅，採訪對象被恐嚇。
長期派駐中國的外國媒體記者不得不時時刻刻面對各種有形、無形的壓
力。」[298]

2020 年的報告又增添了新內容，即批評中國把 COVID-19 疫情當成
「控制記者的新手段」，導致 2020 年中國「媒體自由迅速縮減」。[299]

體制差異成為美國容忍中國不公平對待美國駐華記者的理由，這聽
起來非常荒謬，但一直很有市場。以最近的 2020 年為例，美國川普政
府以《外國代理人登記法》（The Foreign Agents Registration Act）對中
國駐美官媒實施限制，而中國則驅逐美國記者以實施針鋒相對的報復。
當時，美中政策工作小組就如何解決美中兩國在互派記者問題上的爭端
進行了探討。

該工作小組的共同主席、21 世紀中國中心主任謝淑麗（Susan
Shirk，1997 年到 2000 年柯林頓政府期間任美國國務院負責對華政策的
副助理國務卿）在會上說，美中兩國目前可以借鑒美蘇冷戰的做法，兩
國透過發放簽證將雙方互派記者人數設定具體的限制。當時美蘇之間的
情形與今天的中美兩國情形一樣：蘇聯記者均為共產黨官方宣傳機構人
員，而美國常駐蘇聯記者是私營媒體的新聞業者。

然而，謝淑麗的建議不僅沒有得到回應，還被以各種理由反對。

反對者主要來自新聞界。曾任《華爾街日報》和《華盛頓郵報》資

深編輯的媒體人馬可斯・布勞奇利（Marcus Brauchli）[300] 認為，這種冷戰式的交易並非良好的解決方案。他在美中政策工作小組的研討會上表示：

「原則上我反對這麼做，因為我對任何要求美國政府代表媒體進行談判的做法感到擔憂，它正印證了部分中國人的看法，即媒體是國家機器。」[301]

他建議將訊息審查納入貿易問題來談判——布勞奇利的這種說法完全是自欺欺人，因為不管美國人如何認定，中國的媒體實際上就是國家的宣傳機器；這也不是部分中國人的看法，而是確實存在中國的現實。

被取消簽證的《紐約時報》駐華記者儲百亮也參加了這次會議，他也明確反對採取冷戰模式：

「如今的中國不是蘇聯。我認為，它對（美國採取的）任何針鋒相對的做法所做出的回應方式都會與蘇聯不同。」

在他看來，在中國國內越來越收緊對訊息和輿論的控制之際，中國政府很難在讓外國記者有更多接觸的問題上做出重大讓步。他的反應與其本國駐蘇聯的前輩是一樣的。

根據美國公共外交諮詢委員會 1986 年向國會和美國總統提交的一份報告顯示，當時經常發生的情況是，儘管美國記者受到蘇聯當局的攻擊，但是該記者所屬的新聞機構可能會敦促美國政府不要採取報復措施，因為他們擔心這會影響到該機構與莫斯科的關係，從而落後於它們的美國競爭者。[302]

上述細節說明，在對華交往中，不僅國家層面的戰略存在問題，在

具體戰術上，當事者也都出於各種考慮自撤了藩籬，而無所謂國家利益的考量。（比如布勞奇利出於利益的考量、儲百亮出於職業繼續的考量，都在自我設限。）

面對一個封閉專制的國家，極度開放自信的美國輸在了意志力，而非實力。類似的例子還有下文要談到的孔子學院與千人計劃。

孔子學院在美國長驅直入

中國政府視孔子學院為大國外交策略之一，在中國自 2005 年崛起之後，就開始在全球範圍內，以資助、合辦的名義建立孔子學院與中國研究中心。美國政界、教育界與學術界對中國以此舉滲透美國大學與學術機構毫無防範，在中美貿易戰爆發之前，美國共有孔子學院 112 所，數量既居北美地區第一，也屬全球第一，占全球孔子學院總數的五分之一。為何會出現這種情況，問題出在掌權者。

早在 2010 年，據中國教育部下屬「國家對外漢語教學領導小組辦公室」（簡稱「漢辦」）網站統計顯示，美國設有 60 所孔子學院。當時就已經引起一些國會議員的注意，要求美國政府加以限制。如在 2010 年美國國會的一次聽證會上，參議院外交關係委員會資深成員、參議員理查德‧魯加爾（Richard Lugar）指名要求國務卿希拉蕊‧柯林頓加以解釋：為何中國能在美國開辦 60 個文化中心，而美國在中國卻沒有類似的機構。

希拉蕊表示，中國政府在美國正在做的事情，美國政府沒有同樣財力在中國做到：「*每個孔子學院啟動費用需要 100 萬美元，每年運營費用超過 20 萬美元。美國政府在預算上沒有中國政府這樣的大手筆開支。*」[303] 連國務卿都沒有認識到，孔子學院事關一個意識形態與美國為敵的國家的文化滲透，根本不是錢的問題。美國作為第一經濟大國每年用於外交事務的開支龐大，卻吝於在反中國滲透上花錢，也不願意制止

孔子學院在本土的大量開辦，只能說明在其潛意識中，仍然錯將中國當成合作夥伴。

千人計劃：美國科技界、學術界與中國的合謀

相比孔子學院這種需要在中長期運作後見成效的文化滲透，對美造成直接巨大損失的是中國推行的「千人計劃」。

中國侵犯美國知識產權是個老問題，在這件事情上，美國與其責怪中國政府毫無底線，不如反求諸己，因為這是中國政府、項目參與者與美國研究機構合謀的結果。

現已臭名昭著的「千人計劃」於 2008 年設立，美國不少研究型大學的教授與頂尖研究人才都參與過這個計劃。在美國川普政府採取行動前，不少人在簡歷上寫明自己是中國「千人計劃」的參與者，當作某種資本與榮耀。如果說是參與者向 NIH（美國國家衛生院）這類聯邦機構隱瞞，倒不如說是參與者與其任職機構的合謀，或者是任職機構佯裝不知。

什麼這樣說呢？因為參加「千人計劃」有個基本要求，即每年在中國國內工作一般不少於 6 個月 [304]——對於科研工作者而言，除了幾年一次的學術休假之外，幾乎沒人能向其任職機構隱瞞真實情況，離開美國赴中國去工作半年或哪怕三個月的時間。因此說，這些人參加中國的「千人計劃」，其實是有任職機構在背後配合。為何會配合？因為這種合作項目對機構本身也有好處。常見方式是「千人計劃」的參與者幫助其任職的美國機構從中國拿到研究贊助，已被披露的不少「千人計劃」調查案例中都有這樣的情節。

這類「雙贏」操作從美國的另一個調查中亦可略見端倪。2020 年2 月，據《華爾街日報》披露，美國教育部對哈佛大學和耶魯大學展開調查，這是一項持續評估的一部分。該評估發現，美國大學至少有 65

億美元來自中國和沙烏地阿拉伯等國的外國資金沒有上報。根據這份文件，官員們指責學校積極向外國政府、公司和已知對美國懷有敵意並可能在尋找機會竊取研究成果並「散布有利於外國政府宣傳」的外國人募集資金。[305]

上述問題因哈佛大學化學及化學生物系主任李柏（Charles Lieber）遭受聯邦指控並於 2020 年 1 月被捕而成為人們關注的焦點。起訴書指稱，李柏在自己的美國研究團隊從美國相關機構處獲得逾 1,500 萬美元資助的同時，還透過「千人計劃」接受了數以百萬美元計的中國資金，且在資金的來源上撒謊。讓外界浮現的聯想是，李柏的研究還涉及了中國武漢的一項生化合作。[306]

這種情況後來在司法部的調查下被證明非常普遍。2019 年 12 月 19 日，位於密西根州大急流市（Grand Rapids, Michigan）的範安德爾研究所（Van Andel Research Institute）向美國政府申請資助時，以「故意忽略或草率無視」的態度，未披露該所研究人員已從中國政府獲得過資助。該研究所擁有一個具有尖端技術的癌症研究機構。[307]

2020 年 6 月，美國《科學》雜誌披露 NIH（美國國家衛生院）一項為時約兩年的調查，結果顯示情況非常嚴重。該調查於 2018 年啟動，調查內容是針對研究人員的外國關係，調查結果有兩點令人吃驚：一是在對 87 個機構 189 名科學家的調查中發現，約有 70% 的科學家沒有向 NIH 披露他們獲得了外國資助，約有 54% 沒有披露他們參與了外國人才計劃。二是在絕大多數的調查案中，被調查的都是 50 多歲的亞裔男性。隱瞞參與中國的人才招聘項目「千人計劃」是主要問題，隱瞞的資金中有 93% 來自一家中國機構。[308]

對遭受 Covid–19 之害的美國來說，最不堪的並非美國生化學界與中國的合作，而是佛奇電郵門事件[309] 披露出的真相。與當年維基解密

曝光不同的是，阿桑奇（Julian Assange）那次揭開的許多政府黑幕雖然聳人聽聞，但卻因為是利用駭客技術獲得的秘密資訊，所以勝之不武，導致政客們同仇敵愾，將其歸於非法獲取信息，而轉移公眾的注意力逃過了針對政府的問責。而這次的行動完全合法。

由美國《Buzzfeed》新聞網站、《華盛頓郵報》和美國有線電視新聞網（CNN）根據美國《信息自由法》（*Freedom of Information Act*，簡稱 FOIA，也譯作《情報自由法》、《美國信息自由法案》），於 2021 年 6 月初向聯邦政府申請公開佛奇郵件中的內容——最後公布的 3200 頁電子郵件中充分顯示出佛奇在抗疫問題上的反覆無常與自相矛盾。

《名利場》（Vanity Fair）雜誌專設團隊從事深度調查，屢爆獨家新聞：經其連月調查，訪問逾 40 人，審閱了幾百頁政府文件（包括內部備忘、會議紀錄和電郵等）之後，發現科學界與佛奇有連串利益衝突的嫌疑。

這讓現任拜登政府非常難堪，因為佛奇的工作涉及歐巴馬政府時期華府大額資助的武漢病毒研究所的「新增功能突變」（gain of function）病毒研究。這項研究的目的主要是透過強化病毒以了解其特性。[310] 佛奇正是這個具有爭議性專案的推動者與執行者。

中共的「千人計劃」於 2008 年建立，直到 2016 年以前，美國大學、研究所接受中國政府資助蔚然成風，「千人計劃」在美國招募人才暢行無阻，完全公開。美國的智慧財產權被中國的各行各業低價分享，中共僅將成本付出於研究者個人及其供職的機構上，卻對美國經濟安全、國家安全構成了重大威脅。雖然美國存在著一旦獲得外國資助金額超過 25 萬美元就必須申報的政策規範，但這在充滿誘惑的「合作」面前形同虛設，人們將有限的籬笆輕輕一提就扔在一邊了。只能說，面對中國這種時刻想「師夷之長技以制夷」、視國際規則如兒戲的國家，不設防就等

於開門揖盜。

結語：美國輸在沒有堅定捍衛美國的立國之本

以上美中關係中所呈現的一切，究其原因，在於美國政界僅在表面上認同《獨立宣言》與美國憲法，全體美國人僅在表面上對美國有共同的國家認同。如果沒有 2020 年發生的一切，我也許會將美國對華戰略完全歸結於美國人那種世界帝國的全球意識或母國情結。但 2020 年發生的一切豐富了我的認識。

這一年 5 月下旬，因為黑人毒販弗洛伊德之死，BLM 運動[311] 席捲全美，否定了美國《獨立宣言》以來的建國歷史，取消文化（cancel culture）[312] 盛行，國父們的塑像（包括華盛頓以及最接近左派的傑斐遜）被推倒，國歌作者的塑像被掀翻；《紐約時報》甚至策劃了「1619 計畫」，想以 1619 年第一個到達北美的黑人來重新改寫美國歷史，公然否定美國以 1784 為立國之始的歷史敘事；現任副總統賀錦麗（Kamala Devi Harris）女士在與西班牙的外事電話中，公然宣稱美國是個種族主義國家、美國的軍隊灌輸進步主義（Progressivism）教育，包括批判美國是個種族主義國家。

這讓我們驚覺，美國的左派有多麼痛恨憲政美國——那個由華盛頓等國父開創的美國。美國左派自 1968 年反戰結束後，進入體制內潛伏，占領了校園與學術機構，靜待半個世紀過去，終於露出真面目，高舉批判性的種族理論為大旗，開始公開否定美國的憲政。這種否定憲政的言論，在大學校園裡開始得更早。

歐巴馬的導師、政治啟蒙、在美國教育與教科書設計領域深具影響力的比爾‧艾爾斯（Bill Ayers）經常在大學裡開設各種關於「社會正義」的教學講座，大談「美國帝國的終結」[313]，以及美國在整個世界中應扮

演的角色。

在距 2008 年總統大選僅 40 多天前的 9 月 23 日，《華爾街日報》曾刊登〈歐巴馬和艾爾斯將激進主義推向學校〉（Obama and Ayers Pushed Radicalism on Schools）一文。這種觀念貫徹始終，直至歐巴馬擔任美國總統的最後一年，還開啟了全球道歉之旅，事實上將美國置於不義的位置。

美國政府及公司、機構，甚至不少個體，在與一切都以鞏固中共政權為目標的中共黨國打交道時，長期未能意識到必須堅定守住底線，捍衛美國的根本利益，特別是展現於《獨立宣言》與美國憲法的立國之本，才不至被中共玩弄於掌股之上。

更不用說那些參加「千人計劃」的美籍華人學者，當他們將自己利用美國資源獲得的科技成果帶回中國之際，想的可能是報效「祖國」——但這個祖國並不是美國，美國永遠不會是他們的祖國。

所以，一個進行片面恨國教育的移民國家，與一個從來不忘灌輸愛黨愛國教育的國家競爭、對峙，比拼的不完全是實力，有時候，由政府所代表的國家意志才是決定一切的關鍵。

注釋

249. 詹姆斯·多賓斯（James Dobbins）、嘉布麗葉兒·塔里尼（Gabrielle Tarini）和阿里·懷恩（Ali Wyne）：《美國外交政策中迷失的一代，美國的影響力如何下降，以及對此可以做些什麼》，參見 https://www.rand.org/pubs/perspectives/PEA232-1.html
250. 該白皮書的正式名稱為《美國與中國的關係：注重 1944 年至 1949 年間》（United States Relations with China: With Special Reference to the Period 1944-1949）.
251. 美國國會、參議院、司法委員會、太平洋關係研究所，第 82 屆國會，第 2 屆會議，2050 年參議院報告，華盛頓特區：USGPO，1952 年。參閱 https://www.archives.gov/

legislative/guide/senate/chapter-13-judiciary-1947-1968.html

252. 詹姆斯・基爾奇克（James Kirchick）：〈民主黨在外交政策上倒退〉（*Dems marching backward on foreign policy*），2007 年 11 月 26 日，參見 https://www.politico.com/story/2007/11/dems-marching-backward-on-foreign-policy-007039

253. 柯林頓的演說：〈與中國的永久正常貿易關係〉，2000 年 3 月 8 日。
參見 https://www.c-span.org/video/?155905-1/permanent-normal-trade-relations-china

254. 拉里・戴蒙德（Larry Diamond）、夏偉（Orville Schell）編：《中國影響與美國利益，促進建設性警惕》，2018 年 11 月 29 日。參見 https://www.hoover.org/research/chinas-influence-american-interests-promoting-constructive-vigilance

255. 《中國歷年 GDP 數據》。
https://www.kylc.com/stats/global/yearly_per_country/g_gdp/chn.html

256. 參見《China Power》2021 年 7 月 5 日訪問：〈中國在世貿組織爭端解決機制中的經驗〉
https://chinapower.csis.org/china-experience-world-trade-organization-wto/?lang=zh-hans

257. 同上。

258. 數據來源見《2015 年度中國對外直接投資統計公報》，北京：中國統計出版社 2016 年 9 月版。（書目訊息來源：國家統計局網）
(http://www.stats.gov.cn/tjsj/tjcbw/201611/t20161128_1434603.html)

259. 田野：《開放何以倒逼改革？——WTO、可信的承諾與中國的國有企業改革》，中國人民大學國家發展與戰略研究院中國改革系列報告總第 29 期（2014 年 6 月），
http://nads.ruc.edu.cn/upfile/file/20140618110157_65513.pdf

260. 參見維基百科有關華為的相關爭議。https://zh.wikipedia.org/wiki/%E5%8D%8E%E4%B8%BA%E7%9B%B8%E5%85%B3%E4%BA%89%E8%AE%AE

261. 陳月石、李瑩瑩：〈IMF 對人民幣入籃的 15 條官方回應：我們為什麼要支持中國〉，澎湃新聞網，2015 年 12 月 1 日。https://www.thepaper.cn/newsDetail_forward_1403358

262. 《2015 年度中國對外直接投資統計公報》，北京：中國統計出版社 2016 年 9 月版。

263. 〈中國對外直接投資流量蟬聯全球第二〉，新華網，2020 年 9 月 17 日。
http://www.xinhuanet.com/fortune/2020-09/17/c_1126503074.htm

264. 《福斯新聞網》資深撰稿人拉波扎（Kenneth Rapoza）：〈中國十大依附國家〉，2015 年 11 月 26 日 .https://www.forbes.com/sites/kenrapoza/2015/11/26/top-10-china-dependent-countries/?sh=45a045eb4932

265. 〈高度依賴中國市場的五個國家，澳大利亞第一，韓國日本上榜〉，騰訊網，2019 年 1 月 26 日。https://page.om.qq.com/page/ONx0jCkGd6tJ9Ymkp1kdjoFQ0

266. 〈澳出口經濟嚴重依賴中國 中國動向可致澳 GDP 增長下降 50%〉，澳華財經在線，2019 年 8 月 22 日。參閱 http://www.acbnews.com.au/australianews/20190822-37623.html；David Chau：〈澳大利亞經濟有多依賴中國？〉，ABC 中文（澳大利亞廣播公司 Australian Broadcasting Corporation，簡稱 ABC），2019 年 1 月 16 日。https://www.abc.net.au/chinese/2019-01-16/australias-fortunes-are-linked-to-chinas-economy/10718912

267. 《去年（2019）韓國對中國大陸貿易順差收窄至 289.94 億美元》，新浪網新浪財經綜合，2020 年 1 月 28 日。https://finance.sina.cn/usstock/mggd/2020-01-28/detail-iihnzhha5064837.d.html?cre=wappage&mod=r&loc=2&r=9&rfunc=69&tj=none&cref=cj

268. 《日媒：世界經濟比想象的更依賴中國》，新浪網觀察者網，2019 年 8 月 26 日。
https://finance.sina.com.cn/china/2019-08-26/doc-ihytcern3550006.shtml

269. 參見維基百科相關詞條：https://en.wikipedia.org/wiki/Peaceful_Evolution_theory

270. 《喬冠華發文「杜勒斯的童話和中國的真實」》，知乎網頁版，2020 年 5 月 16 日。https://zhuanlan.zhihu.com/p/141439102

271. 中新網 2006 年 8 月 31 日電，《學習時報：部分外國非政府組織破壞政治穩定》，新浪網中國新聞網，2006 年 08 月 31 日。http://news.sina.com.cn/c/2006-08-31/104910882779.shtml。

272. 參見維基百科相關詞條：United States–China Relations Act of 2000，https://en.wikipedia.org/wiki/United_States%E2%80%93China_Relations_Act_of_2000#:~:text=The%20U.S.%E2%80%93China%20Relations%20Act,review%20and%20approval%20of%20NTR

273. 《約 7000 家境外非政府組織在中國大陸開展活動，上海最多》，澎湃新聞，2015 年 7 月 26 日。https://www.thepaper.cn/newsDetail_forward_1357066

274. 傑安迪：《在華外國 NGO 擔心未來兇多吉少》，紐約時報中文網，2015 年 6 月 18 日。https://cn.nytimes.com/china/20150618/c18xxchinango/

275. 萬維寶：〈美中法治倡議〉（*The U.S.-China Rule of Law Initiative*），參閱 https://law.yale.edu/sites/default/files/documents/pdf/US_CHINA_RULE_OF_LAW_INITIATIVE.pdf

276. 艾美‧加茲登：《從「對抗」到「合作」再回歸》（*From 'Confrontation' to 'Cooperation' and Back Again*），2010 年 10 月 29 日。參閱 https://www.hrichina.org/en/content/3262

277. 〈關於中國和國家利益的演講〉（*In Address on China and the National Interest*），1997 年 10 月 24 日。https://clintonwhitehouse4.archives.gov/WH/New/html/19971024-3863.html。

278. 白宮新聞秘書辦公室，邁克‧麥柯里（Mike McCurry）、國家安全顧問山迪‧柏格（Sandy Berger）和國家經濟顧問金‧史伯林（Gene Sperling）的新聞發布會，1998 年 6 月 27 日。參閱 http://www.fas.org/news/china/1998/0627otr.html. 轉引自艾美‧加茲登：《從「對抗」到「合作」再回歸》（*From 'Confrontation' to 'Cooperation' and Back Again*），2010 年 10 月 29 日。參閱 https://www.hrichina.org/en/content/3262

279. 艾美‧加茲登：《從「對抗」到「合作」再回歸》（*From 'Confrontation' to 'Cooperation' and Back Again*），2010 年 10 月 29 日。參閱 https://www.hrichina.org/en/content/3262

280. 《學習時報：部分外國非政府組織破壞政治穩定》，新浪網中國新聞網，2006 年 08 月 31 日。http://news.sina.com.cn/c/2006-08-31/104910882779.shtml

281. 江澤民在中共十六大上報告全文：《全面建設小康社會，開創中國特色社會主義事業新局面》，外交部網站，2002 年 11 月 18 日。（截至出版前該連結已失效，文章疑似移除）https://www.fmprc.gov.cn/web/ziliao_674904/zyjh_674906/t10855.shtml

282. 陳仲偉：〈美國基金會對華援助究竟花落誰家？── 一項關於美國基金會對華援助中對象選擇及成因的研究〉，政見網，2012 年 4 月 9 日。（截至出版前該連結已失效，文章疑似移除）http://cnpolitics.org/2012/04/international-grantmaking-us-based-foundations-and-their-grantees-in-china/

283. 〈海外背景被調查 境外 NGO 面臨監管嚴冬〉，中國發展簡報，2015 年 3 月 18 日，來源：香港《鳳凰周刊》。（截至出版前該連結已失效，文章疑似移除）http://www.chinadevelopmentbrief.org.cn/news-17290.html

284. 傑安迪：《在華外國 NGO 擔心未來兇多吉少》，紐約時報中文網，2015 年 6 月 18 日。https://cn.nytimes.com/china/20150618/c18xxchinango/

285. 同上。

286. 《中國 NGO 新法實施半年 外國機構面臨絕境》，BBC 中文網，2017 年 7 月 7 日。

https://www.bbc.com/zhongwen/simp/chinese-news-40528289

287. 傑安迪：《在華外國 NGO 擔心未來兇多吉少》，紐約時報中文網，2015 年 6 月 18 日。https://cn.nytimes.com/china/20150618/c18xxchinango/

288. 〈四大事務所控制會計審計業 嚴重威脅金融信息安全〉，浙江在線新聞網站，2007 年 11 月 15 日。https://china.zjol.com.cn/05china/system/2007/11/15/008973316.shtml

289. 同上。

290. 孫健芳、申興：〈投資秘密提供給美國機構證監會 27 號函引爭議〉，《經濟觀察報》，搜狐網，2006 年 4 月 16 日。https://business.sohu.com/20060416/n242828712.shtml；Edward Wyatt：，〈SEC 指控「四大」違規〉，《紐約時報》中文網，2012 年 12 月 4 日。http://cn.nytimes.com/article/business/2012/12/04/c04sec/

291. 陳奕平：《美國華僑華人與中國軟實力》，載《僑務工作研究》（中國國務院僑辦主辦），2011 年第 1 號。參見 http://qwgzyj.gqb.gov.cn/158/1720.shtml。詳細分析請見本人研究中國大外宣的專著《紅色滲透：中國媒體全球擴張的真相》，台灣八旗文化出版社 2019 年 3 月版。

292. 〈默多克在中國碰壁〉（Murdoch hits「brick wall」in China），雪梨先驅報，2005 年 9 月 20 日，參閱 https://www.smh.com.au/business/murdoch-hits-brick-wall-in-china-20050920-gdm3hl.html

293. 〈美議員提案籲中美對等互派媒體人員〉，法國國際廣播電台，2011 年 9 月 18 日，參見 https://www.rfi.fr/cn/%E4%B8%AD%E5%9B%BD/20110918-%E7%BE%8E%E8%AE%AE%E5%91%98%E6%8F%90%E6%A1%88%E5%90%81%E4%B8%AD%E7%BE%8E%E5%AF%B9%E7%AD%89%E4%BA%92%E6%B4%BE%E5%AA%92%E4%BD%93%E4%BA%BA%E5%91%98

294. 大衛·巴波薩（David Barboza）：〈總理家人隱秘的財富〉，《紐約時報》中文網，2012 年 10 月 26 日。https://cn.nytimes.com/china/20121026/c26princeling/

295. 大衛·巴波薩（David Barboza）：〈溫氏家族與平安崛起〉（Lobbying, a Windfall and a Leader's Family），《紐約時報》中文網，2012 年 11 月 27 日。http://cn.nytimes.com/article/china/2012/11/27/c27pingan/dual/

296. 傑安迪（Andrew Jacobs）：〈時報駐華記者因簽證面臨被迫離境〉，《紐約時報》中文網，2014 年 1 月 28 日。https://cn.nytimes.com/china/20140128/c28visas/

297. 約翰·多森（John Dotson）：《新華社滲透西方電子媒體，第一部分：在線「廣告」內容》，出版：中國簡報，第 21 期，第 7 期，2021 年 4 月 12 日。https://jamestown.org/program/xinhua-infiltrates-western-electronic-media-part-one-online-advertorial-content/

298. FCCC 工作條件報告 2016（FCCC Working Conditions Report 2016），FCC（香港外國記者會），2016 年 11 月 19 日。https://www.fcchk.org/fccc-working-conditions-report-2016/

299. FCCC2020 年媒體自由報告（2020 FCCC Report），https://www.dropbox.com/s/xye6bhhic0s4hqm/2020%20FCCC%20Report.pdf?dl=0

300. 目前是媒體投資公司「北方基地媒體」（North Base Media）的共同創辦人、執行董事。

301. 莉雅：〈美中應回到美蘇冷戰期間的記者名額對等做法嗎？〉，《美國之音》2020 年 6 月 17 日。https://www.voachinese.com/a/us-china-press-freedom-and-press-reciprocity-20200616/5465294.html

302. 同上。

303. 荷莉・戴爾（Helle C. Dale）：〈全力以赴：中國展現魅力〉（*All Out: China Turns on the Charm*），參見 https://universityofleeds.github.io/philtaylorpapers/vp01634c.html

304. 《中央組織部就引進海外高層次人才「千人計劃」問答》，新華社中央政府門戶網站，2009 年 3 月 20 日。http://www.gov.cn/jrzg/2009-03/20/content_1264192.htm

305. 凱特・奧基夫（Kate O'Keeffe）：〈教育部就外國資金問題調查哈佛和耶魯〉（*Education Department Investigating Harvard, Yale Over Foreign Funding*），《華爾街日報》，2020 年 2 月 13 日。參閱 https://www.wsj.com/articles/education-department-investigating-harvard-yale-over-foreign-funding-11581539042

306. 〈哈佛大學教授因虛假陳述指控被起訴〉（*Harvard University Professor Indicted on False Statement Charges*），司法部公共事務辦公室，2020 年 6 月 9 日。參閱 https://www.justice.gov/opa/pr/harvard-university-professor-indicted-false-statement-charges

307. 「司法部與範安德爾研究所達成 550 萬美元和解，以解決中國向兩名研究人員提供未公開資助的指控」，司法部，美國檢察官辦公室，密西根州西區，2019 年 12 月 19 日。https://www.justice.gov/usao-wdmi/pr/2019_1219_VARI

308. Jeffrey Mervis：〈54 名科學家因 NIH 對外國關係的調查而失業〉（*Fifty-four scientists have lost their jobs as a result of NIH probe into foreign ties*），《科學》雜誌，2020 年 6 月 12 日。https://www.sciencemag.org/news/2020/06/fifty-four-scientists-have-lost-their-jobs-result-nih-probe-foreign-ties

309. 該事件指的是被美國左派譽為抗擊新冠疫情的「美國隊長」安東尼・佛奇（*Anthony Stephen Fauci*）深陷「郵件門」風波。《看雜誌》中國經濟社會系列第 224 期，2021 年 7 月 5 日。參見 https://www.watchinese.com/article/2021/25570

310. 凱瑟琳・埃班（Katherine Eban）：〈實驗室洩漏理論：深入了解 COVID-19 的起源〉（*The Lab-Leak Theory: Inside the Fight to Uncover COVID-19's Origins*），2021 年 6 月 3 日。參閱 https://www.vanityfair.com/news/2021/06/the-lab-leak-theory-inside-the-fight-to-uncover-covid-19s-origins

311. 黑人生命平權運動，見維基百科「Black Lives Matter」詞條。https://zh.m.wikipedia.org/zh-tw/Black_Lives_Matter

312. 「取消文化」（cancel culture）或稱指控文化（Call-out culture，亦譯嗆聲文化）是一種社群抵制行為。透過輿論討伐將某人驅逐出其所屬的社交圈或專業領域交流之線上活動、社群媒體或是現實活動，使之失去原有社會關係平台的公開支持（即「平臺驅逐」）而無法繼續存在，最終「被取消」（cancelled）。詳見維基詞條。https://zh.wikipedia.org/zh-tw/%E5%8F%96%E6%B6%88%E6%96%87%E5%8C%96

313. 〈比爾・艾爾斯不就是這樣開始的嗎？〉（*Isn't This How Bill Ayers Got His Start?*），The Rush Limbaugh Show（Rush Limbaugh 節目是由 Rush Limbaugh 主持的美國保守派脫口秀節目），2013 年 4 月 16 日。
參見 https://www.rushlimbaugh.com/daily/2013/04/16/isn_t_this_how_bill_ayers_got_his_start/

國家圖書館出版品預行編目 (CIP) 資料

左禍百年 中國國殤 / 馮崇義 , 吳祚來 , 周曉 , 何清漣著
初版 . -- [臺北市] :
匠心文化創意行銷有限公司 , 2023.06
面 ;　公分
ISBN 978-626-95075-5-9(平裝)
1.CST: 政治發展 2.CST: 共產主義 3.CST: 中國

574.1　　111005164

渠成文化　　對話中國文庫 9

左禍百年 中國國殤

作者 馮崇義 , 吳祚來 , 周曉 , 何清漣
特別感謝 李進進
圖書策畫匠心文創
發行人　　陳錦德
出版總監 柯延婷
專案主編 王丹
專案企劃 謝政均
美術設計 顏柯夫
內頁設計 顏柯夫
編輯校對 蔡青容
E-mail cxwc0801@gmail.com
網址 https://www.facebook.com/CXWC0801
出版日期 2023 年 6 月初版一刷
總代理旭昇圖書有限公司
地址新北市中和區中山路二段 352 號 2 樓電話 02-2245-1480(代表號)
印製安隆印刷
定價新臺幣 350 元

【企製好書匠心獨具 ‧ 暢銷創富水到渠成】